Peter Hess

Epigramm

J.B. Metzlersche Verlagsbuchhandlung
Stuttgart

CIP-Titelaufnahme der Deutschen Bibliothek

Hess, Peter:
Epigramm / Peter Hess.
– Stuttgart : Metzler, 1989
(Sammlung Metzler ; Bd. 248)
ISBN 3-476-10248-3
NE: GT

ISBN 3 476 10248 3

© 1989 J.B. Metzlersche Verlagsbuchhandlung
und Carl Ernst Poeschel Verlag GmbH in Stuttgart
Einbandgestaltung: Kurt Heger
Satz: Typobauer Filmsatz GmbH, Ostfildern
Druck: Gulde-Druck, Salach
Printed in Germany

Inhaltsverzeichnis

Vorwort

An den Dichter

Laß die Sprache dir sein,
was der Körper den Liebenden. Er nur
Ist's, der die Wesen trennt
und der die Wesen vereint.

Schiller

Ein Buch über das Epigramm, das nicht viel mehr als einen Moment in Anspruch nimmt, scheint in sich widersinnig zu sein. Erich Kästners Ratschlag, den sich jeder Autor zu Herzen nehmen sollte, gilt ganz besonders für das Epigramm:

Wer was zu sagen hat,
hat keine Eile.
Er läßt sich Zeit und sagt's
in einer Zeile.

Wenn dies hier nicht gelungen ist, möge es der Leser mit dem Hinweis auf Lessing entschuldigen:

Weiß uns der Leser auch für unsre Kürze Dank?
Wohl Kaum. Denn Kürze ward durch Vielheit leider! lang.

Die Vielheit dieser kleinen Epigramme ist verantwortlich dafür, daß hier kaum mehr als eine erste Übersicht geboten werden kann. Diese Arbeit erhebt keinerlei Anspruch darauf, eine Gattungsgeschichte zu sein. Die Epigrammliteratur ist so reichhaltig und vielfältig, daß deren systematische Erfassung ein Ding der Unmöglichkeit ist, weil die Epigrammliteratur in den verschiedenartigsten Publikationsformen wie Gedichtsammlungen, Gesamtausgaben, Anthologien, aber auch Einzelveröffentlichungen in Zeitungen, Zeitschriften, Neujahrsblättern, Wochenschriften, Kalendern, Musenalmanachen, Flugblättern und Untergrundpublikationen der alternativen Szene verborgen liegt. Zitiert wird, wenn immer möglich, aus den zwei gängigen Epigramm-Anthologien, herausgegeben von Gerhard Neumann (1969) und Anita und Walter Dietze (1964; 5. Aufl. 1985).

Bei längeren Abschnitten über einen einzelnen Autor wird eine gängige Werkausgabe hinzugezogen. Auch ein komplettes Verzeichnis aller Epigrammatiker konnte nicht ins Auge gefaßt werden. Fremdsprachige Epigrammatik wird nur soweit diskutiert, wie sie einen Einfluß auf die Entwicklung des deutschen Epigramms ausübt.

Dieser Band versucht, die zum Epigramm erschienene Forschungsliteratur bibliographisch zu erfassen und auszuwerten. Auch hier mußte oft eine Auswahl getroffen werden. Aus der enorm reichhaltigen Sekundärliteratur zum antiken Epigramm wurden nur neuere und wichtig erscheinende Beiträge ausgewählt. Beiträge zur fremdsprachigen Epigrammatik werden nur am Rande vermerkt. Bei häufig diskutierten Autoren wie Goethe und Schiller drängte sich eine Konzentration auf Beiträge auf, die sich spezifisch auf das Epigramm beziehen.

Vielleicht die wichtigste Aufgabe dieses Buches ist eine zuverläßige Definition des Epigramms, die pragmatischen Wert besitzt, jedoch auch gattungstheoretisch abgesichert ist. Jürgen Nowicki unterstreicht die Wichtigkeit dieser Frage (1974: 20): »Das Fehlen einer für die Textinterpretation wirklich brauchbaren Gattungsdefinition hat die Beschäftigung mit dem Epigramm in gleichem Maße verhindert, wie ihre Aufstellung unmöglich ist.« Eine brauchbare Gattungsdefinition wird hier erreicht, womit einer gründlicheren, weniger punktuellen Epigrammforschung nichts mehr im Wege stehen sollte.

Zu Dank verpflichtet bin ich den Damen und Herren in der Österreichischen Nationalbibliothek in Wien, der Zentralbibliothek Zürich und der Perry-Castañeda Library an der University of Texas in Austin, sowie der Direktion der Pädagogischen Akademie des Bundes in Niederösterreich in Baden bei Wien für EDV-Unterstützung und dem University Research Institute an der University of Texas in Austin für die Gewährung eines Sommerstipendiums. Mein ganz spezieller Dank gilt meiner Frau Catherine für ihre vielseitige Hilfeleistung und vor allem für die undankbare Arbeit des Korrekturlesens.

Abschied an den Leser

Wenn du von allem dem, was diese Blätter füllt,
Mein Leser, nichts des Dankes wert gefunden:
So sei mir wenigstens für das verbunden,
Was ich zurück behielt.

Lessing

I. Theorie des Epigramms

1. Definition des Epigramms

Tyll

Tyll frägt: Was ist ein Sinngedicht?
Was Tyll versteht, das ist es nicht.

Goeckingk

Bald ist das Epigramm ein Pfeil,
Trifft mit der Spitze,
Ist bald ein Schwert,
Trifft mit der Schärfe;
Ist manchmal auch – die Griechen liebten's so –
Ein klein Gemäld, ein Strahl, gesandt
Zum Brennen nicht, nur zum Erleuchten.

Klopstock

Jene Spannung zwischen Erwartung und Nicht-Eintreffen, zwischen Normvorstellung und Normabweichung, welche in der modernen Gattungstheorie diskutiert wird, bringt schon Leopold Friedrich von Goeckingk in seinem Epigramm zum Ausdruck. Einerseits erweist sich die Unmöglichkeit einer exakten Gattungsdefinition, indem Tyll die vermeintlich gefundene Gattungsnorm entschwindet, andererseits aber wird implizit das Existieren eines Gattungsbegriffs bestätigt. Die Tatsache, daß die Unmöglichkeit einer exakten Gattungsdefinition in einem »gattungsgerechten« Epigramm ausgedrückt wird, erzeugt eine (durchaus gattungsgemäße) ironische Spannung, welche wiederum auf den dieser Problematik inhärenten hermeneutischen Zirkel hinweist.

Kaum eine literarische Gattung hat je so laut über sich nachgedacht wie das Epigramm. Diese gattungstheoretischen Aussagen des Epigramms können und müssen herangezogen werden, um die Gattungstheorie und somit die Produktionsbedingungen der epigrammatischen Literatur zu einem historischen Zeitpunkt zu eruieren und zu rekonstruieren, wie dies etwa der Autor im Hinblick auf Logau unternommen hat (1984; vgl. Kap. II.2.). Da sich solche Aussagen, welche die vorherrschende Theorie aus der Sicht der Praxis kommentieren, immer auf

1

einen konkreten historischen Kontext mit spezifischen Kommunikationsbedürfnissen beziehen, ist es jedoch auf diesem Wege nicht möglich, zu allgemeinen, den Ansprüchen moderner Gattungstheorie genügenden Aussagen über das Epigramm zu gelangen. Aus dieser Einsicht heraus unterteilt J. Weisz in ihrer Studie über das Barockepigramm (1979) die Diskussion der barocken Epigrammtheorie in ein eigentliches theoretisches Kapitel und ein Kapitel über das Gattungsbewußtsein der Epigrammatiker.

In der neueren Zeit hat kaum eine ernstzunehmende theoretische Auseinandersetzung mit dem Epigramm als Gattung stattgefunden, obwohl es nicht an epigrammatischer Literatur fehlt. Eine gültige historisch-deskriptive Gattungsdefinition gibt es noch nicht. In typischer Weise für die traditionelle Germanistik erkennt F. Martini in der »Kürze und Geschlossenheit« das Wesentliche des Epigrammatischen. Die Kürze »erlaubt nicht nur ein energisch gesammeltes, unbedingtes Sprechen, dessen pointierte, je im Moment aufblitzende Überraschungen erregen und in einer dauernd neu einsetzenden Spannung halten. Diese Kürze zwingt zur imperativischen Abbreviatur, die allein auf das Wesentliche hin konzentriert, alles nur Zufällige und nur Beiläufige, alles Relativierende abstößt« (1954: 23). K. Altmann (1966: 439) und G. Pfohl (1969: 3) sehen im Epigramm vor allem das satirische Epigramm, das durch Kürze und Witz gekennzeichnet ist, R. Angress jedoch ein »lyric poem« (1971: 25).

J. Nowicki (1974: 19) behauptet, daß das Epigramm gar keine literarische Gattung sei, widmet jedoch dieser angeblich nichtexistierenden Gattung gleich ein ganzes Buch. Die Konsequenzen daraus zieht R. Ziemann in seiner Behauptung, das Epigramm habe keine Geschichte (1984: 246 f). Für W. Nolting andererseits ist das Epigramm »die Gattung mit der strengsten literaturgeschichtlichen Immanenz« (1979: 30). F. Sengle postuliert schließlich: »In Zukunft sollen alle Germanisten wieder wissen, daß das Epigramm selbst ein Grundbegriff ist [...]« (1967: 18).

Dementsprechend unbefriedigend sind die Definitionen in den gängigen Nachschlagewerken, wie stellvertretend das jüngste Beispiel aus dem *Metzler Literatur Lexikon* (1984: 122 f) zeigt. Dort wird das Epigramm definiert als »poetische Gattung, in der auf gedanklich und formal konzentrierteste Art meist antithetisch eine geistreiche, überraschende oder auch nur zugespitzt formulierte Sinndeutung zu einem Gegenstand oder Sachverhalt gegeben wird.« Es handelt sich hier, wie bei allen anderen vergleichbaren Versuchen, um eine im wesentlichen ahistorische und normative Definition. Vermißt wird eine differenzierte, sich nicht nur auf eine der hauptsächlichen Spielformen des Epigramms beschränkende Darstellung. Freilich leiden Lexikonartikel generell unter der Gattungsnorm, welche die mundgerechte Formulierung einer Definition in einem einzigen Satz oder gar in einer Nominalphrase verlangt.

Ähnlich definiert P.Erlebach (1979: 36) das Epigramm im Anschluß an Lessing als zweiteilig und somit satirisch, wobei alle nicht zweiteiligen Epigramme ausgeschlossen werden, selbst wenn sich diese selbst als Epigramme verstehen.

Im Rahmen der Theorie von Norm und Abweichung (vgl. H. Fricke, 1981) stellt sich die Aufgabe, das Entstehen und die Entwicklung der Gattung Epigramm zu erklären und, darauf gestützt, zu einer allgemeingültigen historisch-deskriptiven Gattungsdefinition zu gelangen. Aufgabe unserer Gattungsdefinition muß es demnach sein, die gesamte Bandbreite der epigrammatischen Entwicklung zu jedem Zeitpunkt abzustecken. Diese Aufgabe wird durch die Polyfunktionalität des Epigramms und durch das Fehlen einer zeitlich-historischen Begrenzung zusätzlich erschwert. Man vergegenwärtige sich nur, daß die Aktualität des Epigrammms von der frühen griechischen Antike – mit Unterbrechungen freilich – bis in die heutige Zeit andauert! Schon Lessing weist ja darauf hin, daß zwischen dem frühen griechischen und dem Martialschen Epigramm Welten liegen. Offensichtlich kann zu jedem historischen Zeitpunkt eine Gattungsnorm in Kraft sein, die sowohl von der vorhergehenden abweicht, die aber auch enger gezogen ist, als es unsere heutige historisch-deskriptive Gattungsdefinition zuließe. Das folgende Kapitel über die Geschichte der Epigrammtheorie wird diese Veränderung der Normen genauer erklären müssen.

Die Anfänge des Epigramms gehen in die frühe griechische Antike zurück. Viele Literarhistoriker sehen im Epigramm den ersten literarischen Ausdruck in der westlichen Tradition überhaupt (z.B. H.Häusle, 1979: 31ff). Es entsteht aus dem Bedürfnis, auf die Gräber ein dauerhaftes Monument zu setzen, das etwas Bedeutungsvolles über den Verstorbenen aussagt. Letztlich haftet aber allen Entstehungstheorien zum Epigramm etwas Spekulatives an, zumal nur Spärliches über die sozialen und kulturellen Gegebenheiten der Frühantike in Erfahrung zu bringen ist.

Offensichtlich sind aber die Abweichungen von der allgemeinen Sprachnorm. Als erstes wäre die pragmatische Abweichung zu nennen. Das Grabepigramm ist auf eine ganz spezifische Sprechsituation beschränkt: der Grabstein auf einem Grabmal. Die graphische Norm wird verletzt durch die spezifische Darstellungsweise auf dem Medium Stein, durch die visuelle Gesamtgestalt. Die Norm der empirischen Wirklichkeit wird verletzt, indem das Leben des Toten beschönigend dargestellt wird. Die Norm des logisch Möglichen wird verletzt, indem solche Grabsprüche oft über das Faktische hinaus allgemeine philosophische Überlegungen zu Leben und Tod anstellen, die an die Grenzen des Denkbaren reichen. Die ganze Tradition des (nicht notwendigerweise epigrammatischen) Epicediums beruht auf dieser Normabweichung. Neben Lob und Klage soll auch »[...] di nichtige Flüchtigkeit dises Lebens eingeführet/ und dagegen di himmlische Herlichkeit den betrübten zum Trost vorgestellet werden« (Johann Heinrich Hadewig, *Wolgegründete teutsche Versekunst*, 1660: 351f; vgl. H.-H. Krummacher, 1974: 94ff).

Ganz speziell schließlich wird die Norm der Mündlichkeit des sprachlichen Ausdrucks durchbrochen – eine Normabweichung, deren Früchte erst am Beginn der Neuzeit durch die Erfindung des Buchdrucks voll zum Tragen kommen. Andere Normverletzungen (Syntax, Lexik, Morphologie, usw.) mögen eine Rolle gespielt haben, lassen sich aber aufgrund unserer lückenhaften Kenntnisse der Zeit kaum mehr eruieren.

Viele dieser Normabweichungen sind typisch für die poetische Sprache generell gegenüber der Alltagssprache. Die spezifische Sprechsituation hat sich aber für die weitere Entwicklung des Epigramms als konsenstragend erwiesen. Für andere Gattungen, z.B. das gleichzeitig entstehende Epos, ist die Aufzeichnung subsidiär, für das Epigramm jedoch notwendig und wesenhaft. Es lebt auf seinem Schriftträger, der integraler Teil des Textes wird (H. Häusle, 1979: 86ff).

Die ursprüngliche Bezogenheit auf ein Grab bzw. auf die dort begrabene Person hat sich in der spezifischen Objektbeziehung erhalten. Die Norm wird modifiziert, indem auch fiktive Personen, oft Typen in satirischer Absicht, Gegenstand des Epigramms sein können. Dieses Objekt kann später auch ein Zustand oder Gegenstand im weiteren Sinne sein, wobei die Beziehung zum Schriftträger Stein fiktionalisiert wird, was zum Buchepigramm führt. Schon George Puttenham hat in seiner *Arte of English Poesie* (1589: 43) auf diese Entwicklung hingewiesen: »for this *Epigramme* is but an inscription or writting made as it were vpon a table, or in a windowe, or vpon the wall

4

or mantell of a chimney in some place of common resort [...]
Afterward the same came to be put in paper and in bookes
[...].« Bezeichnenderweise nennt Stefan George seine Epigramme *Tafeln* und Bertolt Brecht seine ›finnischen Epigramme‹ »lyrik der gegenstände« (*Arbeitsjournal*, 28.8. 1940).
Goethes und Schillers *Xenien* sind Aufschriften auf imaginäre
Gastgeschenke, und Arnfrid Astel schließlich stellt den Objektbezug in seinem Epigramm *Fallbeil* (*Kläranlage*, 1970: 49) her,
indem er den Gegenstand, auf den sich das Epigramm bezieht,
»nach dem Vorbild der Konkreten Poesie in der Form eines
Ideogramms selber schafft« (O. Knörrich, 1981: 73).

Hiermit haben wir bereits ein erstes gattungskonstituierendes
Merkmal eruiert: den *Objektbezug*. Das Epigramm ist Inschrift
oder Aufschrift im übertragenen Sinne. Als solche kann es nur
ein Objekt, *ein* Thema, *einen* Einfall und *eine* begriffliche Beziehung zum Gegenstand haben, was implizit eine strophische
Gliederung verunmöglicht. Es ist bezeichnend dafür, daß Lessing ein Epigramm Martials, das zwei Pointen und zwei Gegenstände aufweist (3,44), zwar nicht als ein schlechtes Epigramm,
aber doch als eine bemerkenswerte Normabweichung empfindet (LM 11,237f). Ein wesentlicher Faktor des Objektbezugs ist
demzufolge die Einheit des Gegenstandes. Ausgeschlossen ist
ganz spezifisch Persönliches, Subjektives, Erlebnishaftes und
Handlungsbezogenes. Dies erklärt auch das von G. Neumann
(1969: 330f) erstaunt zur Kenntnis genommene Fehlen des
schwarzen Humors in der Epigrammatik. Ein lyrisches Ich ist
im Epigramm nicht zu orten, wie schon Lessing festhält (LM
11,266). Im selben Atemzug warnt er jedoch davor, die erste
Person im Epigramm mit dem Dichter zu identifizieren.

Mit dem Objektbezug hängt auch die Frage nach der Fiktionalität des Epigramms zusammen. Versuche, die Poetizität eines
Textes von dessen Fiktionalität abhängig zu machen, sind zum
Scheitern verurteilt, und insofern kommt der Unterscheidung
Fiktionalität-Nichtfiktionalität nur eine sekundäre Bedeutung
zu (entgegen U. Keller, 1980: 9f). Für einige Gattungen ist diese
Unterscheidung jedoch ein wichtiges Gattungsmerkmal. Nichtfiktionale literarische Gattungen wie Tagebuch, Essay, Aphorismus, Lehrgedicht, Feature und Dokumentarstück, um nur einige zu nennen, beanspruchen einen gleichberechtigten Platz im
Kanon der poetischen Gattungen neben den traditionelleren
fiktionalen. Nichtfiktionale Formen sind (entgegen G. Niggl,
1983: 306f) keineswegs immer Zweck- und Gebrauchsformen
(dazu W. Berger, 1981: 103f), wie dies am Beispiel Epigramm

auch deutlich wird (wobei auch G. Niggl, 1981: 14, zwischen bloßen Gebrauchstexten wie Protokollen und Rezepten und höher organisierten, eine geistige Welt spiegelnden Zweckformen unterscheidet). Dem Wesen nach stellen nichtfiktionale Texte einen direkten Bezug auf reale Sachverhalte her, deren Existenz nicht von ihrer Nachbildung im Werk abhängt, ohne daß aber solche Texte unmittelbare Spiegelbilder der von ihnen dargestellten Sachverhalte wären. Fiktionale Texte andererseits »schaffen eine ihnen je eigene Gegenständlichkeit, eine mögliche Welt, die zwar gelegentlich auf reale Sachverhalte bezogen werden kann, aber grundsätzlich unabhängig von ihnen existiert« (G. Niggl, 1983: 305; 1981: 10).

Die Darstellung eines Gegenstandes im Epigramm ist prinzipiell nichtfiktional, da das Epigramm sich notwendigerweise auf ein Objekt bezieht, das der nichtfiktionalen Welt entstammt. Die Darstellung des nichtfiktionalen Gegenstandes kann aber durchaus fiktionale Mittel verwenden, und insofern nimmt die Epigrammatik eine Grenzstellung ein. Satirische und gnomische Epigramme tendieren zur Nichtfiktionalität, elegische aber ganz stark zur Fiktionalität, wobei aber Inschriften auf historische Personen gewöhnlich nichtfiktionalen Charakter tragen. Schon im 17. Jh., dessen Poetik das Epigramm als Form der Satire ansieht, bezeichnen Harsdörffer und Meister das Epigramm als nichtfiktionale Gattung (vgl. Kap. II.2).

Logaus Epigramm *Christliche Liebe* (2,9,35) illustriert die Problematik des satirischen Epigramms, in welchem oft ein nichtfiktionaler Gegenstand durch erfundene Beispiele fiktionalisiert wird:

> Liebe/ kauffte neulich Tuch/ ihren Mantel zuerstrecken/
> Weil sie/ was durch dreyssig Jahr Krieg verübt/ soll alles decken.

Vom Titel her ist die Themenstellung als eine nichtfiktionale vorgegeben. In der ersten Zeile jedoch wird der Liebe die Gestalt einer Person gegeben, welche eine fiktionale Handlung ausführt, indem sie Tuch kauft. Der Leser erwartet, daß die fiktionale Handlung in der zweiten Zeile fortgeführt wird, was aber nicht der Fall ist. Die Handlung wird als eine allegorische entlarvt, deren eigentliche Bedeutung im nichtfiktionalen Bereich liegt: als Thema des Epigramms erweisen sich die Schrecken des soeben zuende gegangenen Dreißigjährigen Krieges, deren Folgen im Sinne der christlichen Nächstenliebe nun gelindert werden sollen. Die Pointe dieses Epigramms besteht im Aufbauen und Zerstören einer scheinbaren Fiktionalität (vgl.

weitere Beispiele für das nichtfiktionale, satirische Epigramm am Ende dieses Kapitels).

Der Objektbezug wird durch den *Titel* eines Epigramms hergestellt. Beim Grabepigramm genügt der Name des Toten als Überschrift. Durch die Erweiterung des Gegenstandes kommt dem Titel eine immer bedeutendere Signalwirkung zu. Solange Epigramme Inschriften in eigentlicher oder übertragener Bedeutung sind, und solange der Objektbezug durch den außerliterarischen *Kon*text eindeutig hergestellt ist, erweist sich ein expliziter Titel als nicht notwendig. Aus diesem Grunde besitzen die meisten Epigramme in der Antike keinen Titel. Schon Lessing verweist auf die Deutlichkeit des Objektbezuges bei Martial und stellt fest, daß der Verlust an Deutlichkeit wegen der wachsenden historischen Distanz durch die Bezeichnung des Objektes im Titel wettgemacht werden muß:

In dem ganzen *Martial* wüßte ich mich keines einzigen Epigramms zu erinnern, welches von der fehlerhaften Art wäre, daß es der Erläuterung eines Titels bedürfe. Alle seine Titel bestehen daher in den bloßen *An*, *Von* und *Auf*, mit Beyfügungen des Namens derjenigen, die das Epigramm betrifft, oder an die es gerichtet ist. Alle *Lemmata*, welche den nähern Inhalt angeben sollen, sind nicht von ihm, sondern ein Werk der spätern Abschreiber, daher sie auch in der einen Ausgabe so, und in der andern anders lauten. Jeder Umstand, auch der allerkleinste, der zu dem Verstande des Epigramms nothwendig gehöret, ist bey ihm in dem Epigramme selbst enthalten; und wenn wir jetzt einen solchen ja darin zu vermissen glauben, so können wir nur gewiß versichert seyn, daß er sich zu der Zeit des Dichters von selbst verstanden hat. (LM 11,236)

Die Tatsache, daß der (fiktive) Inschriftcharakter für den modernen Leser nicht mehr offensichtlich ist, führt dazu, daß in modernen Übersetzungen antiker Epigramme immer Titel hinzugefügt werden, um diesen durch die historische Distanz bedingten Verlust an Referentialität wettzumachen. Da sich der explizite Inschriftcharakter und somit auch die dazugehörige literarische Tradition und Konvention noch in der Antike verliert, konstituiert sich der Titel notwendigerweise nicht nur als ein implizites, sondern als explizites Gattungsmerkmal.

Unter den deutschsprachigen Epigrammen gibt es ebenfalls titellose. Wie in der Antike wird der Objektbezug durch den spezifischen Kontext oder aber durch einen Sammeltitel angedeutet. Problematisch wird das isolierte Zitieren solcher Epigramme, z.B. in Anthologien. Konsequenterweise betitelt die Anthologie von A. und W. Dietze (1985: 398) alle Epigramme ohne expliziten Titel.

Der Titel ist ein texteinleitendes und rezeptionslenkendes Anfangssignal. Insofern erkennen wir eine deutliche strukturelle Verwandtschaft des Epigramms zum Emblem, aber auch eine Abgrenzung zum mehr fragmentarischen Aphorismus. Das zweite gattungskonstituierende Element ist also der Titel (aus diesem Grunde wird das Epigramm in der Barockzeit oft *Überschrif(f)t* genannt). Am folgenden Epigramm von Paul Heyse soll dieser Punkt verdeutlicht werden:

> Du suchtest allerorten
> Umsonst nach einem Mann,
> Der in so wenig Worten
> Noch weniger sagen kann.

Dieses Epigramm ist ohne Titel unverständlich; wir würden vielleicht eine verschmähte Liebhaberin als Adressatin vermuten. Erst der Titel *Auf einen Epigrammendichter* stellt den richtigen Objektbezug her.

Ein drittes Element wurde ebenfalls schon erwähnt: die *Schriftlichkeit.* Ein Epigramm ist prinzipiell immer schriftlich festgehalten (H. Häusle, 1979: 31 ff), an ein Objekt gehaftet (in Analogie zum Verhaftetsein mit dem Medium Stein und dem Kontext Grabmal); und insofern unterscheidet es sich von der Spruchdichtung.

Als weitere Normabweichung muß die *Versgliederung* angesehen werden. Es handelt sich um eine phonologische Abweichung von der Norm im Interesse des metrischen Schemas und um eine graphische: die Aufteilung in Verse kann demzufolge als viertes gattungskonstituierendes Merkmal angeführt werden.

Während ein Epigramm an einen spezifischen *Kon*text gebunden ist, fehlt die Beziehung zu einem *Ko*text. Mit *Kon*text sind die äußeren Umstände wie die Sprechsituation gemeint, mit *Ko*text das linguistische, textuelle Umfeld. Zwar stehen Grabsteine oft neben anderen, woraus aber nicht auf einen textuellen Zusammenhang zwischen den einzelnen Epigrammen geschlossen werden kann. Ähnliches läßt sich heute über die einzelnen Texte einer in Buchform zusammengefaßten Epigrammsammlung sagen. Es besteht kein innerer Zusammenhang zwischen aufeinanderfolgenden Epigrammtexten, kein kotextueller Zusammenhang von Epigrammreihen. Als Grenzfälle könnte man Epigrammzyklen bezeichnen – so z.B. Logaus Epigramme auf alle Sonn- und Feiertage des Jahres oder Goethes und Schillers »Xenien« –, obwohl auch dort jedes der Epigramme für sich allein stehen kann. Jedes Epigramm ist ein in sich vollständiger und geschlossener Text. Epigramme treten jedoch im Unterschied zu anderen Gattungen selten isoliert auf. Was zwischen benachbarten Epigrammen jedoch nicht besteht und bestehen darf, sind jegliche kohäsive Faktoren, welche nach der Textlinguistik die textuellen Beziehungen zwischen Sätzen innerhalb eines Textes steuern (dazu H. Fricke, 1984: 10 ff). In diesem Sinne ist das Kriterium der kotextuellen Isolation zu verstehen.

Wenn man davon ausgeht, daß Epigramme jeweils in Gruppen, Sammlungen oder Folgen auftreten, dann kann man in der *Kotextisolierung* ein weiteres gattungskonstituierendes Element sehen (H. Fricke, 1983: 270 ff). In der Selbständigkeit und Geschlossenheit besteht ein wesentlicher Unterschied zwischen dem Epigramm und dem Aphorismus, abgesehen davon, daß der Aphorismus in Prosa gefaßt ist: der Aphorismus weist einen ausgesprochenen Torsocharakter auf dadurch, daß das Thema nicht vorsignalisiert wird und daß eine normierte innere Struktur fehlt. Die Themenstellung beim Epigramm geschieht durch die Überschrift, wobei diese offene wie auch verschlüsselte Anspielungen machen kann.

An dieser Stelle drängt sich die Frage auf, welche Rolle die beiden in der Geschichte des Epigramms heftig diskutierten klassischen Gattungsmerkmale *brevitas* und *argutia*, Kürze und Pointiertheit, in unserer Epigrammdefinition spielen. Es sei hier daran erinnert, daß sich das elegische und hymnische Epigramm durch die Loslösung vom Medium Stein aus dem Grabepigramm entwickelt. Erst Martial erkennt die inhärente Zweigliedrigkeit, die Lessing später als ›Erwartung‹ und ›Aufschluß‹ institutionalisieren sollte. In Abweichung von der ursprünglichen Gattungsnorm entsteht das satirische Epigramm, bei dem die Pointiertheit tatsächlich eine wesentliche strukturelle Funktion übernimmt. Die Pointe ist von der vorhergehenden Erzählung strukturell abhängig, und diese arbeitet auf die Pointe hin, wie L. Röhrich (1977: 10, und zuvor schon Lessing mit praktisch identischer Argumentation in LM 11,220 ff!) in Bezug auf den Witz festhält (zur Pointe vgl. T. Erb, 1929 [mit Typologie]; W. Schweizer, 1964: 44–52; B. H. Smith, 1968: 196–210; N. Neumann, 1986: 11–15). In der Zweigliedrigkeit liegt das Potential zu einer dialektischen Spannung, die zu satirischen Zwecken genutzt werden kann. Andererseits ist jedoch ein pointiertes Epigramm nicht notwendigerweise satirisch, witzig oder komisch.

Diese satirische Variante hat sich als sehr populär und dauerhaft erwiesen. Praktisch die gesamte neulateinische und nationalsprachliche Tradition bis zu Lessing schließt an Martial an. Erst Herder wendet sich gegen das satirische Epigramm mit dem Stilideal der *argutia* und beruft sich auf die ursprüngliche elegische und hymnische Tradition der griechischen Antike. Allerdings bleibt das an Martial orientierte Modell bis in unsere Tage das dominierende: erinnert sei nur an die marxistisch orientierte Literatur der Nachkriegszeit. Die *argutia* ist nur für einen der beiden Rezeptionsstränge konstitutiv, weshalb sie nicht obligatorisches Gattungsmerkmal sein kann.

Das Ideal der *brevitas* wird gerade im Epigramm der Barock- und Aufklärungszeit sehr heftig diskutiert – manchmal auch in ironischer Form, wie folgende Beispiele von Johann Christoph Friedrich Haug (A. Dietze, 1985 : 246) und Ignaz Franz Castelli (G. Neumann, 1969 : 202) zeigen:

Bitte

Du wählst das Fach des Sinngedichts.
Sinn kürzer, o Bav, und schreibe – nichts.

Die kürzeste Länge

Ein Distichon ist sein ganzer Gesang,
Und dieses noch ist um zwei Verse zu lang.

Keine Theorie von Scaliger bis zu Lessing jedoch hat »Kürze« befriedigend zu definieren vermocht. Zwei Zeilen werden allgemein als Mindestumfang des Epigramms angesehen, wobei die Normabweichung bei Gleim die Norm bestätigt (G. Neumann, 1969 : 113; vgl. 306):

Unter Alexanders Bild

Er zwang die ganze Welt, sich selber zwang er nicht!

Alexanders Leistungen sind so bekannt und so enorm, daß jede Auflistung einer Verminderung gleichkommen würde. Der Leser kann sich mit Leichtigkeit eine erste Zeile vorstellen. Gerade die Kürzung lenkt vom allzu Bekannten ab und spitzt die Pointe zu.

Wo soll aber die obere Grenze liegen? Bei vier, sechs oder acht Zeilen? Und wie sollen die Epigramme bei Logau, die über hundert Verse zählen, eingestuft werden? Es erweist sich als unmöglich, »gemeinverbindliche Regeln über den Wert oder Unwert und insbesondere über den erträglichen Umfang rhetorischer ›Zieraten‹ aufzustellen« (H. Rüdiger, 1958: 362). Der Grund für das Scheitern einer quantitativen Bestimmung des *brevitas*-Begriffes liegt darin, daß dieser auch eine qualitative Dimension besitzt. Kürze ist nach dem Grundsatz des *aptum* der dem Gegenstand angemessene kleinstmögliche Textumfang. Durch Kürze soll ein Minimum an Information ein Maximum an erworbenem Wissen in Bewegung setzen oder in Unordnung bringen, wie dies oft in der Form der Pointe geschieht (N.Neumann, 1986: 125f). Dieses Minimum wird durch Sprachbeherrschung und Erfahrungshorizont von Autor und Leser festgelegt und ist somit historisch und kulturell bedingt.

Es müßte also eigentlich von einem qualitativen Kriterium der Kürze und einem quantitativen des (geringen) Umfangs die Rede sein. Die Theorie differenziert hier aber keineswegs sauber: zahlreich sind die Versuche in der Geschichte des Epigramms, die Kürze als maximal zulässige Länge zu definieren. Selbst wenn wir die »Kürze« in diesem Sinne als *konzise Formulierung* definieren, bekommen wir kein genaueres Instrument in die Hand. P.Erlebachs Versuch, in diesem Sinne den Begriff der *Überschaubarkeit* einzuführen, vermag ebenfalls nicht zu überzeugen (1979: 23f). Außerdem hebt sich generell ein poetischer Text von einem nicht-poetischen durch die (normabweichende) konzise Formulierung und durch das Vermeiden der in der Alltagssprache notwendigen Redundanz ab, woraus sich eine knappe und konzise Formulierung für alle poetische Gattungen ergibt.

Ein Postulat der Kürze aus dem ursprünglichen Umstand abzuleiten, daß nur zwei oder vier Zeilen auf einem Grabstein, Weihgeschenk oder Denkmal Platz gehabt hätten, wäre demnach unsinnig; vielmehr müßte ein solches, wie schon Herder erkennt, aus dem inneren Wesen abgeleitet werden. Das Postulat der Kürze entspringt keineswegs einer pragmatischen Zwangslage, sondern einer ethischen Erfordernis (vgl. Kap. II.1.). Das Epigramm ist (entgegen M.Bieler, 1964: 577) keine »mechanisch-poetische Kurzfassung der Welt« (vgl. W.Dietze, 1972: 389; W.Nolting, 1979: 13), sondern besitzt substantielle dialektische und ästhetische Qualitäten.

Bei einem der erwähnten Kriterien ist die Kürze schon implizit miteingebaut: beim *Objektbezug*. Dort haben wir ausdrücklich festgehalten, daß das Epigramm auf *einen* Gegenstand, auf *einen* Einfall sich beschränken muß, was notwendigerweise vor allem beim satirischen Epigramm eine knappe und konzise Formulierung mit sich bringt. Schon Johann Burkhardt Mencke

11

weist in seiner Sammlung *Philanders von der Linde vermischte Gedichte* (1710 : 262) auf diesen Zusammenhang hin:

[...] die Epigrammata dürften nicht eben allezeit an 4. oder 8. Zeilen gebunden seyn, wenn man nur die Materie so einfädelt, daß man von dem Haupt-Object nicht abweicht, und den Schluß so macht, daß alles, was vorher gegangen, gleichsam darinn beantwortet ist.

Als Gattungsanforderungen haben wir schon die Versgliederung erwähnt. Darüber hinaus existieren in der Epigrammatik bis zum 20. Jh. auch feste metrische Schemen und Reimschemen. In der Barockzeit dominiert der Alexandriner, im 18. Jh. der kürzere jambische Vers und um 1800 das elegische Distichon (vgl. Z. Škreb, 1981). Einen typischen deutschen Epigrammvers gibt es jedoch nicht (1981 : 215). Bei Epigrammen der von Herder propagierten elegischen Tradition ist durchwegs eine eindeutig definierbare metrische Struktur auszumachen, während in der zweigegliederten und pointierten Tradition vor allem im 20. Jh. eine Auflockerung von Reim und Metrum zulässig ist, solange die Versgliederung beibehalten wird. Mindestens eines von den zwei *strukturellen* Merkmalen *zweigeteilt – pointiert* und *strenge metrische Form* muß erfüllt werden. Es handelt sich um *alternierende* Gattungsmerkmale.

Es wäre unsinnig, auf der Grundlage dieser zwei alternierenden strukturellen Merkmale, die zwei verschiedene Traditionsstränge repräsentieren, eine terminologische Unterscheidung in »Epigramm 1« und »Epigramm 2« einzuführen, wie dies H. Fricke tut (1984 : 18). Eine solche entspricht nicht dem historischen Gattungsbewußtsein und würde mehr Mißverständnisse hervorrufen als vermeiden. Indem sich beide Traditionen als die überlegene darstellen, gehen beide von einer einheitlichen Gattungstheorie aus, innerhalb welcher gewisse Schwankungen bestehen. Das hier aufgestellte Modell vermag beide Typen zu erklären, betont aber nicht so sehr das Trennende, sondern vielmehr die Interaktion und die fließenden Übergänge zwischen den beiden Typen.

Zusammenfassend läßt sich sagen, daß ein Epigramm die folgenden fünf gattungskonstituierenden Merkmale aufweisen muß:

1. Schriftlichkeit
2. Versgliederung
3. Objektbezug (Nichtfiktionalität)
4. Titel
5. Kotextuelle Isolation (in Reihen)

Von den zwei alternierenden Merkmalen ist mindestens eines zu erfüllen, das die innere Struktur genauer definiert:

6. Zweiteiligkeit – Pointiertheit
7. Reim und Metrum

Ein paar Beispiele, unter welchen sich auch komplexe Grenzfälle befinden, sollen diese Kriterien illustrieren. Zudem muß angefügt werden, daß innerhalb einer poetischen Norm in Einzelfällen Abweichungen toleriert werden, ohne daß deswegen die Gültigkeit der Norm verletzt würde. Die Poetik zu allen Zeiten hat die »poetische Lizenz« gerechtfertigt.

Abweichungen von der Norm sind in der Geschichte des Epigramms häufig. Das Sonett zum Beispiel wird von vielen Barocktheoretikern – vor allem in der romanischen Tradition – wohl nicht zuletzt wegen seiner Tendenz zur Zweiteiligkeit und wegen der zweizeiligen Schlußstrophe beim Shakespearschen Sonett als epigrammatische Gattung bezeichnet (vgl. R. Colie, 1973: 68–75; A. Fowler, 1982: 183–185, 195–202), setzt sich aber aufgrund der allzustark abweichenden Merkmale als eigene Gattung durch. Aus diesem Grunde postuliert R. Angress auch, daß ein Epigramm maximal zwölf Zeilen aufweisen sollte (1971: 25).

Eine besonders im 18. Jh. gepflegte abweichende Ausformung, welche die Gattungsdefinition lediglich erweitert hat, ist das Epigramm in Dialogform. Die dialektische Struktur wird dabei nicht nur durch die Pointe unterstrichen, sondern auch durch die Dialogstruktur, wie das Beispiel aus Haugs Sammlung *Hundert Epigramme auf Aerzte, die keine sind* (1806: Nr. 86) zeigt:

Gespräch

Arzt
So lustig?
Patient
– Wieder frohen Muthes.
Arzt
Und wohl geruht?
Patient
– Herr Doctor, ja!
Arzt
Mein Trank bewirkte doch was Gutes.
Patient
Nichts übles! – Denn er steht noch da.

Die Epigrammatik der Nachkriegszeit unterwirft unsere Epigrammdefinition einer ernsthaften Prüfung. Indem das Epigramm eine bewußt poetische Sprache, Reim und metrische Struktur aufgibt, nähert sich das Epigramm dem Sprachduktus des Aphorismus, wie etwa in Arnfrid Astels Epigramm aus der Sammlung *Kläranlage* (1970: 53):

Telefonüberwachung

Der »Verfassungsschutz«
überwacht meine Gespräche.
Mit eigenen Ohren hört er:
Ich mißtraue einem Staat,
der mich bespitzelt.
Das kommt ihm verdächtig vor.

Durch die Titelgebung und die Versform im Verein mit der Pointiertheit ist dieses Gedicht eindeutig als Epigramm gekennzeichnet. Es erfüllt alle Anforderungen, die wir an ein Epigramm stellen: es ist schriftlich festgehalten, es ist in Verse gegliedert, und es bezieht sich deutlich auf ein einziges Objekt, hat also Inschriftcharakter, der auch in einem Titel bestätigt wird. Von den alternierenden Merkmalen treten Reim und Metrum durchwegs zurück. Allerdings wird das andere Merkmal, die auf Zweiteiligkeit basierende Pointiertheit, ebenso konsequent erfüllt, sodaß wir hier einwandfrei von epigrammatischer Dichtung sprechen können.

Ähnliches gilt auch für dieses Epigramm aus Astels Sammlung *Zwischen den Stühlen* (1974: 48):

Dialektik

Die holprigen Straßen in der DDR.
Die schlecht gefederten Omnibusse.
Im Kapitalismus ist alles besser
geteert und gefedert.

Interessant ist, wie der Zeilenbruch mit einer neuen Funktion erfüllt wird. Die Aussage »Im Kapitalismus ist alles besser« wird durch »geteert und gefedert« modifiziert und verfremdet, ja ironisch durch den Zeilenbruch ins Gegenteil verkehrt.

In ähnlicher Weise kann auch das distanzschaffende Aussparen einer Zeile funktionstragend sein, wie in Gerhard C. Krischkers *Nachruf* (M. Bosch, 1975: 79):

Nachruf

Er hat sich
für die Firma

gelohnt.

Arno Leiferts Zitat aus der *Neuen Ruhr-Zeitung* wirft ein neues
Problem auf (M. Bosch, 1975 : 65) :

Markt

15
türkische
Gastarbeiter

z. Zt.
als Bauhelfer
und Hilfsarbeiter
tätig

abzugeben

Interessenten
wenden sich
bitte an

Die ästhetische Leistung, welche das Zeitungsinserat zum Epigramm macht, liegt in der Versifizierung, welche, wie schon in
den obigen Beispielen, den ironischen Effekt kreiert, in der
graphischen Gestaltung, welche das ironisch verwendete Schlüs-
selwort »abzugeben« isoliert und hervorhebt, und in der Titelgebung, in welcher der Autor dem Leser mitteilt, wie der Autor
das Epigramm gelesen und verstanden haben will. Wir erkennen hier einen weiteren Beleg dafür, welch außerordentliche
strukturelle Bedeutung dem Titel im Epigramm zukommt. Gedichten ohne Titel fehlt deshalb ein ganz wesentliches epigrammatisches Strukturmerkmal, wie Beispiele von Werner Schneyder oder Arnfrid Astel (*Zwischen den Stühlen*, 1974 : 46) zeigen :

Für Abtreibung Todesstrafe.
Das Leben ist unantastbar.

Diese Aussage ist aphoristisch-torsohaft im Charakter, müßte
aber aufgrund der Versgliederung der Spruchdichtung zugeordnet werden. Lediglich eingebettet in eine Epigrammsammlung
könnte diesem Beispiel Epigrammcharakter zugesprochen werden, keineswegs aber in Isolation. In diesem Bereich werden die
Gattungsgrenzen verschwommen, zumal in den meisten

Sammlungen der Nachkriegszeit Epigramme, Sprüche und Aphorismen vermischt und somit nicht im vornherein als einer spezifischen Gattung zugehörig markiert werden. Umso gewichtiger wird das gattungskonstituierende Merkmal des Titels.

Was an dieser Gattung »Epigramm« besonders ins Auge sticht, ist die Faszination, die sie auf die Menschen aller Zeiten ausgeübt hat und immer noch ausübt. Vier gattungsspezifische Besonderheiten des Epigramms scheinen für diese anhaltende Popularität verantwortlich zu sein:

1. Die Zweigliedrigkeit des Epigramms bietet die Möglichkeit der dialektischen Strukturierung, woraus sich ein Potential zur Spannung und Pointierung in satirischer, humoristischer, aber auch rein gnomischer Absicht gibt. Wir erinnern uns, daß die Zweigliedrigkeit zwar nur ein alternatives Gattungsmerkmal ist, daß aber dessen Rezeption besonders heftig ausgefallen ist. Dieser an Martial anschließende Rezeptionsstrang umfaßt einen Großteil der deutschsprachigen Epigrammproduktion. Diese Zugespitztheit auf das Ende hin wird oft kommentiert, wie hier von Christian Jakob Contessa:

Epigrammen

Veit: Da hört ich Euch, Gevatter Kunz, soeben,
            Der Pastor hätt ein Buch herausggeben,
            Das »Epigrammen« betitelt ist.
            Was sind denn das für Dinge – Epigrammen?
Kunz: Ganz kurze Gedichte, daß Ihrs wißt.
            Worin das letzte Wort das beste ist.
Veit: Aha! Nun reim ich mirs zusammen!
            Er hält ja alle Sonntag Epigrammen.

2. Das Epigramm läßt sich auf jeden beliebigen Gegenstand in satirischer, lobender, tadelnder, spielender, hymnischer oder belehrender Absicht anwenden. Gerade die Möglichkeit der Satire legt den innovativen, die herrschenden Verhältnisse kritisierenden Kräften die Gattung Epigramm nahe. Das hat zweierlei Konsequenzen. Erstens wird das Epigramm dadurch bei der auch das Gattungssystem nicht verschonenden gesellschaftlichen Entwicklung dank seiner instrumentalen Funktion gerade in Zeiten des Umbruchs vom Wandel kaum erfaßt, und zweitens wird das Epigramm sozusagen als literarisches Requisit der innovativen Kräfte aller Zeiten periodisch ins Rampenlicht gerückt. Zuletzt ist der Typ des satirischen Epigramms in der marxistisch orientierten Literatur der sechziger und sieb-

ziger Jahre wie auch in der DDR-Literatur auf ein lebhaftes Interesse gestoßen.

3. Der vielleicht wichtigste Faktor ist, daß das Epigramm aufgrund der knappen und konzisen Formulierung besonders viele *Leerstellen* im Sinne von W.Iser offenläßt (1976: 301 ff). Wesentliches wird beim Epigramm ausgespart, und der Leser ist durch die vermehrte Anzahl von Leerstellen gezwungen, besonders aktiv mitzulesen. Der (fehlende) sprachliche Kotext stellt beim Epigramm keinen gedanklichen oder situativen Kontext bereit. Der Leser wird dadurch angeregt, selbsttätig zum besseren Verständnis einen Kontext herzustellen; erst durch den Akt des Lesens vervollständigt sich das Epigramm (vgl. G.C. Rimbach, 1970: 100ff; W.Nolting, 1979: 13):

An den Licin

Wie du mein Sinngedicht erklärst Licin! so ist es dein;
Doch wie mans ohne dieß versteht Licin! so ist es mein.

Licin füllt in diesem Epigramm von Johann Joachim Ewald (G.Neumann, 1969: 127) die Leerstellen auf scheinbar irrige Art und Weise und kreiert damit seinen eigenen Text. Die ironische Spannung entsteht durch den Konflikt zwischen Autorintention und Licins abweichender Interpretation, von der sich der Autor distanziert. Daß sich der Rezipient ein Epigramm beim Lesen aneignet, bestätigt Gleim in einer negativen Formulierung (A.Dietze, 1985: 102):

Der Vorleser

So gut, daß mein Gedicht
Seins würde, liest er nicht.

Auf die textsortenspezifische Aussparung spielt Goethe in den *Venetianischen Epigrammen* an:

Seid doch nicht so frech Epigramme! Warum nicht? Wir sind nur Überschriften: die Welt hat die Kapitel des Buchs.

4. Daraus ergibt sich eine ausgeprägte Leserorientiertheit des Epigramms. Schon seit Martial werden rezeptionsästhetische Theoreme in der Epigrammatik ausdrücklich bestätigt: der Text konstituiert sich erst durch das Lesen, wie Lessing darlegt (LM 1,22; vgl. Martial 3,9):

Auf den Kauz.

Wer sagt, daß Meister Kauz Satiren auf mich schreibt?
Wer nennt geschrieben das, was ungelesen bleibt?

Christian Morgenstern pflichtet dieser These durch seinen Epigrammtitel *An des Dichters andere Hälfte, den Leser* bei (*Aphorismen und Sprüche*, 1960: 214). Der Leser ist im Sinne des in Punkt drei Festgehaltenen immer ein aktiver Leser, der nicht nur mitliest, sondern auch mitdenkt. Aufgabe des Dichters ist, für den aktiven Leser Leerstellen auszusparen. Christian Wernicke (Anm. zu 9,39) betont, »dass es eine der grösten Sinnligkeiten sey also zu schreiben, dass man allezeit einem geschickten Leser etwas nachzudencken lasse.« Daniel Czepko bringt diese Erwartungshaltung des Dichters im Motto zum ersten Hundert seiner *Sexcenta Monodisticha Sapientium* zum Ausdruck: »Mehr dencken, als lesen.« Johannes Scheffler endet seinen *Cherubinischen Wandersmann* mit der Aufforderung an den Leser, das Wesen des mystischen Textes in sich zu verwirklichen und so den Text letzten Endes überflüssig zu machen (6,263):

Beschluß.

Freund es ist auch genug. Jm fall du mehr wilt lesen/
So geh und werde selbst die Schrifft und selbst das Wesen.

Der Leser wird vom Epigrammdichter, der um die Rezeption besorgt ist, direkt angesprochen. Logaus kokette Formulierung bestätigt, wie tief die Rezeptionsproblematik ins Bewußtsein des Dichters eindringt (*Sämmtliche Sinngedichte*, 1654: 2,8,11; 2,Z,3):

An die Leser

Sind dir Leser/ meine Sachen mißgefällig wo gewesen?
Kanstu sie am besten straffen mit dem sauren nimmer-lesen.

An den Leser

Leser/ wie gefall ich dir?
Leser/ wie gefellst du mir?

K. Altmann, 1966: 427–440. – R. Angress, 1971: 19–40. – Willy R. Berger. »Gattungstheorie und vergleichende Gattungsforschung.« In: M. Schmeling (Hg.). *Vergleichende Literaturwissenschaft. Theorie und Praxis.* Wiesbaden 1981: 99–124. – M. Bieler, 1964: 569–578. – R. L. Colie, 1973. – T. Erb, 1929. – P. Erlebach, 1979. – A. Fowler, 1982. – H. Fricke, 1984: 18–20. – H. Fricke, 1983: 262–280. – H. Glinz, 1983: 118–130. – G. Grigson, 1977: vii-x. – K. M. Holum, 1972: 21–36. – J. Hutton, 1935: 55–79. – Wolfgang Iser. »Die Wirklichkeit der Fiktion.« In: R. Warning (Hg.). *Rezeptionsästhetik. Theorie und Praxis.* München 1975: 277–324. – Wolfgang Iser. *Der Akt des Lesens. Theorie ästhetischer Wirkung.* München 1976, ²1984. – J.-J. Kariger, 1982: 9–28. – H. Keisch, 1968: 133–138. – Ulrich Keller. *Fiktionalität als literaturwissenschaftliche Kategorie.* Heidelberg 1980. – O. Knörrich, 1981: 66–74. – H.-H. Krummacher, 1974. – F. Martini, 1954: 23. – G. Neumann, 1969: 285–355. – G. Neumann, 1976: 35–38. – N. Neumann, 1986. – Günter Niggl. »Probleme literarischer Zweckformen.« *Internationales Archiv für Sozialgeschichte der deutschen Literatur* 6, 1981: 1–18. – G. Niggl, 1983: 305–316. – W. Nolting, 1979. – J. Nowicki, 1974: 6–22 [mit ausf. Bibliographie]. – H. Prang, 1968: 163–169. – G. C. Rimbach, 1970. – Lutz Röhrich. *Der Witz. Figuren, Formen, Funktionen.* Stuttgart 1977. – Arnold Rothe. *Der literarische Titel. Funktionen, Formen, Geschichte.* Frankfurt 1986. – H. Rüdiger, 1958: 345–372. – Werner R. Schweizer. *Der Witz.* Bern, München 1964. – Friedrich Sengle. *Die literarische Formenlehre.* Stuttgart 1967. – Z. Škreb, 1977: 5–31. – Zdenko Škreb. »Die rhythmischen Schemata des deutschen Epigramms.« In: Z. Konstantinović et al. (Hgg.). *Klassische Modelle in der Literatur.* Innsbruck 1981: 209–216. – B. H. Smith, 1968: 196–210. – W. Tochtermann, 1960. – J. Weisz, 1979.

2. Abgrenzung zu anderen Gattungen

Der Vergleich des Epigramms mit Gattungen, welche ähnliche Gattungsmerkmale besitzen, soll einerseits die Unterschiede zwischen den einzelnen Gattungen verdeutlichen, andererseits aber auch die Besonderheiten des Epigramms hervorheben. Eine umfaßende Beschreibung der anderen Gattungen kann hier nicht beabsichtigt sein.

Die Unterscheidung zwischen Epigramm und *Aphorismus* bereitet oft Schwierigkeiten, zumal die Prosa in weiten Bereichen der Dichtung den Vers als vorherrschende Sprachform abgelöst hat. Ernst Jünger bezeichnet eine Gruppe seiner Apho-

rismen als Epigramme (*Sämtliche Werke*, 1979: 12,505–514).
P.v. Matt verwendet für Grillparzers in Prosa verfaßten ›Epigramme‹ den in sich widersprüchlichen Begriff ›Prosaepigramme‹ (1972: 79; vgl. Kap. III.6.). Immerhin wird in der englischen Tradition der Aphorismus oft ›prose epigram‹ genannt (P. Erlebach, 1979: 58–60).

Ebenso fragwürdig ist W.Freunds Versuch, Georg Christoph Lichtenbergs Aphoristik mit dem Epigramm in Verbindung zu bringen (1980: 729). Die Gleichsetzung der zwei Gattungen rechtfertige sich durch die überholte Assoziation des Epigramms mit dem Vers, die sich im 18.Jh. zugunsten der Prosa auflöse. Dies trifft keineswegs zu: nach 1740 lebt das Epigramm (in Versform) förmlich neu auf. Lediglich die Vorherrschaft des strengen Alexandriner-Verses ist gebrochen. Zudem hat kein theoretischer Text jemals den Gebrauch der Prosa für das Epigramm legitimiert.

Darüber hinaus gibt es noch mehrere Merkmale, worin sich Epigramm und Aphorismus unterscheiden. Der Aphorismus (vgl. H.Frickes Def. des Aphorismus, 1984: 7–18; auch D.Lamping, 1981) besitzt ausgesprochenen Torsocharakter. Der durchwegs nichtfiktionale Gegenstand ist nicht durch einen Titel vorsignalisiert, und eine voraussehbare innere Struktur fehlt. (Das *Apophthegma* weist ähnliche Merkmale auf, außer daß es typischerweise fiktional ist.) Das Epigramm demgegenüber indiziert im Titel das Thema und erreicht durch den Titel und eine besser definierte innere Struktur mehr Selbständikeit und Geschlossenheit: es zeichnet sich durch einen Ganztext-Charakter aus. Andererseits fehlen dem Epigramm nach G.Neumann die »vielfach-komplizierte Bezüglichkeit auf das Ich des Autors«, die »unverwechselbare geistige Individualität« und der »denkexperimentelle Charakter« des Aphorismus ganz (1976: 37; 1969: 323).

Die Abgrenzung des Epigramms zu *Spruch* und *Sprichwort* ist ebenfalls noch immer problematisch. Vor allem im Bereich von Epigramm und Spruch sind Überschneidungen möglich. Beide, Spruch und Sprichwort, entstammen einer im Mittelalter beginnenden mündlichen Tradition, während das Epigramm, durch seine Entstehung bedingt, Auf*schrift*charakter trägt und grundsätzlich auf schriftlichem Wege tradiert wird. Ursprung und Geschichte sind deshalb von Bedeutung, weil sie Rezeption und Gattungsbewußtsein nachhaltig beeinflussen, was bei ähnlichen Erscheinungsformen verschiedener Gattungen ein wichtiges Unterscheidungskriterium werden kann.

Das *Sprichwort* hat diesen mündlichen Charakter bis heute beibehalten, auch wenn Sprichwörter schon seit 1600 systematisch gesammelt werden. Es verfügt in der Regel über kein durch den Titel gegebenes Anfangssignal und wird gewöhnlich in einem spezifischen *Kon*text verwendet, der das Sprichwort in ein sprachliches Umfeld (*Ko*text) einbettet. Jedes einzelne Sprichwort entspringt einer wirklichen Lebenssituation und wird auch wieder in einer solchen eingesetzt. Dem Sprichwort fehlen die epigrammatischen Gattungsmerkmale der *Ko*textisolierung und der Schriftlichkeit. Immerhin wird im 17. Jh. das Sprichwort als Quelle für epigrammatische Einfälle herbeigezogen.

Auch der *Spruch* trägt deutliche mündliche Textmerkmale, auch wenn er einem Prozeß der Verschriftlichung unterworfen ist. Die Möglichkeit, die Autorschaft vieler Sprüche bis zu Spervogel und Freidank zurückzuführen, deutet darauf hin. Der Spruch ist im Gegensatz zum Epigramm immer fiktional, ist andererseits nicht immer betitelt und zeichnet sich vor allem nicht durch einen ausgeprägten Objektbezug aus: er diskutiert Probleme, die »allgemeine Geltung beanspruchen« (B. Sowinski, 1981: 378). Der Spruch ist nicht an ein Objekt gebunden, so wie das Epigramm – im übertragenen Sinne – mit dem Medium Stein und dem Kontext Grabmal verhaftet ist. Der Spruch besitzt also aphoristisch-torsohaften Charakter, kann aber aufgrund der Versgliederung nicht dem Aphorismus zugeordnet werden.

Im Unterschied zum Spruch ist die *Gnome* eine primär schriftliche Gattung, deren Blüte in der Antike liegt. Nach der Wiederentdeckung des Epigramms in der Renaissance geht die Gnome im gnomischen Epigramm auf.

Eine Reihe von Abgrenzungsproblemen spielen in der langen Geschichte des Epigramms eine bedeutende Rolle. In der Zeit des Hellenismus verwischen sich die Gattungsgrenzen zwischen Epigramm und *Elegie*, indem das Epigramm sich fast ausschließlich des elegischen Distichons bedient und die Elegie sich andererseits thematisch ausweitet. Wesensmerkmal der Elegie ist das Stimmungshafte, Emotionale: sie ist geprägt von Trauer, Wehmut und Klage, aber auch von Hochstimmung, Liebe und Erotik. Sie ist nicht scharf auf einen einzigen darzustellenden Gegenstand ausgerichtet, sondern vermittelt eine Gefühlswelt und erfüllt somit die Gattungsnorm des Objektbezugs nicht. Freilich gibt es auch in der deutschen Literatur Berührungspunkte, so zum Beispiel in Goethes *Römische Elegien* und

Venetianische Epigramme und in Brechts epigrammatischen *Buckower Elegien.*

In der Literaturtheorie der Renaissance – vorab in der Romania – rückt das *Sonett* in die Nähe des Epigramms und wird oft mit ihm gleichgesetzt (vgl. Kap. II.2). Die romanische Theorie sieht im Epigramm den legitimen Nachfolger des antiken Epigramms (J. Hutton, 1935: 56–58; J.Nowicki, 1974: 49ff), so z.B. Thomas Sebillet in *Art poétique françois* (1548; Paris 1910: 115): »Sonnet n'est autre chose que le parfait épigramme du françois.« Die Gemeinsamkeit besteht in einer pointierten Endung, die ebenfalls dem rhetorischen Ideal der *argutia* verpflichtet ist. Da eine Länge von vierzehn Zeilen für ein Epigramm in der Regel als zulässig erachtet wird, kann die an *argutia* und *brevitas* orientierte Theorie von Renaissance und Barock das Sonett durchaus als epigrammatisch bezeichnen.

In der englischen Sonett-Theorie ist diese Frage wegen des Shakespearschen Typs (4+4+4+2) besonders aktuell. Das Couplet fungiert als eine Art epigrammatisches Distichon (A. Fowler, 1982: 183–185; R.Colie, 1973: 67–75). John Harington vertritt diese Sicht in seiner Schrift *Comparison of the Sonnet and the Epigram* (1618).

Zwar finden derartige Theoreme auch in die deutsche Poetik Eingang (J.-U. Fechner, 1966: 108–113; J.Leighton, 1973: 28–32), vermögen dort jedoch nicht permanent Fuß zu fassen. Allerdings bezeichnet noch Lessing das Sonett als ›Sinngedicht‹ (LM 11,243), und A.W. Schlegel betont in seiner *Vorlesung über das Sonett* (1803/04; 1884: 249) die Affinität der beiden Gattungen: »Deswegen steht es [das Sonett] auf dem Übergang vom lyrischen und didaktischen, daher erkläre man sichs, daß es zuweilen ganz epigrammatisch wird, und werden darf: denn das Epigramm enthielt schon in seiner antiken Form beyde Elemente in der einfachsten Mischung in sich.«

Heute lassen sich Epigramm und Sonett klar abgrenzen. Das Sonett ist fiktionale und subjektive Lyrik, die nicht an die Norm des Objektbezugs, des Bezugs auf *einen* Gegenstand gebunden ist; die strophische Gliederung weist darauf hin. Außerdem spielen beim Sonett spezifische Probleme des Reims, der Versifizierung und der inneren Struktur eine Rolle, die für das Epigramm irrelevant sind.

Das Rätsel, das sich der Prosa wie auch der Versform bedienen kann, wird im 17.Jh. von vielen Theoretikern als eigene Gattung bezeichnet (J.Weisz, 1979: 41f), die sich durch den dunklen Inhalt und eine spezifische Form der Interaktion mit dem Leser auszeichnet. Die versifizierte Spielart läßt sich nicht vom Epigramm unterscheiden; Morhof und Praktiker wie Weckherlin, Logau, Czepko und Scheffler bezeichnen das Rätsel als epigrammatische Form, und Johann Gottlieb Meister (1698) und Gottfried Ludwig (1703) verwenden ›Rätsel‹ als Synonym für ›Epigramm‹ (vgl. Kap. II.2.; III.3.; J.Weisz, 1979: 26).

Die Berührungspunkte zwischen Epigramm und *Madrigal* liegen ebenfalls im 17. Jh. Das Madrigal ist ursprünglich der Verstext zum einfachen, volkssprachlichen Gesang und wird zur beliebtesten Gattung polyphoner weltlicher Vokalmusik. Wegen der einstrophigen relativen Kürze und dem oft pointierten Ende wird es im 16. Jh. in Italien und im 17. in Deutschland teilweise aus der musikalischen Tradition herausgelöst und mit dem Epigramm in Zusammenhang gebracht. Caspar Ziegler setzt die beiden Gattungen in seiner bekannten Abhandlung *Von den Madrigalen* (1653) gleich. Diese satirische Spielform des Madrigals geht im Epigramm auf. Schon Daniel Morhof (*Unterricht von der Teutschen Sprache und Poesie*, 1682; 1969: 310f) erkennt, daß nur dieser eine Madrigaltyp epigrammatisch ist.

Andere Formen, welchen der epigrammatische Bezug auf einen einzelnen Gegenstand nicht eigen ist, und welche von Morhof und Uhse (*Wohl-informirter Poët*, 1708: 63) mit der *Ode* in Verbindung gebracht werden, verfestigen sich zur selbständigen Gattung, die unter Fixierung des Reimschemas (oft 3+3+3+2+2) zur wichtigsten Textform von Oper, Singspiel und Oratorium und in Anakreontik und Romantik zur lyrischen Gattung wird.

Seit der Veröffentlichung der ungeheuer erfolgreichen Sammlung *Emblematum liber* von Andrea Alciati (1531) gehört das *Emblem* zum Gattungskanon der europäischen Literatur des 16. und 17.Jh.s. Unter Emblem ist (entgegen M.Praz: 1964: 22) nicht nur die visuelle Abbildung (*pictura*) zu verstehen, sondern das ganze aus drei Teilen bestehende und eine Einheit bildende Gefüge aus *pictura* (Bild), *inscriptio* (Motto, Lemma) und *subscriptio* (Epigrammtext) (A. Schöne, 1964: 18–25). Die Funktion der einzelnen Teile sowie deren Beziehung zueinander ist vielschichtig. Die *inscriptio* hat als Titel eine Signalwirkung. Nach Schöne erfüllt die *pictura* primär eine abbildende Funktion, meist durch *inscriptio* und *subscriptio* unterstützt. Umgekehrt können *pictura* und *inscriptio* auch bei der interpretierenden Leistung der *subscriptio* mitwirken. Diese Doppelfunktion – Abbilden und Interpretieren – der drei Teile ist nur dadurch möglich, »daß das Abgebildete mehr bedeutet, als es darstellt« (21).

Die *subscriptio*, der eigentliche epigrammatische Text, ist also weder die reine Beschreibung des Bildes noch die Lösung des durch Bild und Titel gestellten Rätsels. Das Emblem weist Gleichnischarakter auf und baut Analogien auf verschiedenen Ebenen auf. Seine analogische Struktur entspricht der hierarchischen Struktur der Welt. Daraus wird ersichtlich, daß Bild und Epigramm keineswegs in einem direkten und spannungslosen Verhältnis zueinander stehen, sondern sich auf verschiedenen Bewußtseinsebenen und Konkretisierungsstufen entsprechen. Ein komplexes Spannungsverhältnis von jeweils in sich vollständigem bildlichem und sprachlichem Text entsteht. Die *subscriptio* als konkretere Analogiestufe erläutert dabei dunklere Analogieverhältnisse des visuellen Texts, dessen strukturelles Grundmuster eine visuelle Topik ist.

Schon die Entstehungsgeschichte verweist auf die potentielle Eigenständigkeit von Bild und epigrammatischem Text. Alciati verwendet für sein Emblembuch eine große Anzahl Epigramme aus der *Anthologia Palatina* und läßt dazu eine *pictura* verfertigen. Der umgekehrte Vorgang ist aber ebenso möglich, ohne daß sich das Endprodukt prinzipiell unterscheidet. Daraus ergibt sich, daß im Emblem zwei selbständige Gattungen sich in beiderseitigem Interesse zu einer neuen Gattung vereinigen, denn durch die sorgfältige Abstimmung von *pictura* und *subscriptio* aufeinander entsteht ein Kunstwerk, das die Summe der Einzelteile weit überschreitet, indem es Analogieverhältnisse entschlüsselt, welche erst durch die Interaktion der beiden Teile sichtbar werden.

Das Emblem verschwindet gegen Ende des 17. Jh.s zusammen mit dem analogischen Denken von der Bildfläche. Eine spätere Wiederaufnahme dieser Gattung ist zwar nicht prinzipiell auszuschließen, ist aber bislang nicht eingetroffen. R. Grimms Versuch, Brechts *Kriegsfibel* für das Emblem zu reklamieren, scheitert an mangelhaftem Verständis für Traditionszusammenhänge des Emblems und des Epigramms (vgl. Diskussion in Kap. III.7.). Obwohl in der *Kriegsfibel* eine Bild-Wort-Struktur auszumachen ist, entspricht diese keineswegs der oben dargestellten, für das Emblem typischen Bild-Wort-Struktur. Brecht legt nicht allegorische Bedeutungsschichten frei, sondern stellt Fotografien bloß, indem er sie in einen verfremdeten Zusammenhang versetzt. Dies entspricht der *nichtfiktionalen* Arbeitstechnik des Epigramms, wie sie schon die von Brecht rezipierte griechische Epigrammatik entwickelt. Die Gemeinsamkeiten mit dem *fiktionalen* Emblem erschöpfen sich auf der Oberfläche im Gebrauch von Bildmaterial und dem Vorhandensein eines epigrammatischen Textes.

Die im 18. Jh. äußerst populäre *Fabel* trägt ebenfalls gewisse Merkmale des Epigramms. Es ist kein Zufall, daß Lessing nicht nur dem Epigramm, sondern auch der Fabel eine Abhandlung widmet (LM 7,415–479), so wie viele Epigrammatiker des 18.Jh.s sich auch als Fabeldichter hervortun. In Lessings Sicht gleicht das Epigramm der äsopischen Fabel durch gedrungene Kürze und zugespitztes Ende (LM 11,228f). Der Unterschied bestehe darin, daß die beiden Teile des Epigramms, Erwartung und Aufschluß, in der Fabel ineinander verwoben seien, sodaß die Unterscheidung nurmehr eine theoretische Abstraktion sei.

Herder (SW 15,221) argumentiert ganz ähnlich und fügt an: »Man darf die Geschichte nur etwa als Inschrift auf den Ort ihrer Begebenheit beziehen und in ihr eine allgemeine Lehre anschaulich machen: so ist die Fabel Epigramm und das Epigramm eine Fabel.« Herders Begriff des Objektbezuges ist zu weit gesteckt, denn der Ort der Begebenheit ist für die Fabel irrelevant, während das Objekt der Inschrift für das Epigramm von entscheidender Bedeutung ist. Mit derselben Begründung könnte man z. B. Dramen als epigrammatisch bezeichnen.

Epigramm und Fabel unterscheiden sich noch in weiteren Punkten. Der Fabel ist eine narrative Grundstruktur eigen, die beim Epigramm völlig fehlt. Die für die Fabel konstitutive fiktionale Handlung und die allegorische Bedeutungsstruktur, die durch die Verlegung der Handlung in andere Wirklichkeitsebenen (gewöhnlich in die Tierwelt) gegeben ist, verletzen die Gattungsnorm des Epigramms, dem auch die Wahl zwischen Prosa und Versform nicht offensteht.

Literatur

R. Colie, 1973: 67–75. – Siglinde Eichner. *Die Prosafabel Lessings in seiner Theorie und Dichtung.* Bonn 1977. – P.Erlebach, 1979: 56–74. – Jörg-Ulrich Fechner. *Der Antipetrarkismus. Studien zur Liebessatire in barocker Lyrik.* Heidelberg 1966. – A.Fowler, 1982: 183–185, 195–202. – Winfried Freund. »Prosa-Satire. Satirische Romane im späten 18. Jahrhundert.« In: Rolf Grimminger (Hg.). *Hansers Sozialgeschichte der deutschen Literatur vom 16. Jahrhundert bis zur Gegenwart.* Bd. 3.1980: 716–738. – H.Fricke, 1984: 18–24. – J.Hutton, 1935. – André Jolles. *Einfache Formen.* Halle 1930. – Dieter Lamping. »Der Aphorismus.« In:

O. Knörrich, 1981: 21–27. – Joseph Leighton. »Deutsche Sonett-Theorie im 17. Jahrhundert.« In: Gerhart Hoffmeister (Hg.). *Europäische Tradition und deutscher Literaturbarock. Internationale Beiträge zum Problem von Überlieferung und Umgestaltung.* Bern, München 1973: 11–36. – G. Neumann, 1969: 323–325. – Gerhard Neumann. *Ideenparadiese. Untersuchungen zur Aphoristik von Lichtenberg, Novalis, Friedrich Schlegel und Goethe.* München 1976: 35–38. – J. Nowicki, 1974: 75–82. – Mario Praz. *Studies in Seventeenth-Century Imagery.* Rom 1964. – August Wilhelm Schlegel. »Vorlesung über das Sonett, gehalten zu Berlin im Winter 1803/4.« In: Heinrich Welti. *Geschichte des Sonettes in der deutschen Dichtung.* Leipzig 1884: 241–250. – Albrecht Schöne. *Emblematik und Drama im Zeitalter des Barock.* München 1964. – Bernhard Sowinski. »Der Spruch.« In: O. Knörrich, 1981: 378–384. – J. Weisz, 1979. – Vgl. auch die in der Einleitung zu Kap. III. erwähnten Titel.

II. Geschichte der Epigrammtheorie

Die Forschung zur Epigrammtheorie ist äußerst lückenhaft. Eine Geschichte der Epigrammtheorie exisistiert nicht. Die umfassendste Arbeit zu diesem Thema ist J. Nowickis Studie zur Epigrammtheorie in Spanien vom 16. bis zum 18. Jh. (1974). Einige Studien zu spezifischen Abschnitten der Epigrammgeschichte berücksichtigen die Epigrammtheorie in separaten Kapiteln, so z. B. die Arbeiten von M. Lausberg (1982) zum antiken und von J. Weisz (1979) zum barocken Epigramm. Über weite Strecken ist der Interessierte auf kurze Abschnitte und Einzelaussagen in allgemeinen Studien und auf eigene Quellenarbeit angewiesen.

1. Epigrammtheorie der griechischen und römischen Antike

Aus der Antike ist keine zusammenhängende Theorie des Epigramms als literarische Gattung erhalten (J. Hutton, 1935 : 55), was sich daraus erklären könnte, daß zum Thema Epigramm ein hoher Grad von Übereinstimmung geherrscht und sich demzufolge eine weitere Diskussion erübrigt hat. Die antike Epigrammtheorie muß aus Einzelaussagen in verschiedensten theoretischen Schriften rekonstruiert werden. Schon aus der Antike sind viele Epigramme bekannt, welche ihre eigene Gattung thematisieren und so weiter über die Epigrammtheorie Auskunft geben.

Mit Abstand am häufigsten wird die Kürze des Epigramms diskutiert (E. R. Curtius, 1969: 479–485; H. Rüdiger, 1958; M. Lausberg, 1982: 20 ff). Die erste uns bekannte theoretische Äußerung stammt aus Platos *Gesetzen* (leg. 12,958 e), wo eine Beschränkung des Grabepigramms auf vier heroische Verse, d. h. Hexameter, verlangt wird. Dabei geht es aber nicht so sehr um eine Normierung des Epigramms als literarischer Gattung, sondern um die Eindämmung des überhandnehmenden Grabluxus. Nach M. Lausberg schafft Plato damit keine neue Norm, sondern erhebt lediglich die Praxis seiner Zeit zur Norm (1982: 29 f). Immerhin bedarf die Kürze an sich einer ständigen Legitimation, ist sie doch als Kunstprinzip nicht unumstritten. Aristoteles geht zum Beispiel in seiner *Poetik* (1450b – 1451a) davon aus, daß alles Schöne auf einer gewissen Größe der Anlage beruht. Die Ausdehnung des Kunstwerks soll demnach nicht oder bestenfalls durch die Grenzen der Faßlichkeit beschränkt werden.

Seit Pindar (ca. 518 – 442) und Aischylos (525 – 456) ist das Postulat der Kürze aber allgemein theoretisch eingeführt und anerkannt, und Kallimachos macht es zum verbindlichen Stilideal der Rhetoriker. Die Kürze wird erreicht durch die inhaltliche Beschränkung auf Hauptpunkte, den Verzicht auf die Ausführlichkeit der Darlegung und durch sprachliche Mittel (vgl. Aristoteles, *Rhetorik*, 3,6; M. Lausberg, 1982: 21; H. Häusle, 1979: 88). Kürze resultiert aber keineswegs nur aus der Zwangslage des beschränkten Raumes auf einem Grabstein, vielmehr wird Kürze bei Pindar zum bewußten Kunstprinzip, das die Unwirksamkeit langer Zweck- und Prunkreden erkennt und mit dem asketischen Lebensideal im Zusammenhang steht (H. Rüdiger, 1958: 348). Die Kürze ist die besondere Kunst, viel in wenigen Worten zu sagen, wobei diese Qualität oftmals unter dem Schlagwort des schlichten Stils dargestellt wird. Die Entscheidung, was man über ein Thema sagt und was man wegläßt, basiert auf der ethischen Forderung nach Wahrung des rechten Maßes *(prepon, aptum)* und nimmt gleichzeitig auf die Aufnahmefähigkeit des Lesers und Hörers Rücksicht (M. Lausberg, 1982: 31; auch 118 – 122; 497 – 511). Nach Kallimachos (ca. 300 – 240) äußert sich nur ein Mensch, der unrecht tun will, weitläufig, um seine wahren Absichten zu verbergen (H. Rüdiger, 1958: 349). Grenzen gesetzt sind der Kürze lediglich durch die Gefahr der aus ihr entstehenden *obscuritas* (Undeutlichkeit), welche nicht nur in der Antike, sondern vor allem auch in der Frühaufklärung heftig in diesem Zusammenhang diskutiert worden ist. Somit wird auch klar, daß die Kürze primär ein qualitativer Begriff ist und erst sekundär ein quantitativer im Sinne von Umfang. Vorschriften von Maximallängen sind also Versuche, das Problem der Kürze zu quantifizieren, was auch die Tatsache erklärt, daß solche Normierungsversuche in der Praxis nicht als verbindlich empfunden werden.

Eine Rechtfertigung des »distichon epigrammation« als poetischer Gattung findet bei Varro (116 – 27 v. Chr.) statt. Nach

Varro (*Saturarum Menippearum Fragmenta*, 398) zeichnet sich ein Gedicht durch seine rhythmische Struktur aus, welche wiederum auch dem Epigramm eigen ist. Horaz (65–8 v.Chr.) weist in *Ars poetica* (V. 75–78) dem Epigramm das elegische Versmaß, das aus Hexameter und Pentameter gebildete elegische Distichon, zu (vgl. R.Reitzenstein, 1893 : 75ff). Verstreute Reste antiker Epigrammtheorie sind auch bekannt von Neoptolemos (3.Jh. v.Chr.), Poseidonios (135–51/50), Philodem (ca. 110–40/35), Isidor (um Chr. Geb.) und Caesius Bassus (1.Jh. n.Chr.) (M. Lausberg, 1982 : 31–37; I.Behrens, 1940 : 30; J.Nowicki, 1974 : 33).

Auch in einzelnen Epigrammen bis hin zur Spätantike kommt die Kürze, oder eigentlich die Geringzeiligkeit, immer wieder zur Sprache, wie in diesem Beispiel vom sonst unbekannten Autoren Kyrillos (2./1. Jh. v.Chr.) in der *Griechischen Anthologie* (9,369 [Übers. M.Lausberg, 1982 : 43]; vgl. auch 6,327; 7,447; 9,342) :

> Ein vollkommenes Epigramm ist das zweiteilige; doch wenn du drei Zeilen überschreitest, so schreibst du ein Epos, nicht ein Epigramm.

In diesem Sinne müssen Martials nur scheinbar widersprüchliche Aussagen zur Länge des Epigramms gesehen werden. Für Martial ist das Epigramm eine kleine, kurze Gattung. Er weigert sich aber, den Kürzebegriff quantitativ zu bestimmen. Wiederholt setzt er sich gegen Vorwürfe zur Wehr, seine Epigramme seien zu lang (Mart. 1,110 [Übers. M.Lausberg, 1982 : 44]; vgl. 1,91; 1,110; 2,77; 3,83; 6,65) :

> Scribere me quereris, Velox, epigrammata longa.
> Ipse nihil scribis tu breviora facis.
>
> Du beklagst dich, ich schriebe (zu) lange Epigramme.
> Selbst schreibst du nichts : Du schreibst kürzere.

Als allgemein akzeptables Höchstmaß scheinen sich zu Martials Zeit im Sinne eines Konsens acht Zeilen durchgesetzt zu haben. Immerhin verteidigt Martial auch längere Gedichte sowie ungewöhnliche Metren (6,65; auch 8,29; 10,59; vgl. M.Lausberg, 1982 : 44ff). An der Rechtfertigung der kleinen Form des Epigramms gegenüber der großen des Epos liegt Martial ebenfalls viel. Er verteidigt das Epigramm gegen den Vorwurf, es stelle eine kleine, sekundäre Dichtart dar, zu der es nur eines kleinen *ingeniums* bedürfe; offenbar war die Ansicht weit verbreitet, daß das Epigramm dem erholsamen Zeitvertrieb und der rhetorischen und poetischen Stilübung diene. Das Epigramm hat den Vorzug einer lebendigen, lebensnahen Kleinkunst gegenüber der schweren, lebensfernen mythologischen Dichtung, und zudem steht es aufgrund dieser Qualitäten in der Gunst des Lesers (2,1; 4,29; 4,49; 9,50), der die praktischen Vorteile eines kleinen Büchleins schätzt, das er in die Tasche stecken kann (1,2).

Über den idealen Aufbau des Epigramms gibt es wenige Aussagen (vgl. M.Lausberg, 1982: 481–497). Plato sieht das Epigramm, das eher eine archaische, mehr parataktische Struktur aufweist, als negatives Beispiel einer klassischen Komposition heran. Auf die Erfordernis, daß ein Epigramm ein *lumen* aufweisen muß, weist im 2.Jh. n.Chr. Fronto (2.Jh. n.Chr.) hin. Dort wird diese Regel jedoch nur beiläufig erwähnt, was deren selbstverständliche Allgemeingültigkeit unterstreicht (M. Lausberg, 1982: 76f). Die später so heftig diskutierte Pointiertheit spielt in der antiken Diskussion keine Rolle; erst in der Alexandrinischen Zeit wird ihr eine gewisse Bedeutung zugemessen (J.Hutton, 1935: 55).

In Spätantike und Mittelalter wird das Epigramm nur sporadisch diskutiert. Quellen sind bekannt bei Sidonius Apollinaris (W.Maaz, 1983: 103f; U.Kindermann, 1978: 134), Henry von Huntington (W.Maaz, 1983: 104) und Matthäus von Vendôme (I.Behrens, 1940: 46).

Literatur

I.Behrens, 1940: 3ff. – Ernst Robert Curtius. *Europäische Literatur und lateinisches Mittelalter*. Bern, München [7]1969. – Hermann Dessau. *Lateinische Epigraphik*. Leipzig 1925. – Manfred Fuhrmann. *Einführung in die antike Dichtungstheorie*. Darmstadt 1973. – H.Häusle, 1979. – H.Hommel, 1939. – J.Hutton, 1935. – U.Kindermann, 1978. – M.Lausberg, 1982. – W.Maaz, 1983. – R.Reitzenstein, 1893. – H.Rüdiger, 1958.

2. Epigrammtheorie zwischen Renaissance und Aufklärung

In der Renaissance werden theoretische Überlegungen neu aufgenommen und weiter systematisiert. Für die Weiterentwicklung der Epigrammtheorie seit der Renaissance sind die antiken Aussagen aber trotzdem nur von beschränktem Wert. Zu skizzenhaft und widersprüchlich sind die einzelnen Theorien, und zudem werden viele dieser theoretischen Texte erst viel später entdeckt, sodaß eine systematische Rezeption der Antike im vornherein ausgeschlossen werden muß. Hauptgrundlage der Epigrammtheorie bildet die Praxis der als vorbildlich angesehenen antiken Epigrammdichter, allen voran Martial. Von entscheidender Bedeutung ist deshalb das Studium von vorbildlichen *exempla*, wie es die Renaissance- und Barockpoetik ganz allgemein postuliert. Auf dem Wege der Induktion wird die Epigrammtheorie durch die Beschäftigung mit Vorbildern eruiert und abgeleitet. Schon die erste separate Schrift über das Epigramm, Tommaso Correas *De toto eo poematis genere, quod epigramma vulgo dicitur*, verweist deutlich auf die Autorität der klassischen Vorbilder (1569: 82, 85–86).

Uneinheitlich ist die Einordnung des Epigramms in das Gattungsgefüge. Bei Antonio Sebastiano Minturno (*L'Arte Poetica*, 1563) zum Beispiel wird das Epigramm unter das Epische gerechnet. Antonio Possevino unterteilt das Poetische in das Göttliche, das Natürliche und das Moralische, zu welchem das Epigramm gehört (B. Weinberg, 1961: 336). Während die französische Poetik, so zum Beispiel Sebillet, – oft unter Hinweis auf die Verwandtschaft zur Elegie einerseits und dem Sonett andererseits – zumeist nach dem Umfang der poetischen Gattungen klassifiziert, teilt William Webbe (*A Discourse of English Poetrie*, 1586) die poetischen Gattungen in »Comicall, Tragicall, Historicall,« wobei das Epigramm der ersteren zugewiesen wird (I. Behrens, 1940: 120; vgl. A. Fowler, 1982: 213–234).

Martin Opitz rechnet das Epigramm nach Scaliger der satirischen Gattung zu. In *Poetische Tafeln* (1667: 14f) teilt Georg Neumark die poetischen Gattungen, der Dreistiltheorie folgend, »nach ihrer Materie« in »Traur-Händel«, »Freuden-Händel«, »Mittel-Händel« und »Lob- und Laster-Händel« ein. Überraschend ist Neumarks nicht weiter erläuterte Zuordnung des Epigramms zur Kategorie »Mittel-Händel«; man würde aufgrund der Stillage bzw. des Inhalts viel eher eine Zurechnung zu den Kategorien »Freuden-Händel« oder »Lob- und Laster-Händel« erwarten. Christian Wernicke schließlich bringt im Vorwort zu seiner Epigrammsammlung (Hg. R. Pechel, 1909: 119f) das Epigramm aufgrund der Pointierung und der strukturellen Orientierung auf das Ende hin mit der Komödie in Zusammenhang: »Es sind gleichsam kleine Lustspiele, in welchen nach einer langen Verwirrung in dem letzten Aufftritt alles in eine richtige Ordnung gebracht wird.«

31

Die Liste könnte beinahe beliebig verlängert werden, wobei allen Klassifizierungen die große Unsicherheit bei der Einteilung des Epigramms gemeinsam ist. Wie die Beispiele zeigen, wird es oft unter Absonderung von den Hauptkategorien mit anderen problematischen Formen wie Sonett, Madrigal, Elegie und Ode oder mit der Satire in eine Verlegenheitskategorie der kleinen Formen gesteckt. Diese Einordnungsprobleme dürften weitgehend darauf zurückzuführen sein, daß der Gegenstand nicht festgelegt ist und demzufolge dem Epigramm alle drei Stilebenen offenstehen.

Ansätze zu einer Epigrammtheorie lassen sich bei Conrad Celtis' *Ars versificandi et carminum* (1486) feststellen (W. Maaz, 1983 : 104 ff). Die ersten zusammenhängenden Epigrammtheorien der Renaissance sind in Franciscus Robortellos *In librum Aristotelis de arte poetica explicationes* (1548; vgl. J. Hutton, 1935 : 61 f; B. Weinberg, 1961 : 400 f) und in Thomas Sebillets *Art poétique françois* (1548; Hg. F. Gaiffe, Paris 1910) zu finden, gefolgt von Antonio Minturnos *De poeta ad Hectorem Pignatellum libri sex* (1559).

Sebillet, der das Epigramm als »le plus petit et premier oeuvre de Pöésie« (1548 : 103) bezeichnet, gibt zwei bis zwölf Verse als Normallänge an. Um der Verständlichkeit willen sind auch längere zulässig, allerdings nimmt dadurch die *grace* eines Epigramms ab (104 f). Besondere Bedeutung mißt Sebillet den letzten zwei Zeilen des Epigramms zu, »car en cés deuz consiste la louenge de l'épigramme. Et est l'esperit de l'épigramme tel, que par luy le Pöéte rencontre le plus ou le moins de faveur [...]. [...denn diese beiden enthalten den Höhepunkt des Epigramms. Der Geist des Epigramms ist so beschaffen, daß sich der Dichter durch ihn das Lob, aber auch den Tadel des Lesers zuziehen kann.]« (114). Indem Sebillet die Schlußpointe auf zwei Zeilen ausdehnt, impliziert er einen Mindestumfang von sechs bis acht Zeilen und bringt das Epigramm in die Nähe des Sonetts, was für die französische Poetik typisch ist (vgl. J.-U. Fechner, 1966 : 107–113). Die weiteren französischen Poetiken des 16. Jh.s halten sich weitgehend an Sebillets Vorbild (vgl. I. Behrens, 1940 : 102–118).

Für die folgende Zeit, und ganz besonders für die deutsche Poetik, ist Julius Caesar Scaligers *Poetices libri septem* (1561) von größter Bedeutung (vgl. M. Lausberg, 1982 : 79–81; J. Hutton, 1935 : 63–65). Zwar sind seine Überlegungen zum Epigramm nicht prinzipiell neuartig, aber durch die große Verbreitung und eifrige Rezeption von Scaligers Poetik sollten sie durch zwei Jahrhunderte hindurch ihren autoritativen Charakter beibehalten (1561 : 170):

> Epigramatis duae virtutes peculiares: breuitas & argutia.... Breuitas proprium quiddam est. Argutia, anima, ac quasi forma.
> [Die Epigramme besitzen zwei spezifische Qualitäten: Kürze und Scharfsinn. Die Kürze ist eine inhärente Eigenschaft. Der Scharfsinn ist die Seele und gewissermaßen die Form.]

Noch der englische Romantiker Samuel Taylor Coleridge schließt sich dieser Definition an:

> What is an Epigram? A dwarfish whole,
> Its body brevitiy, and wit its soul.
> [Was ist ein Epigramm? Ein zwergenhaftes Ganzes.
> Kürze der Körper, und Scharfsinn die Seele.]

Als Quellen der Scharfsinnigkeit gelten die üblichen rhetorischen *fontes*, die nach Quintilian für alle Redeformen Gültigkeit haben (1561: 170; vgl. J. Weisz, 1979: 31–33):

> Alia verò composita sunt quae deducunt ex propositis aliud quiddam. ídque aut maius, aut minus, aut aequale, aut diuersum aut contrarium.
> [Andere sind zweiteilig und leiten etwas aus dem Gegenstand selbst ab. Dieses andere ist entweder größer, kleiner, gleichwertig, verschieden oder gegensätzlich.]

Je nach dem darzustellenden Gegenstand vermittelt ein Epigramm verschiedene Grundideen, welche auch – abgesehen von den drei rhetorischen Stillagen – epigrammatische Grundtypen hervorbringen. Scaliger unterscheidet zwischen einfachen und zusammengesetzten Epigrammen: den lieblichen einfachen Epigrammen in der Catullischen Tradition liegt *mel* (Honig, Süßigkeit, Lieblichkeit) als Prinzip zugrunde, den zusammengesetzten satirischen Martialischen aber Eigenschaften wie *foeditas* (Häßlichkeit, Schändlichkeit), *fel* (Galle, Bitterkeit, Zorn, Schlangengift), *acetum* (Essig, beißender Witz) und *sal* (Salz, scharfer Verstand, Witz) (1561: 171). Dem letzteren Typ gibt Scaliger den Vorzug. Dieses Urteil sollte bis zu Lessing, der ja ebenfalls von einem zweigeteilten Epigramm ausgeht, Gültigkeit behalten und erst durch Herder aufgehoben werden.

Der Begriff der Kürze wird mit Berufung auf das Vorbild Martial schon als qualitativer verstanden (1561: 170):

> Breuitatem verò intelligemus, non definitam. nam & monostichon est apud Martialem, & aliquot satis longa, si alia spectes.
> [Wir müssen eigentlich verstehen, daß die Kürze nicht genau be-

stimmt ist. Denn schon bei Martial findet man Einzeiler, aber auch
einige ziemlich lange Gedichte.]

Genau definiert wird die Kürze in der Renaissance allerdings
nie. Jedenfalls besteht nicht genug Raum für rhetorische Figuren
(A. Fowler, 1982: 137). Der inschriftliche Charakter des Epigramms muß zudem erhalten bleiben (1561: 170). Bemerkenswert ist die Einsicht, daß der Titel eine instrumentale Funktion
ausübt: er stellt nämlich den situativen Kontext her, der beim
Grabepigramm ja durch den Grabstein gegeben war (M. Lausberg, 1982: 80 f). Neu ist ebenfalls Scaligers Versuch einer Typologie des Epigramms (170): »Epigrammatum tot sunt genera,
quot causarum. [Es gibt ebenso viele Epigrammarten wie mögliche Anlässe.]« Daß damit rhetorische *causae* gemeint sind,
wird in der Folge klar: die drei Typen sind das judikative, das
deliberative und das demonstrative Epigramm.

Alle folgenden Versuche über das Epigramm stützen sich auf
Scaliger, so die oben erwähnte Schrift *De toto eo poematis genere, quod epigramma vulgo dicitur* von Tommaso Correa
(1569; auch *De epigrammate*, 1590), *Poeticarum institutionum
libri tres* von Jacobus Pontanus (1594), *De epigrammate, oda, et
elegia* von Vincentius Gallus (1624), *De conficiendo epigrammate* von Ioannes Cottunius (1632) und *De artis poeticae natura,
ac constitutione liber* von Gerhard Johannes Vossius (1647), um
nur die wichtigsten zu nennen (vgl. J. Hutton, 1935: 66–72;
M. Lausberg, 1982: 81–83). Gegenüber Scaliger wird die Rolle
der Pointierung noch stärker betont, die Lehre der Zweigliedrigkeit ausgebaut und diese mit der Schlußpointe in Verbindung
gebracht (M. Lausberg, 1982: 81–83).

Für Tommaso Correa (1569: 19) ist ein Epigramm in dem
Maße vollkommen, »ut inter se ita partes cohaereant, & con-
gruant, ut distincte, breuiter, acute, & ornate sententia expri-
mantur, & admirationem mouet, & uoluptatem affert, non uul-
garem. [... wie die Teile unter sich zusammenhängen und über-
einstimmen, wie die Aussage deutlich, kurz, scharfsinnig und
geschmackvoll ausgedrückt wird, Verwunderung verursacht
und Vergnügen bereitet, jedoch kein ordinäres].« Der gesamte
Katalog poetologischer Postulate ist hier enthalten: die Abstimmung der Redeteile aufeinander und auf die Sprechsituation,
Deutlichkeit, Kürze, Pointiertheit und Schmückung des Ausdrucks sowie das Erregen von Bewunderung (oder Schrecken)
und eines sinnlichen Vergnügens. In der Folge wird die Scaliger-
sche Formel, die Kürze sei die Eigenschaft und die Pointiertheit
die Seele und Gestalt des Epigramms, vollumfänglich bestätigt

(1569: 38). Wie B. Weinberg (1961: 185–187) ganz richtig festhält, ist Correa auch um die Wirkungsästhetik des Epigramms besorgt. Es bringt dem Dichter Ruhm, versucht die Personen oder Personengruppe, auf welche das Epigramm abzielt, zu beeinflussen, und es hat schließlich eine Einwirkung auf das allgemeine Publikum.

Jacobus Pontanus (Jakob Spanmüller) widmet mehr als zwanzig Seiten seiner einflußreichen *Poeticarum institutionum libri tres* (1594: 175–196) dem Epigramm. Die gängigen Postulate werden vollumfänglich bestätigt, ja z. T. wörtlich aus Scaliger zitiert. Pontanus entwirft eine eigene Typologie (182): 1. die eigentliche Inschrift, aus welcher das Epigramm seinen Namen bezieht, 2. das Lob- und Tadelgedicht und 3. die pointierte Darstellung einer Begebenheit. Verwandt ist das Epigramm mit allen drei poetischen Hauptgattungen: mit dem Epos, weil es über Menschen, Ereignisse, Orte und Gegenstände sich lobend oder tadelnd äußert, mit der Tragödie, weil es ernste und traurige Gegenstände behandelt, und mit der Komödie, weil es lächerliche Zustände Spott und Kritik unterzieht (184f). Schließlich wird das dialogische Epigramm gerechtfertigt (194–196), das aber erst im 18. Jh. eine größere Verbreitung erfahren sollte.

Martials Argument, das Epigramm sei als lebendige, lebensnahe Kleinkunst den schwerfälligeren längeren Formen vorzuziehen, wird von Timothe Kendall im Vorwort zu seiner Sammlung *Flovvers of Epigrammes* (1577: 9) wieder aufgenommen. Die bedeutende englische Poetik *The Arte of English Poesie* (1589: 43ff) von George Puttenham bezeichnet die Epigramme »of the sharpest conceit« als die besten und erwähnt mit dem *conceit* oder *concetto* ein Element der Barockpoetik, welches entscheidend zur Blüte des Epigramms im 17. Jh. beiträgt.

Die Grundlage dazu bilden die manieristischen *argutia-*, *agudeza-* und *argutezza*-Theorien von Gracián, Tesauro, Pellegrini, Masen (*Ars nova argutiarum*, 1649) und auch von Christian Weise (*De poesi hodiernorum politicorum sive de argutis inscriptionibus libri II*, 1678), welche die *argutia* als Prinzip der poetischen Schönheit schlechthin darstellen (vgl. W. Barner, 1970: 355; K.-H. Mehnert, 1970: 146–155; K.-P. Lange, 1968). *Argutia* ist dabei zu verstehen als Stilbegriff oder Stilhaltung, welche aus *res* oder *verba* Witz (im Sinne von *wit*) und Scharfsinn zu erzeugen versucht. Ciceros Unterscheidung in Wortwitz und Sachwitz (*De oratore*, 2,261ff) besitzt nach wie vor Gültigkeit, wobei die manieristische Ästhetik sich durch eine ausgesprochene Affinität zum Wortwitz auszeichnet. Ein Stilmittel dazu ist das *acumen*, das mit Pointe oder scharfsinnigem Einfall zu übersetzen und demnach keineswegs mit *argutia* gleichzusetzen ist, wie dies etwa P. Erlebach (1979: 19) tut. Allerdings wird vor allem in der deutschen Barockpoetik immer wieder das Postulat der Scharfsinnigkeit mit demjenigen der Endpointe gleichgesetzt und so die *argutia* auf den *acumen*-Begriff reduziert.

Baltasar Gracián gliedert in seiner Schrift *Agudeza y arte de ingenio* (1642) den Scharfsinn *(agudeza)* in hellsichtigen Scharfsinn *(agudeza de perspicacia)* im Dienste der Deutlichkeit und in Scharfsinn der Kunstfertigkeit *(agudeza de artificio)* im Dienste der subtilen Schönheit. Gracián unterscheidet letzteren weiter in Scharfsinn der Bildlichkeit *(agudeza de concepto)*, der Verbalisierung *(agudeza verbal)* und den praktischen Handlung *(agudeza de actión)* (E. Hidalgo-Serna, 1985: 13 ff). Es konstituiert sich ein listiges Denken, das nicht so sehr auf Täuschung, sondern auf ein Spiel mit den Vorstellungen und Gesetzmäßigkeiten mit dem Ziel der Herstellung ästhetischen Vergnügens abzielt. Emmanuele Tesauro, für den das Epigramm im Mittelpunkt allen dichterischen Bemühens steht (K.-H. Mehnert, 1970: 146), entwickelt Graciáns Theorie in *Il cannocchiale aristotelico* (1670) noch einen Schritt weiter. Seine Kunst der *argutezza* beruht auf der Metaphorik, deren Technik er ausführlich beschreibt. Die *argutezza* wird erreicht durch die Erlernung und Beherrschung der folgenden drei Stufen: 1. die Metaphernformen und -technik, 2. die Kombination der Metaphern in »propositioni metaforiche« (z. B. Allegorie) und 3. der metaphorische Diskurs (H. Mehnert, 1976: 201). Die vergrößerte Distanz zwischen direkter und indirekter Ausdrucksweise führt letzten Endes zur Unwahrheit, die den Geist durch ihre verführerische Schönheit betört – »l'vnica loda delle Argutezze, consistere nel saper ben mentire« (1670: 491) –, und deren Kunst darin besteht, dem Falschen für einen Moment den Schein des Wahren zu geben. Die Erkenntnis der Wirklichkeit, das heißt die Korrespondenz zwischen Sache und Vorstellung, zwischen Zeichen und Bezeichnetem, ist nicht mehr garantiert. Der dem Gegenstand unangemessene Stil wird der dem verwöhnten, höfischen Publikum angemessene, und Inhalte werden letztlich vertauschbar, ja irrelevant gegenüber der Art, wie man sie vorbringt (vgl. dazu G. Schröder, 1985: 91 ff).

Formen wie das Epigramm kommen diesem »Kult der *argutezza*« (H. Mehnert, 1976: 206) sehr entgegen: konzeptualistisch-bildliches Denken, pointierte Sprache und listiges Handeln bilden für die Epigrammatik einen fruchtbaren Nährboden. Nach W. Barner (1985: 369) führen vor allem »die wirkungsästhetische Verschränkung von stofflichem ›Vergnügen‹ *und* verbaler Spiellust, von kombinatorischer Erkenntnis *und* ›intellektueller Schönheit‹, von gattungsgeschütztem Durchspielen typisierter Sozialkritik *und* Zielsicherheit als Instrument öffentlicher Polemik« zum durchschlagenden Erfolg des Epigramms. Als Beleg für den Zusammenhang von *argutia*-Theorie und Hochschätzung für das Epigramm steht die Tatsache, daß Gracián in seiner Poetik Martial am häufigsten als *exemplum* herbeizieht (J. Weisz, 1979: 29), wie schon Lessing vermerkt. Durch die Verselbständigung der *argutia* als ästhetisches Grundprinzip erhält das Epigramm eine zentrale Stellung im Gattungsgefüge der Zeit. Gerade im Bereich des in der Epigrammatik äußerst beliebten Wortspiels, das keineswegs funktionslose Artistik, sondern vielmehr hermeneutische Strategie ist, kommt die *argutia*-Theorie voll zum Tragen, wie W. Ong in Bezug auf den mittelalterlichen Manierismus festhält: Das Wortspiel ist nicht nur phonetisches Experiment, sondern auch ein fruchtbarer Boden für intellektuelle Tätigkeit, wenn das Durcheinander von Lauten für die Komplexität realer Beziehungen steht. Das *concetto* ist ein normales Mittel, die Geheimnisse der Wirklichkeit auszuloten und poetisch zu gestalten (1947: 318f).

Wenn auch die deutsche Poetik, und damit die Epigrammtheorie, noch stärker in der traditionellen rhetorischen Theorie verwurzelt ist und die manieristische Theorie nicht mit derselben Konsequenz verfolgt, so läßt sich deren Einfluß auf die epigrammatische Dichtung der Barockzeit mitverfolgen, zumal in der Epigrammatik die Gattungsproblematik häufig reflektiert wird. Allerdings wartet die *argutia*-Bewegung in Deutschland weiterhin einer systematischen Erforschung (G. Grimm, 1983: 256f), nachdem zuletzt G. Schröder (1985) Ähnliches für die Romania geleistet hat.

Die französische Epigrammdiskussion (vgl. K. Hecker, 1979: 15–23; P. A. Jannini, Milano 1965: 229–252) findet bis zu Lessing hin auf einem wesentlich höheren Niveau als die deutsche statt. Guillaume Colletets *Traitté de l'epigramme* (1658; Hg. P. A. Jannini, Genève 1965; vgl. auch ders., Milano 1965) besticht durch die differenzierte und detaillierte Diskussion des Epigramms. Nicht nur die für die Barockzeit üblichen theoretischen Postulate (Kürze, Pointiertheit, Wirkungsästhetik) werden eingehend diskutiert, sondern auch wesentliche neue Aspekte wie Objektbezogenheit und Versifizierung. Colletet definiert das Epigramm seiner Zeit wie folgt (1965: 31): »Tout Poëme succinct, qui désigne et qui marque naïfvement, ou une personne, ou une action, ou une parole notable ...« Colletet bezeichnet das Epigramm nicht als kurz, sondern als bündig und knapp, wodurch auch umfangreichere Epigramme legitimiert werden können (44–48). Thema ist *eine* Person, *ein* Ereignis oder *eine* bemerkenswerte Aussage. Colletet erkennt das Epigramm als Aufschrift im übertragenen Sinne und somit den Objektbezug als gattungskonstituierendes Merkmal (vgl. François Vavasseur, *De epigrammate liber et epigrammatum libri tres*, 1669: 22; M.Lausberg, 1982: 82; R.Pechel, 1909: 12–15).

Die Spitzfindigkeit (*subtilité*, *argutie*) besteht nicht nur im pointierten Ende des Epigramms, sondern bestimmt den *esprit* des gesamten Gedichts (78). Colletet vertritt hier einerseits das in der franzöischen Poetik der Zeit vorherrschende und der *agudeza*-Theorie nahestehende *esprit*-Ideal, auf dessen Ausformung die Martial-Rezeption ab Mitte des 17.Jh.s einen großen Einfluß ausübt (K.-H.Mehnert, 1970: 30; vgl. K.Hecker, 1979: 132–144), und schließt sich andererseits auch der Tradition des satirischen Epigramms an. Das Epigramm ohne Pointe nach Catullschem Vorbild zieht er als »Epigramme à la Grecque« ins Lächerliche (86).

Colletets Einfluß auf die Epigrammtheorie der folgenden Zeit ist umfassend. Die bedeutendste französische Poetik der Zeit, *L'art poétique* von Nicolas Boileau-Despréaux, stützt sich direkt auf ihn (1674: 2,103–138), ebenso François Vavasseur und Bruzen de La Martinière.

Durch den Klassizismus findet allerdings die französische Epigrammrezeption eine erhebliche Einschränkung. Bei René Rapin (*Reflexions sur la Poetique d'Aristote*, 1674: 241–243) ist eine ausgeprägte Epigramm- wie auch ganz allgemein eine Pointenfeindlichkeit auszumachen: er hält das Epigramm für das am wenigsten wertvolle Genre der Antike, das sich zum poetischen Ausdruck kaum eigne. Im Klassizismus, der ja in Deutschland kaum rezipiert wird, etabliert sich Catull als Vorbild (J. Hutton, 1935: 34, 52; J.Nowicki, 1974: 104–110; K.Hecker, 1979: 16), so z.B. bei Montaigne (*Essais*, 2,10), R.Rapin (1674: 242) und Pierre Nicole (*Traité de la beauté des ouvrages d'esprit. Et particulièrement De l'Epigramme*, 1689).

Die deutschsprachige Barockpoetik schließt direkt an Scaliger an (vgl. dazu die kompetente, thematisch ausgerichtete Diskussion bei J.Weisz, 1979: 26–44; auch R.Pechel, 1909: 3–23; J.Nowicki, 1974: 33ff), wie Martin Opitz' wörtliche Übersetzung der oben zitierten Stelle aus Scaligers Poetik im *Buch von der Deutschen Poeterey* (1624: fol. D 2b) belegt:

> [...] denn die kürtze ist seine eigenschafft/ vnd die spitzfindigkeit gleichsam seine seele vnd gestallt; die sonderlich an dem ende erscheinet/ das allezeit anders als wir verhoffet hetten gefallen soll: in welchem auch die spitzfindigkeit bestehet.

Diese Formulierung wird im 17. Jh. bis hin zu Gottsched immer wieder zitiert und bildet so die Grundlage der barocken Epigrammtheorie.

Für die deutsche Barockpoetik gehört das Epigramm grundsätzlich der satirischen Tradition an. Ziel der Satire sind aber immer unhaltbare Zustände, Laster oder Persönlichkeitstypen; der direkte Angriff auf Personen gilt in der ganzen Tradition des satirischen Epigramms als ausgesprochen verpönt (z.B. Martial 10,33; G. Colletet, 1658: 102; F. v. Logau 1,4,91; J. Grob, 1,2; D. Czepko, *Satirische Gedichte*, 1,20; vgl. J. Weisz, 1979: 108f). Die bei Scaliger nicht diskutierte Verknüpfung von Satire und Epigramm scheint aus einem gattungstheoretischen Epigramm des englischen Neulateiners John Owen übernommen zu sein (J. Weisz, 1979: 99).

Trotz des topologischen Charakters der Gattungsdefinition ist diese (entgegen G. Neumann, 1969: 287) im 17. Jh. keineswegs nur »eine mit normativem Anspruch geübte Selbstverständlichkeit«, sondern trägt auch in einem größeren, poetologischen Rahmen reflexive Züge, die im Sinne einer Anleitung zum reflektierten Textherstellen zu verstehen sind und zu einer recht differenzierten Gattungstheorie führen, deren deskriptiver Charakter durch die von der barocken Theorie zugestandenen poetischen Lizenz noch unterstrichen wird. So ließe sich auch das von Owen und anderen Epigrammatikern demonstrierte »Konformgehen von Epigrammtheorie und immanenter Poetik« (J. Weisz, 1979: 99) erklären: durch den deskriptiven Charakter der barocken Epigrammtheorie bedingt, sieht sich der Epigrammatiker nicht gezwungen, von der poetischen Lizenz übermäßigen Gebrauch zu machen. Die Diskrepanz zwischen Theorie und Praxis bleibt dementsprechend relativ klein. Die folgende Diskussion wird zeigen, daß sich die barocke Epigrammtheorie trotz Rückschlägen den hier vertretenen historisch-deskriptiven Grundsätzen nähert.

Die auf Opitz folgenden Poetiken von Johann Rist (*Poetischer Lust-Garte*, 1638: fol. aaa iaf) und Johann Peter Titz (*Zwey Bücher von der Kunst Hochdeutsche Verse und Lieder zumachen,*

1642: fol. O iib), aber auch die meisten aus der zweiten Jahrhunderthälfte (z.B. Justus Georg Schottelius, *Ausführliche Arbeit von der Teutschen HaubtSprache*, 1663: 983–985; August Buchner, *Anleitung zur deutschen Poeterey*, 1665: 173f; Sigmund von Birken, *Teutsche Rede-bind und Dichtkunst*, 1679: 101–106) gehen noch nicht über Opitz hinaus. Auffällig ist in diesem Zusammenhang, wie knapp in den deutschen Poetiken im Vergleich zu den zeitgenössischen neulateinischen das Epigramm im allgemeinen abgehandelt wird.

Völlig aus dem Rahmen fällt Georg Philipp Harsdörffers Sicht des »Schimpff- Stachel- oder Straffgedichts« (*Poetischer Trichter*, T.2, 1648: 99): »Von diesem handlen wir nicht/ und waltet noch ein Zweiffel/ ob auch solche unter die Gedichte zu rechnen/ weil ihr Inhalt nicht erdichtet/ sondern in der Wahrheit befindlich ist.« Aufgrund des nichtfiktionalen Charakters gehört das Epigramm nicht zu den poetischen Gattungen, weswegen sich dessen Diskussion im *Trichter* erübrigt. Ähnliche Zweifel hegt später auch Johann Gottlieb Meister (1698: 73f). Der Grund für Harsdörffers ungewöhnliche Argumentation liegt in seiner neuartigen, die Prosa rechtfertigenden Definition des Poetischen, das sich durch das Fiktionale und nicht durch die gebundene Sprache auszeichnet (P. Hess, 1986: 66–71).

So wie in der romanischen Poetik (aber auch z.B. bei Johann Heinrich Hadewig, *Kurtze und richtige Anweisung*, 1650: 121) das Epigramm immer wieder mit dem Sonett, so wird es in der deutschen mit dem Madrigal in Verbindung gebracht. Ab der Mitte des 16. Jh.s bestehen in Italien zwei Madrigaltypen: das harmonische und musikalische melische Madrigal und das pointierte, dem Formprinzip der *argutia* verschriebene epigrammatische Madrigal (D. Glodny-Wiercinski, 1971: 10). An diese zweite Tradition schließt Caspar Zieglers Schrift *Von den Madrigalen* an (1653; Hg. D. Glodny-Wiercinski, Frankfurt 1971; vgl. z.B. auch Balthasar Kindermann, *Der Deutsche Poet*, 1664: 286ff; Theodor Kornfeld, *Selbst-lehrende Alt-Neue Poësîe oder Vers-Kunst*, 1685: 51f; Albrecht Christian Rotth, *Unvollständige Deutsche Poesie*, 1688: fol. D 2b; Christian Weise, *Curiöse Gedanken*, 1692: 51; Johann Samuel Wahl, *Poetischer Wegweiser*, 1709: 57), die den epigrammatischen Charakter des Madrigals hervorhebt (1971: 31f):

Denn das ist meines Erachtens eines *Epigrammatis* und also auch eines *Madrigals* grosseste Zierde daß sie wenig Worte/ und weitläufftige Meynungen mit sich führen/ dadurch sie mit einer sonderbaren und artigen Spitzfindigkeit in den Gemüthern ein ferneres Nachsinnen verursachen/ und bißweilen ein feines *morale* oder einen feinen Spruch hinein pregen.

In dieser Definition erkennen wir alle drei wesentlichen Gattungsmerkmale, welche die Barockpoetik einheitlich dem Epigramm zuschreibt (vgl. P. Hess, 1984): die Kürze als qualitativer Begriff (»wenig Worte/ und weitläufftige Meynungen«), die Pointierung (»Spitzfindigkeit«) und die didaktisch-wirkungsästhetische Dimension: der Leser soll über einen Sachinhalt zum Nachdenken gebracht werden und sich eine moralische Lektion merken, und dies vorzugsweise in mnemotechnisch geeigneter Versform. Die Kürze ist demnach keineswegs das gegenbarocke Stilideal schlechthin, wie dies H. Rüdiger postuliert (1958: 347).

Den wohl vollständigsten Katalog von Anforderungen an das Epigramm stellt Balthasar Kindermann in *Der Deutsche Poet* auf (1664: 257 f):

Sol demnach ein Epigramma
1. Kurz seyn/ und wo möglich/ mit zweyn/ dreyen oder sechs versen sich schliessen.
2. Es sol deutlich sein/ keine hohe und sonderliche Worte führen/ sondern ie leichter es gehet/ vor je besser es gehalten wird.
3. Dafern aber fremde und unbekante Erzehlungen zu dessen Inhalt solten gebraucht werden/ darf man es lieber um so viel länger/ als undeutlicher machen.
4. Die vornehmste Tugend/ und gleichsam dessen Seele ... bestehet in einem scharffen/ nachdencklichen/ und unvermuthlichen Schluß oder Nachdruck.
5. Solcher Nachdruck muß mehrateils aus der Rhetorischen Figur/ Antithesis genant/ genommen sein/ oder eine allusion auf die Worte mit sich führen.
6. Dergleichen Nachklang muß man viel aus den besten Epigrammatarijs zusammen suchen/ damit uns die Ahrt so viel besser vor Augen schwebe.
7. Es ereignet sich auch zum öffteren zu dergleichen Sinn Gedichten Materie/ in solchen Dingen/ so täglich in allgemeinen Zusammenkunften und offtmahl unversehens vorgehen/ welches von denen wird angemercket werden/ so hier auf einige Gedanken richten.

Die Kürze wird hier zuerst quantitativ definiert, dann aber durch die qualitative Anforderung der Deutlichkeit relativiert. Kindermann erkennt, daß Kürze leicht Undeutlichkeit zur Folge haben kann, welche den Grundsatz des *aptum* veletzt. Wir erkennen hier den ersten deutschen Beleg für das frühaufklärerische Postulat der deutlichen, dem Gegenstand angepaßten Kürze (*claritas*, *perspicuitas*), welche eine gegenläufige Tendenz zur dunklen, der *obscuritas* verschriebenen *argutia*-Ästhetik markiert. Das wesentliche Element ist die Pointe, die sich aus der rhetorischen Figur der Antithese konstituiert. In Abweichung von der manieristischen Theorie werden – mit Ausnahme der Allusion – andere Tropen und Figuren nicht erwähnt, da diese leicht mit dem Gebot der Deutlichkeit in Konflikt geraten können.

Gottfried Wilhelm Sacer nimmt in seiner parodistischen Poetik *Reime dich/ oder ich fresse dich* (1673: 49–50) die Auswüchse des Literaturbetriebs seiner Zeit aufs Korn. So ist in den ironischen Anweisungen an seinen Schüler Hanswurst nicht das Epigramm selbst, sondern dessen übermäßige Verwendung für unangebrachte Gegenstände Ziel seiner konservativen und moralisierenden Kritik:

> Bald mache Ringel-Reim auff Lisettgens Strohut; Bald ein Epigramma oder Stichelverß/ als du Treutchen nackend gesehen/ bald Bilder-Reime über Mopfens Mistgabel/ bald eine gleichsetzende Ode über Cordeliens Schlaff-Mütze/ bald ein WiederKehr von Durandulens Brustlatz/ bald ein Sonnet oder Kling-Gedicht über Grätchens Nachtschärbel: Alles was du rülpsest/ muß eine Uberschrifft seyn/ alles was du auswirffst muß ein Anagramma seyn/ alles was du niesest/ muß ein Cabalistisches Sonnet seyn.

Daniel Georg Morhofs *Unterricht von der teutschen Sprache und Poesie* (Kiel 1682: 752–779; Bad Homburg 1969 (1700): 356–368) bringt eine qualitative Verbindung von Kürze und Scharfsinnigkeit. Das Epigramm, zu welchem er auch das Anagramm, das Emblem und das Rätsel rechnet, besteht »aus zween Theilen/ Narratione & Acumine«. Die Kürze der Erzählung ist nicht festgelegt, solange diese »nicht unnöthige Umbschweiffe machet«, »wenn nur das acumen fein kurtz und unvermuthet darauff kömmt« (357). Kürze besteht demnach nicht in einer geringen Zahl der Wörter, sondern in der Vermeidung des Unnötigen. Während die *narratio* etwas weiter ausholen darf, wirkt die Pointe des Epigramms nur, wenn sie kurz gehalten wird und wenn möglich erst durch das letzte Wort enthüllt wird: »Denn je kürtzer das acumen darauff fällt/ je kräfftiger und spitziger ist es« (362). »Brevity is the soul of wit (Kürze ist die Seele des Witzes)«, formuliert schon Shakespeare im *Hamlet* (2,2,90).

Breiten Raum gewährt Morhof der Diskussion der *fontes*, der Quellen der poetischen Erfindung. Aus dem rhetorischen Kanon werden *fons allusionem, fons comparatorum, fons alienatorum* und *fons Repugnantium & oppositorum* genannt (358f). Noch bedeutender ist die Erfindung aus dem Sprichwort als

Quelle für das Epigramm: »Die Sprüchwörter/ die wir bey allen Völckern finden/ können uns sehr nützen/ ... Es ist nicht zu gläuben/ was dieses zu Erfindungen nütze« (359). In der Folge weist er mit Textbeispielen nach, wie Sprichwörter aus Christoph Lehmanns Sprichwortsammlung *Florilegium Politicum* (1630) als Quelle und Vorlage für (zumeist pointierte) Gedichte von Kindermann gedient haben. Man kann also davon ausgehen, daß der barocke Epigrammdichter oft zu Sprichwortsammlungen greift, wenn er Argumente zu einer Beweisführung oder poetische Inspiration sucht.

Johann Gottlieb Meisters *Unvorgreiffliche Gedancken von Teutschen Epigrammatibus* (1698) ist das erste deutschsprachige Traktat, das ausschließlich dem Epigramm gewidmet ist (vgl. R.Pechel, 1909: 16–19; B.Markwardt, 1937: 288–295; G.Neumann, 1969: 295–297; W.Dietze, 1972: 291–295). Er reagiert dabei auf die *Entretiens d'Ariste et d'Eugène* (1671: 223) von Dominique Bouhours, der behauptet, die Deutschen hätten keinen *bel esprit* (vgl. G.Grimm, 1983: 248f). Der ganze *Vorbericht* steht im Zeichen dieser kulturpatriotischen Polemik (1–30). Freilich vermag Meister nicht alle Zweifel auszuräumen; der Kontrast zwischen gesellschaftlichem *esprit (urbanitas)* und Meisters Gelehrten-Scharfsinn, den er in seinen eigenen schulmeisterlichen Epigrammen unter Beweis stellt, bleibt augenfällig. Die Pflege des Epigramms gilt als sicherer Ausdruck eines scharfsinnigen Geistes und somit des *bel esprit*. Im ersten Kapitel (31–71) bespricht er die vorbildlichen deutschen Epigrammatiker, die vorwiegend aus Schlesien stammen, im fünften (178–200) die ausländischen, und im sechsten (201–242) bringt er eigene Beispiele.

Im zweiten Kapitel (71–96) versucht Meister eine Definition des Epigramms (73): »Ein Epigramma ist eine gebundene Rede/ welche in einer deutlichen Kürtze etwas Scharffsinniges von einer Person/ That oder Sache vorträgt.« Wie schon Harsdörffer hat Meister Bedenken, das Epigramm ›Gedicht‹ zu nennen, »weil ich in den wenigsten was getichtetes finde. Zwar läugne ich nicht/ daß auch hier eine Fiction stat habe« (74).

Das Postulat der deutlichen Kürze findet sich hier explizit wieder (79); mit Meister wird die Deutlichkeit eine der Scharfsinnigkeit und der Kürze gleichgestellte Anforderung. Diskutiert wird auch der Zusammenhang der deutlichen Kürze mit der Pointiertheit, denn nur in einem kurzen Gedicht hat der Scharfsinn auch seine Wirkung. Wenn das Gedicht zu lang ist, geht jede Pointe automatisch verloren, und der Leser verliert das Interesse (75). In der Folge zeigt er, wie man nach den rhetorischen Regeln sachgemäß verkürzt und variiert (vgl. G. Rimbach, 1970: 105–109). Die Pointe, und zwar vornehmlich die Endpointe, ist nach wie vor der zentrale Punkt der Epigrammdefinition.

Im dritten und vierten Kapitel behandelt Meister ganz allgemein die traditionellen rhetorischen Textproduktionsschritte der »Invention« und »Expression« (*elocutio*). Die Argumentation unterscheidet sich kaum von derjenigen in einer allgemeinen Barockpoetik, wird aber, vor allem durch die Wahl der Beispiele, auf das Epigramm bezogen. Gewährsmänner für Fragen der poetischen Erfindung sind Masen und Morhof. Daß Meister der einzige Barocktheoretiker ist, der die Frage des dem intendierten Publikum angemessenen Sprechens (äußeres *aptum*) im Hinblick auf das Epigramm anschneidet (172 f), wie J. Weisz betont (1979: 34), ist nicht weiter erstaunlich: jede Poetik des Barock diskutiert diese Frage, und die dort formulierten Theoreme haben selbstverständlich für den gesamten Bereich der poetischen Textproduktion Gültigkeit.

Unter dem Eindruck von Meisters Abhandlung gibt Christian Wernicke 1704 seine Epigrammsammlung von 1697 in erweiterter und kommentierter Form heraus (Hg. R. Pechel, 1909. – Vgl. R. Pechel, 1909: 20–23; P. Böckmann, 1932/3: 71–76; 1949: 492–496; B. Markwardt, 1937: 275–301). In der Einleitung weist Wernicke auf die Entwicklung seiner eigenen Epigrammkunst und damit gleichzeitig auch auf den Trend der Epigrammtheorie der Zeit hin (117): »Die Erste sind mit mehr Hitze, die neue wie man hoffet, mit mehr Nachdencken; jene mit mehr Witz, diese mit mehr Verstand und Absehen geschrieben worden.« Während die Einleitung noch traditionellere Standpunkte vertritt, tragen die 1704 hinzugefügten Anmerkungen zu den einzelnen Epigrammen bereits frühaufklärerische Züge. Die Definition des Epigramms im allerersten Gedicht der Sammlung markiert den traditionelleren Standpunkt (1,1):

Beschaffenheit der Uberschriffte.

Denn lässt die Uberschrift kein Leser aus der Acht',
Wenn in der Kürtz' ihr Leib, die Seel' in Witz bestehet;
Wenn Sie nicht allzutieff mit ihrem Stachel gehet,
Und einen Abriss nur von einer Wunde macht;
Wenn Thränen sie allein den Lachenden auspresst,
Und dem der's nötig hat zur Ader kitzelnd lässt.

Neben der qualitativ verstandenen Kürze (119) ist der Witz, der Opitzschen »Spitzfindigkeit« entsprechend, Gattungsmerkmal des Epigramms (vgl. 5,20), dem jedoch in späteren Epigrammen der Verstand zur Seite gestellt wird (4,7; vgl. Anm. zu 3,56):

> *Uber gewisse Gedichte.*
>
> Der Abschnitt? gut. Der Vers? fliesst voll. Der Reim? geschickt.
> Die Wort? in Ordnung. Nichts, als der Verstand verrückt.

In den zuletzt geschriebenen Kommentaren findet jedoch eine Neuwertung statt, welche den Verstand über den Witz zum dominierenden Prinzip erhebt (Anm. zu 1,28; vgl. 4,11): »Der Witz bestehet in einer gewissen Hitze und Lebhaftigkeit des Gehirns, welche der Klugheit zuwider ist, indem dieselbe langsam und bedachtsam zu Werck gehet. Ein witziger Mann, sagt man, verliert lieber zehn Freunde als einen guten Einfall, da hergegen ein kluger Mann lieber zehn gantze Gedichte verbrennen, als einen guten Freund verlieren wolte.« Konsequenterweise tritt Wernicke auch gegen die sinnliche und dunkle Sprache ein und distanziert sich von den schlesischen Dichtern, die für Meister noch verbindlichen Vorbildcharakter besitzen.

In Gottfried Ludwigs *Teutsche Poesie dieser Zeit* (1703: 146–161) findet sich zum ersten Mal in der deutschen Poetik die explizite Forderung nach dem Titel, einem der gattungskonstituierenden Merkmale (1703: 156f):

> Endlich/ da gemeiniglich ein Titul und Lemma gar nöthig über das Epigramma ist/ so kömmt zu wissen vor:
> 1. Muß der Titul den Kern und Zweck des Epigrammatis in wenig Worten darstellen.
> 2. Schicken sich hier am besten die 3.Praepositiones *in*,auf/ *de*,über/ *ad*,an/ weil dahin alle Uberschrifften der Epigrammatum mögen gezogen werden.

Insgesamt gesehen verbleibt die Diskussion jedoch am Anfang des 18. Jh.s trotz Meisters bedeutender Abhandlung bis hin zu Lessing zumeist auf bescheidenem Niveau, ohne daß sich neue Aspekte ergeben. Typisch dafür sind:

J.C.Wagenseil, *Von der Teutschen Dicht- und Reimkunst* (*Pera librorum jvvenilivm*, 1695: 718); J.J. Hofmann, *Lehr-mässige Anweisung Zu der Teutschen Verß- und Ticht-Kunst* (1702: 65–69); J.C. Männling, *Der Europäische Helicon* (1704: 160f); M.D. Omeis, *Gründliche Anleitung zur Teutschen accuraten Reim- und Dicht-Kunst* (1704: 183–188); E.Uhse, *Wohl-informirter Poët* (³1708: 83); J.E. Weise, *Unvorgreiffliche Gedanken von Teutschen Versen* (1708: 60); J.B. Mencke, *Philander von der*

*Linde Vermischte Gedichte, . . . Nebst einer ausführlichen Unterredung von
der Deutschen Poesie* (1710: 254–266); C.F. Hunold, *Die Allerneueste
Art/ Zur Reinen und Galanten Poesie zu gelangen* (1717: 250); J.F. Rothmann, *Lustiger Poete* (1718: 374 f); J.G. Neukirch, *Academische Anfangs-
Gründe zur Teutschen Wohlredenheit* (1729: 2,323); H. Zedler, *Universal-
Lexicon aller Wissenschaften und Künste* (1743: 37,1700); J.C. Gottsched,
Versuch einer Critischen Dichtkunst (1740; ⁴1751: 681–690).

Literatur

R. Angress, 1971: 19–40. – I. Behrens, 1940: 67 ff. – Wilfried Barner.
Barockrhetorik. Untersuchungen zu ihren geschichtlichen Grundlagen. Tübingen 1970. – W. Barner, 1985: 350–371. – E. Beutler, 1909: 43–47. –
Paul Böckmann. »Das Formprinzip des Witzes in der Frühzeit der
deutschen Aufklärung.« *Jahrbuch des Freien Deutschen Hochstifts*, 1932/
33: 52–130. – Paul Böckmann. *Formgeschichte der deutschen Dichtung.*
Bd. 1. Hamburg 1949. – W. Brinkmann, 1974. – August Buck, K. Heitmann und W. Mettmann. *Dichtungslehren der Romania aus der Zeit der
Renaissance und des Barock.* Frankfurt 1972. – R.L. Colie, 1973: 67–75.
– W. Dietze, 1972: 289 ff. – T. Erb, 1929. – P. Erlebach, 1979: 13–56. –
Jörg-Ulrich Fechner. *Der Antipetrarkismus. Studien zur Liebessatire in
barocker Lyrik.* Heidelberg 1966. – A. Fowler, 1982. – Henry F. Fullenwider. »Baltasar Gracián und deutscher Manierismus 1672–1730.« *Germanisch-romanische Monatsschrift* 66, 1985: 179–188. – Dorothea
Glodny-Wiercinski. Einleitung zu C. Ziegler, *Von den Madrigalen.*
Frankfurt 1971: 5–22. – Gunter E. Grimm. *Literatur und Gelehrtentum
in Deutschland. Untersuchungen zum Wandel ihres Verhältnisses vom Humanismus bis zur Frühaufklärung.* Tübingen 1983. – K. Hecker, 1979:
15–23. – Peter Hess. *Poetik ohne Trichter. Harsdörffers ›Dicht- und
Reimkunst‹.* Stuttgart 1986. – P. Hess, 1984. – Emilio Hidalgo-Serna. *Das
ingeniöse Denken bei Baltasar Gracián. Der ›concepto‹ und seine logische
Funktion.* München 1985. – J. Hutton, 1935. – Pasquale Aniel Jannini.
Verso il tempo della ragione. Studie ricerche su Guillaume Colletet. Milano 1965. – Wilhelm Kühlmann und Walter E. Schäfer. *Frühbarocke
Stadtkultur am Oberrhein. Studien zum literarischen Werdegang J.M. Moscheroschs (1601–1669).* Berlin 1983: 87–112. – Klaus-Peter Lange.
*Theoretiker des literarischen Manierismus. Tesauros und Pellegrinis Lehre
von der ›Acutezza‹ oder von der Macht der Sprache.* München 1968. –
M. Lausberg, 1982. – Barbara Kiefer Lewalski (Hg.). *Renaissance Genres.
Essays on Theory, History, and Interpretation.* Cambridge, Mass. 1986. –
W. Maaz, 1983. – B. Markwardt, 1937: 275–301; 411–417. – Henning
Mehnert. »Bugia und Argutezza. Emmanuele Tesauros Theorie von
Struktur und Funktionsweise des barocken Concetto.« *Romanische Forschungen* 88, 1976: 195–209. – K.-H. Mehnert, 1970. – G. Neumann,
1969. – W. Nolting, 1979. – J. Nowicki, 1974 [mit ausf. Bibliographie]. –
Walter J. Ong. »Wit and Mystery. A Revaluation in Mediaeval Latin
Hymnody.« *Speculum* 22, 1947: 310–341. – R. Pechel, 1909: 3–108. –

W. Preisendanz, 1952. – G.C. Rimbach, 1970. – H.Rüdiger, 1958. – Kenneth Knowles Ruthven. *The Conceit.* London 1969. – Gerhart Schröder. *Logos und List. Zur Entwicklung der Ästhetik der frühen Neuzeit.* Königstein/Ts. 1985. – W.Segebrecht, 1977. – Bernard Weinberg. *A History of Literary Criticism in the Italian Renaissance.* 2 Bde. Chicago 1961. – J.Weisz, 1979 [mit ausf. Bibliographie].

3. Lessing und Herder

An den Leser.

Du dem kein Epigramm gefällt,
Es sey denn lang und reich und schwer:
Wo sahtst du, daß man einen Speer,
Statt eines Pfeils, vom Bogen schnellt?

(LM 1,22)

Gotthold Ephraim Lessing hat sich sowohl praktisch als auch theoretisch mit dem Epigramm beschäftigt. Viele seiner ›Sinngedichte‹ erscheinen schon 1753; 1771 werden sie in revidierter Form zusammen mit den lateinischen Epigrammen neu herausgegeben (LM 1,1 ff). 1759 gibt er zusammen mit Ramler Logaus Epigramme neu heraus (LM 7,127 ff; vgl. den 36. *Literaturbrief*, LM 8,77 ff). Der eigentliche Beitrag Lessings zur Epigrammatik des 18.Jh.s liegt jedoch in seiner Epigrammtheorie, welche er in der Schrift *Zerstreute Anmerkungen über das Epigramm und einige der vornehmsten Epigrammatisten* aus dem Jahre 1771 (LM 11,214–315) – im Gegensatz zur Anspielung im Titel – systematisch darstellt (M. Lausberg, 1982: 84–87; K. May, 1923: 137–155). Die fünf Abschnitte dieser Schrift befassen sich mit Epigrammtheorie, Catull, Martial, dem lateinischen Buch der Priapea und der Griechischen Anthologie.

Maßgebendes Vorbild ist Martial, den Lessing in einer ausführlichen Apologie würdigt (LM 11,256–295; auch LM 5,36; vgl. V. Riedel, 1976: 180–207). Obwohl Lessing Catull als Modell für das Epigramm strikte ablehnt, vermeidet er jede Kritik an dessen Lyrik, zumal Martial selbst Catull hoch einschätzt (10,78). Er verurteilt lediglich die posthume Klassifizierung von Catulls kurzen Gedichten als Epigramme, die dieser selbst nie als solche bezeichnet hat (LM 11,247–256). In seiner differenzierten Diskussion der *Anthologia Graeca* (LM 11,299–315; vgl. auch das 13. Stück in *Zur Geschichte und Literatur*, LM

12,99–115) warnt er vor falschen Vorstellungen der griechischen Simplizität, denn die *Anthologie* enthält nicht nur Epigramme des griechischen, sondern auch des martialischen Typs. Allerdings geht Lessing hier von der fälschlichen Annahme aus, daß viele der satirischen Epigramme aus der Zeit nach Martial stammen und so unter dessen Einfluß stehen (V. Riedel, 1976: 196f).

Den immer wieder unternommenen Versuch vieler Kritiker, in Martials Epigrammen autobiographische Züge auszumachen, bezeichnet Lessing zu recht als unhaltbar. Am Beispiel von Martials »Gemahlin« weist er nach, wie solche Versuche ins Absurde führen können. »Es ist falsch, daß der epigrammatische Dichter alles, was er in der ersten Person sagt, von seiner eigenen Person verstanden wissen will.« Vielmehr verlangen »nothwendige Eigenschaften seiner Dichtungsart« nach einer fiktiven Erzählerfigur, welche im Sinne der modernen Erzähltheorie als fiktive, auktoriale Instanz zwischen Dichter und Text steht (LM 11,266).

Lessing leitet seine Theorie aus der Entstehung des Epigramms ab. Das Mißlingen der bisherigen Epigrammtheorien schreibt er der Tatsache zu, daß diese eine historische Herleitung unterlassen hätten. Kürze allein ist noch nicht gattungsbestimmend, stellt Lessing, Wernickes Argumentation (Ausg. R. Pechel, 1909: 129) gebrauchend, polemisch fest (LM, 11,216): »Denn wenn es wahr ist, daß bloß die Kürze das Epigramm macht, daß jedes Paar einzelne Verse ein Epigramm sind: so gilt der kaustische Einfall jenes Spaniers [Conde d'Orgaz], von dem Epigramme vornehmlich: ›Wer ist so dumm, daß er nicht ein Epigramm machen könnte; aber wer ist so ein Narr, daß er sich die Mühe nehmen sollte, deren zwey zu machen?‹« Folglich sucht Lessing das gattungskonstituierende Element in der Struktur des Epigramms, die er auf diejenige der antiken In- und Aufschrift zurückführt (LM 11,217): »Die eigentliche Aufschrift ist ohne das, worauf sie steht, oder stehen könnte, nicht zu denken. Beides also zusammen macht das Ganze [...]. Erst irgend ein sinnlicher Gegenstand, welcher unsere Neugierde reizet: und dann die Nachricht auf diesem Gegenstande selbst, welche unsere Neugierde befriediget.« Das »Denkmahl« entspricht dem ersten Teil des Epigramms (LM 11,218). Bei der späteren Loslösung des Epigramms vom gegenständlichen Denkmal muß der Gegenstandsbezug in den eigentlichen Text miteinbezogen werden.

Allerdings versäumt es Lessing, die Funktion des Titels in

diesem Zusammenhang zu erläutern: es ist vielmehr der Titel, welcher den Bezug zum Denkmal, d.h. zum Gegenstand des Epigramms markiert, während sich die Struktur des Textes selbst bei der Loslösung vom Denkmal nicht notwendigerweise zu verändern braucht. Schon Johann Georg Sulzer hat diese Ungenauigkeit in Lessings Theorie erkannt und festgehalten, daß der Text des Epigramms oft nur aus dem zweiten Teil besteht, »da der erste durch die Ueberschrift angezeigt wird. [... Die] zwey Verse sind eigentlich nur die Aufschrift; das Denkmal oder die Sache selbst wird durch die Ueberschrift angezeiget« (*Theorie der Dichtkunst*, 1788: 1,186; vgl. *Allgemeine Theorie der Schönen Künste*, 1775: 2,671).

Da das Denkmal bzw. der erste Textteil die Erwartung des Lesers erweckt, bezeichnet ihn Lessing als *Erwartung*, die in einem zweiten Teil, im *Aufschluß*, erfüllt werden muß. Die zweiteilige Struktur des Epigramms ist somit für Lessing naturgegeben (vgl. P. Erlebach, 1979: 16–19), was sich auch in seiner Epigrammdefinition ausdrückt (LM 11,217): »das Sinngedicht ist ein Gedicht, in welchem, nach der Art der eigentlichen Aufschrift, unsere Aufmerksamkeit und Neugierde auf irgend einen einzelnen Gegenstand erregt, und mehr oder weniger hingehalten werden, um sie mit eins zu befriedigen.« Das Lessingsche Epigramm ist strukturell auf das Ende hin orientiert, denn »the greatest number or concentration of certain features appear in its terminal lines.« Der Hauptzweck des Epigramms wäre demnach, sich selbst zu Ende zu bringen, wie B. H. Smith weiter formuliert (1968: 197): »[The epigram] would be a pre-eminently teleological poem and in a sense a suicidal one, for all of its energy would be directed toward its own termination.«

Lessings Theorie besticht nicht nur durch die Erkenntnis der rezeptionsästetischen Problematik, sondern auch durch die Einsicht in die wirkungspsychologischen Zusammenhänge. Der Epigrammatiker versucht die »Reihe der Empfindungen« nachzuahmen, deren der Betrachter eines Denkmals gewahr wird (LM 11,220): 1. die angenehme Überraschung durch die Größe oder Schönheit des Denkmals; 2. die »Verlegenheit über die noch unbewußte Bestimmung desselben«; 3. eine Mischung zwischen dem »Vergnügen der befriedigten Wißbegierde [...] mit dem schmeichelhaften Eindrucke des schönen sinnlichen Gegenstandes«. Daraus werden die zwei Fehlleistungen ersichtlich, deren der Dichter beim Verfassen von Epigrammen bezichtigt werden kann (LM 11,220): »die *eine*, welche Erwartung erregt, ohne uns einen Aufschluß darüber zu gewähren, die *andere*, welche uns Aufschlüsse giebt, ohne unsere Erwartung darnach erweckt zu haben.«

Wirkungsästhetische Überlegungen spielen auch bei der Bestimmung des für ein Epigramm angebrachten Gegenstandes eine dominierende Rolle. Bedauernd stellt Lessing fest, daß »der unzüchtige Inhalt« einiger Epigramme der Rezeption Martials Schaden zufügten (LM 11,262): »Nicht zwar, als ob man leugnen wollen, daß etwas ästhetisch schön seyn könne, wenn es nicht auch moralisch gut ist. Aber es ist doch auch so gar unbillig nicht, daß man jenes Schöne verachtet, wo man dieses Gute nicht zugleich erkennet.« Diesen Zusammenhang von Moralität und Ästhetik erläutert Lessing (LM 11,262ff) anhand des Martial-Epigramms 12,43, das noch im 20.Jh. aufgrund des Vorwurfs der frivolen Unsittlichkeit zensiert wird (z.B. in der engl. Übers. von J.A. Pott und F.A. Wright, London o.J. [1924]): gerade durch die übertriebene und explizite Darstellung des Häßlichen wird das moralisch Verwerfliche an der Wollust ersichtlich. Die Übertreibung hat einen satirischen Effekt und wirkt in diesem Sinne auf den Leser ein, wie Martial im Epigramm 3,69 selbst erklärt. Martial »moralisiret mehr durch Beispiele, als durch Worte« (LM 11,223): um Wirkung zu tun, darf die Moral nicht einfach als Lehrsatz formuliert werden, sondern muß in die Handlung integriert werden.

Ein vollkommenes Epigramm zeichnet sich durch folgende gattungskonstituierende Merkmale aus:

1. Die Einheit des Gegenstandes: Der Leser muß den Gegenstand des Epigramms »mit einem Blicke übersehen können« (LM 11,230), und der Gegenstand muß, wie aus der oben zitierten Stelle (LM 11,217) hervorgeht, ein einzelner sein. Dieses Postulat ist identisch mit dem Merkmal des *Objektbezugs*, das wir als allgemein gattungskonstituierend erkannt haben (vgl. Kap. I. 2.).

2. Der dem Gegenstand angepaßte Umfang der Erwartung: Kürze ist nicht um jeden Preis anzustreben. Anhand des Martial-Gedichts 11,18 beweist Lessing, daß Länge unter Umständen die Satire verschärfen kann (LM 11,232f). Aus pragmatischen und wirkungsästhetischen Gründen ist aber zumeist die kurze Form vorzuziehen: das Denkmal (in eigentlicher und übertragener Bedeutung) will auch den Geschäftigen, den eilenden Wanderer ansprechen (LM 11,237). Entscheidend ist, daß der Dichter den Umfang der Erwartung nach dem Aufschluß richtet, um dessen Deutlichkeit und Wirkung zu optimieren (LM 11,232). Lessing sieht sowohl die Gefahr einer die Wirkung

beeinträchigenden, allzu großen Ausführlichkeit wie auch des die Deutlichkeit einschränkenden quantitativen Kürzepostulats (LM 11,235).

3. Die Kürze des Aufschlusses: Der Aufschluß muß möglichst kurz gehalten werden, um dem Scharfsinn zu seiner größtmöglichen Wirkung zu verhelfen (LM 11,236f).

4. Die Abstimmung von Erwartung und Aufschluß aufeinander: Die beiden Teile müssen dieselbe Stillage aufweisen, denselben Tonfall treffen und dieselbe Stimmung verbreiten, damit der Leser zwar nicht den »Gedanken« des Aufschlusses erraten kann, aber doch dessen »Farbe« (LM 11,240f). Keineswegs steht diese Forderung im Widerspruch zur Pointierung des Epigramms, wie etwa H. P. Woessner (1978: 92f) behauptet, sondern kommt vielmehr allgemeinen rhetorischen Bestimmungen nach.

5. Die Pointe *(acumen)*: Hier erfüllt Lessing die Erwartung des Lesers seiner Theorie (LM 11,243): »Ich habe die ganze Kraft, die ganze Schönheit des Epigramms in die erregte Erwartung, und in die Befriedigung dieser Erwartung gesetzt [...]. Was die lateinischen Kunstrichter *acumina*, und die französischen *pointes* nennen, habe ich weder erfodert, noch bisher verworfen.« Die Funktion der Erwartung ist es gerade, eine solche Pointe aufzubauen, die im Aufschluß befriedigt wird: die Notwendigkeit der Pointe für das Epigramm ist somit selbstredend. Lessing besteht allerdings auf der Echtheit der Pointe, die nicht Selbstzweck ist, wie etwa beim Wortwitz. Weder Erwartung noch Aufschluß dürfen der Versuchung eines leeren Einfalles nachgeben (LM 11,244f).

Trotz der hervorragenden analytischen und systematischen Leistung bringt Lessing keine grundlegend neue Epigrammkonzeption zutage, sondern vertritt weitgehend in neue Terminologie verpackte, traditionelle Positionen, was auch Herder in seiner Kritik festhält (SW 15,338). Erst Herders Theorie bricht eindeutig mit der barocken Epigrammkonzeption.

Die Einheit des Gegenstandes (1.) wird schon von Colletet diskutiert (s.o.), der qualitative Kürzebegriff (2.) und die Kürze der Pointe (3.) setzen sich in der Theorie schon im Verlaufe des 17.Jh.s allmählich durch, die Pointierung (5.) gehört schon seit der Renaissance zu den Standardanforderungen, und die Abstimmung der einzelnen Redeteile aufeinander (inneres *aptum*; 4.) ist eine essentielle Anforderung der Rhetorik seit der Antike an Texte irgendwelcher Art.

Allerdings erkennt Lessing nicht, daß die Funktion der Zweiteiligkeit (und somit auch des Aufschlusses) seit der Barockzeit einen fundamentalen Wandel durchmacht. Für Lessing ist die Möglichkeit zu einer dialektischen und rationalen Auseinandersetzung mit einem Gegenstand in Erwartung und Aufschluß von Interesse, während die barocke Zweiteiligkeit auf der antithetischen Denkweise beruht und so Mittel zur Reflexion der Ambiguität und Rätselhaftigkeit der paradoxen Weltstruktur ist. In der kompromißlosen Zurückweisung des einfachen, nicht-satirischen Epigramms liegt die eigentliche Schwäche der Lessingschen Theorie: trotz Lessings vehementer Argumentation vermag sich die von Herder propagierte einfache griechische Epigrammtradition immer mehr durchzusetzen.

In seinem Nachruf im *Teutschen Merkur* hält Herder, den Umständen entsprechend, sehr mit Kritik an Lessings Epigrammtheorie zurück (SW 15,492–493). Salomonisch urteilt er, daß Lessings Zweiteilung »nichts entgegezusetzen ist, sobald man in den Leßingschen Gesichtspunct eintritt. Genetisch und historisch indeßen, wäre ein großer, nicht verwerflicher Theil der Griechischen Anthologie dagegen [...].« E. Beutler (1909: 53 f) weist nach, daß Herders Epigrammauffassung vor dieser Zeit das satirische Epigramm keineswegs ausschließt, ja zuweilen als typisch hinstellt. Die zweite Fabel des 1773 veröffentlichten Zyklus *Alte Fabeln mit neuer Anwendung* (SW 29,379) verstärkt diesen Eindruck. K. May (1923: 137 f) verweist ebenfalls auf die Verworrenheit der Herderschen Vorstellung vom Epigramm und auf die spätere Abhängigkeit von der Lessingschen Abhandlung, was Herder selbst implizit zugibt (SW 15,329 f). Selbst in der Rezension von Lessings *Zerstreute Anmerkungen* in F. Nicolais *Allgemeine Deutsche Bibliothek* (SW 5,338–345; vgl. K. May, 1923: 145 ff) behandelt Herder Lessing zwar mit respektvoller Distanz, markiert jedoch keine eigene Position.

In den Jahren nach Lessings Tod verurteilt Herder den »Leßingschen Gesichtspunct« explizit und damit das satirische Epigramm mit dem Stilideal der *argutia* und beruft sich auf die ursprüngliche elegische und hymnische Tradition der griechischen Antike, wie er in seinem Brief an Johann Georg Hamann vom 23. April 1785 (O. Hoffmann, 1889: 213 f) ausführt. Lessing tut der *Griechischen Anthologie* nicht Gerechtigkeit an, »weil er sich in seinen Martial, wie mich dünkt, zu sehr verliebt hat [...].« Immerhin gibt Herder zu, daß dies letztlich eine Frage des Geschmacks ist: »Vielleicht ists bei mir eben auch Einseitigkeit des Geschmacks, daß ich die Spitzen des Martialischen Sinn- und Windgedichts nie habe lieben können und mich an einer simpeln Viole oder Rose im Griech. Geschmack immer mehr erquickte.« Eine umfassende kritische Diskussion von Lessings Thesen erfolgt kurz darauf in den zwei in den *Zerstreuten Blättern* veröffentlichten Aufsätzen *Anmerkungen über die Anthologie der Griechen, besonders über das griechische Epigramm* (1785, [2]1791; SW 15,205–221) und *Anmerkungen über das griechische Epigramm* (1786, [2]1796; SW 15,337–392). Der erste Aufsatz ist primär der *Griechischen Anthologie* gewidmet, während der zweite allgemeinere Probleme der Epigrammatik zum Thema hat. Unterschiede zu Lessing ergeben sich primär in der Terminologie und in der Bewertung der Rezeption der Antike und, damit zusammenhängend, in der Auswahl des idealen Epigrammtyps.

Von der griechischen Antike inspiriert ist Herders Epigrammkonzeption: (SW 15,211):

[Das Epigramm] wäre nämlich, psychologisch betrachtet:
Die Exposition eines Bildes oder einer Empfindung
über einen einzelnen Gegenstand, der dem Anschauenden interessant war,
und durch diese Darstellung in Worten auch einen andern, gleichgestimmten oder gleichgesinnten Wesen interessant werden soll.

Rezeptionsästhetische Gesichtspunkte spielen auch bei Herders leserorientierter Definition eine wesentliche Rolle: das Epigramm überträgt den vom Autor empfundenen Affekt, der mit einem einzelnen Gegenstand assoziiert wird, auf den Leser. Dieser Gegenstand bedarf keines Bezuges zur dinglichen Welt. Als einen möglichen Inhalt identifiziert Herder die griechische Mythologie (SW 15,211 ff): das Epigramm malt ein harmonisches Bild einer konfliktfreien griechischen Welt, in welcher Mythos und Natur sich in poetischem Wohlklang vereinen. Im Epigramm teilt sich das Gefühl der Humanität mit (SW 15,219): »Die Seele des griechischen Epigramms ist Mitempfindung.«

Der zweite Aufsatz, in welchem Herder seine Epigrammtheorie entwickelt, orientiert sich an Lessing, dessen *Zerstreute Anmerkungen über das Epigramm* auch als negative Vorlage Herders Theorie den Stempel aufdrücken. Den Ausgang nimmt Herders Diskussion mit Lessings Begriffen Erwartung und Aufschluß, welche Herder als zu oberflächlich und rational empfindet und, an die Begrifflichkeit von Vavasseur und Meister anschließend, mit den Begriffen »Darstellung (Exposition)« und »Befriedigung« ersetzt sehen möchte, denn diese erschließen auch den Bereich der Empfindungen und ermöglichen eine »tiefere Befriedigung« der menschlichen Seele (SW, 15,341). Die Neugierde, die Lessings Epigramm erwecken will, betrachtet Herder als flüchtigen und zufälligen Reiz, der seine Wirkung ebenso schnell wieder verliert, wie er sie gewonnen hat. Ein solcher Gegenstand kann eines Gedichtes nicht würdig sein, denn er spricht den Leser emotionell nicht an und vermag seine Bedürfnisse nicht zu befriedigen. Vielmehr formuliert Lessing einen Gemeinplatz, denn jeder Text, selbst ein mathematischer Lehrsatz, muß im Rezipienten eine Erwartung erwecken und auch erfüllen können (SW, 15,342 f). Herder bietet eine alternative Definition des Epigramms an, die freilich irgendwelche Formen kurzer Gedankenlyrik miteinschließt (SW,15,344): »Als Aufschrift betrachtet, wird also das Epigramm nichts als die poetische Exposition eines gegenwärtig gedachten Gegenstandes zu irgend einem genommenen Ziel der Lehre oder der Empfindung.«

Wie schon Lessing leitet auch Herder seinen Epigrammbegriff aus dessen Ursprung in der griechischen Antike ab. Die In- und Aufschrift der Griechen, welche nur eine einfache Darstellung enthält, ist »die Urform des griechischen Epigramms«, wobei er nicht (wie Lessing) zu erkennen vermag, daß das Denkmal ein struktureller Bestandteil der Aufschrift ist. Während Lessing auf der zweiteiligen Struktur der antiken Aufschrift aufbaut, nimmt Herder den einfachen und in sich geschlossenen Gedanken zum Grundstein seiner Theorie. Folgerichtig nennt Herder – im Anschluß an Winckelmanns Diktum von edler Einfalt und stiller Größe – Kürze, Würde, Erhabenheit und rührende Einfalt als die hervorragendsten Qualitäten des Epigramms (SW, 15,351 f): »Der wahre Affect ist stumm; er verschmäht die Worte, weil er fühlt, daß diese doch alle unter dem, was er ausdrücken wollte, bleiben und spricht lieber durch Sachen und Thaten.« In diesem Sinne rechnet er mit dem »falschen Geschmack im vorigen und im Anfange unsres Jh.s« ab (SW, 15,353): »Die scharfsinnigsten unsrer ältesten Epigrammatisten sind beinah vergeßen [...].« Auch Herders vielbeachtete Einteilung des Epigramms in sieben Typen (vgl. Kap. II.5.) basiert auf dessen Geschichte, indem die verschiedenen Typen Entwicklungsstufen des Epigramms markieren, woraus sich der zunehmende Komplexitätsgrad erklärt: die ersten vier sind einfach, die restlichen drei zusammengesetzt (SW 15,371 f).

Herders Forderung, »[...] daß das Epigramm ein gegenwärtiges Object zu einem einzelnen selbstbestimmten Punct der Lehre oder der Empfindung poetisch darstelle oder wende und deute [...].« (SW 15,372), schließt die traditionellen Definitionsversuche keineswegs aus, sondern baut vielmehr auf ihnen auf. Herder bemängelt nicht die Gattungsanforderungen von Kürze, Anmut und Scharfsinn (*brevitas, venustas, acumen*), sondern die Tatsache, daß diese mißverstanden werden, nicht ausreichend motiviert sind und nicht historisch hergeleitet werden. In seinem Ansatz ersetzt er die drei Begriffe mit »Einheit«, »lebendige Gegenwart« und »Punct der Wirkung« (SW 15,379). »Die Regel über die Kürze des Epigramms löset sich also in den Begriff seiner Einheit auf: denn sobald Kürze die Klarheit der Exposition oder die Wirkung des Ausganges hindern würde: so ist sie kein Erforderniß mehr, sondern ein Fehler« (SW 15,374). Die Ökonomie der sprachlichen Mittel ist eine grundlegende Anforderung an Texte irgendwelcher Art. Da der Gegenstand eines Epigramms ein einzelner und einheitlicher ist, tendiert es naturgemäß zur Kürze, zum »Eilen zum Ziel auf dem kürzesten, treffendsten Wege« (SW 15,387) hin. Eine Unterschreitung des zur Kommunikation notwendigen Mindestaufwandes ist jedoch noch folgenreicher als eine Überschreitung, indem sie die Kommunikation grundsätzlich in Frage stellt. Zentral ist somit der schon in der Antike diskutierte Begriff des rechten Maßes (vgl. Kap. II.1.). Spätestens hier jedoch wird offensichtlich, daß Herders Darstellung sich mit dem frühaufklärerischen Postulat der deutlichen Kürze deckt. Auch die Dikussion der anderen zwei Begriffe läßt sich primär auf ein Problem der Terminologie reduzieren. Herders Implikation, die *brevitas*-Forderung sei eine sinnentleerte Konvention, erweist sich als unhaltbar.

Gefährdet ist die Kommunikation aber auch durch die Insuffizienz des Mediums Sprache selbst (SW 15,374): »so muß das kleine Gedicht, das uns den ganzen Anblick, den Sinn eines Objekts geben will, nothwendig das Hinderniß des Mediums, wodurch es wirkt, d.i. die Unvollkommenheit der succeßiven Sprache zu überwinden suchen und das Meiste im Wenigsten, das Ganze im kleinsten Maas, mit der bestimmtesten Absicht auf seine Wirkung geben.« Abgesehen von der Legitimation der kleinen Form klingt hier bereits das romantische sprachkritische Theorem an, daß die durch relativ genau bestimmte Begrifflichkeit vorbelastete Sprache der Poesie im Grunde genommen im Wege steht. Gerade in diesem kreativen Freiraum, in diesen Leerstellen zwischen den sparsam verwendeten sprachlichen Zeichen, die lediglich den Rahmen abstecken, und der dadurch stimulierten, aber nicht mit konkreten Vorstellungen belasteten Einbildungskraft des Lesers konstituiert sich die Pointe, entsteht Wirkung.

Die Anmut ist eine Qualität, die laut Herder jedem Gedicht eigen sein muß (SW 15,375): »Was aber jedes Epigramm haben muß, ist lebendige Gegenwart und fortgehende Darstellung derselben, Energie auf den letzen Punct der Wirkung.« Ein Epigramm, das sich auf ein konkretes, nicht-fiktionales historisches Ereignis bezieht, gibt jeden Anspruch auf Wirkung auf. Als Inhalte eignen sich besser »Natur, [...] trefliche Seelen und ihre edle Geschichte; oder die Stimmen der Dankbarkeit und Freundschaft, der Eltern- und Kindesliebe« sowie »Gegenstände der Kunst« (SW 15,390f).

Zu recht stellt Herder fest, daß sich längst nicht jeder Inhalt eines Epigramms mit einer scharfsinnigen Pointe verträgt. Folgerichtig bezeichnet er die Perspektive des Künstlers und die problematische Substanz des Gegenstandes als Pointe (SW 15,376): »Der lichte Gesichtspunct, aus dem der Gegenstand gesehen werden soll, auf welchen also das Epigramm vom Anfange bis zum Ende arbeitet oder wenn es Epigramm für die Empfindung ist, [ist] das Moment seiner Energie, der letzte scharfgenommene Punct seiner Wirkung.« Genauso wie das Lessingsche Epigramm verwendet das Herdersche seine ganze Energie darauf, sich zu Ende zu bringen. Die Ausrichtung auf das Ende hin, auf die letzte Zeile oder das letzte Wort, ist allgemein ein konstituierendes Merkmal der Pointe.

Nach Herders eigener Definition sind allerdings viele Epigramme pointiert, denen er diese Qualität nicht zuzugestehen bereit ist. Das folgende, von Simonides stammende Epigramm (*Griech. Anth.* 7,249) rechnet er dem zweiten Typ, dem paradigmatischen »Exempel-Epigramm« zu, das als nicht-pointiert dargestellt wird (SW 15,356):

> Wanderer, sag's zu Sparta, daß, seinen Gesetzen gehorchend,
> wir erschlagen hier liegen –

Jeder Versuch, das Epigramm zu Ende zu schreiben und so den Schmerz zu quantifizieren und zu qualifizieren, muß die Wirkung vermindern (in Schillers Übers. in *Der Spaziergang*, V. 97f, ist der Pentameter vollendet). Durch den bewußten Verzicht auf eine weitere Ausarbeitung lenkt der Autor die gesamte Aufmerksamkeit des Autors auf die fehlende Hälfte des Pentameters, den der Leser aufgrund seiner nicht erfüllten Erwartung zu Ende zu denken versucht. Gerade diesen Vorgang aber haben wir als Wesensmerkmal der Pointe erkannt. In Abweichung von der Norm wird die Pointe aber nicht ausgesprochen; sie liegt im Ungesagten, Unsagbaren. In deutlicher Anspielung auf dieses Epigramm geht Heinrich Böll im Titel seiner Kurzgeschichte *Wanderer, kommst du nach Spa*... noch einen Schritt weiter: durch nochmalige Verkürzung wird die schreckliche Erfahrung des Zweiten Weltkrieges in schreiende Stille verwandelt, signalisiert lediglich durch die drei Punkte.

Das Epigramm *Zwo Gattungen des Epigramms*, das Herder im Jahre 1796 in den *Horen* veröffentlicht, nimmt die frühere Epigrammtheorie in gewisser Hinsicht wieder zurück. Die Kontroverse um Schillers *Horen* in den Jahren 1795 und 1796 und die im Gegenzug geplante Kampagne Goethes und Schillers durch satirische Epigramme in den *Xenien* mag zu Herders erhöhter Kompromißbereitschaft beigetragen haben. Herder anerkennt das satirische Epigramm als legitime, wenn auch nicht ihm entsprechende Form, so die Differenzen zwischen sich selbst und Lessing relativierend (SW 29,157):

> Dir ist das Epigramm die kleine geschäftige Biene,
> Die auf Blumen umher flieget und sauset und sticht.
> Mir ist das Epigramm die kleine knospende Rose,
> Die aus Dornengebüsch Nektar-Erfrischungen haucht.
> Laß uns beyde sie dann in Einem Garten versammeln;
> Hier sind Blumen, o Freund, sende die Bienen dazu.

Die Epigrammdiskussion im späten 18. Jh. steht ganz im Banne der Auseinandersetzung zwischen Lessing und Herder, wobei jedoch kaum eine Synthese der Standpunkte angestrebt wird, sondern die Positionen lediglich nebeneinander gestellt werden. Klopstock faßt diese Ambivalenz – wie könnte es anders sein – in ein Epigramm (zit. als Motto zu Kap. I. 1.). Andere Belege für diese Haltung finden sich im Vorwort der von Johann Christoph Friedrich Haug und Friedrich Christoph Weißer herausgegebenen, bedeutendsten Epigrammanthologie der Zeit (*Epigrammatische Anthologie*, 1807–09), in Johann Georg Sulzers *Allgemeine Theorie der schönen Künste* (1775: 2,670–673) und in dessen *Theorie der Dichtkunst* (1788: 1,184–195), in Johann Joachim Eschenburgs *Entwurf einer Theorie und Literatur der schönen Wissenschaften* (1789: 103–110), und in der Einleitung zu Karl Heinrich Jördens Epigrammanthologie *Blumenlese deutscher Sinngedichte* (1789: 1,1–60; 1791: 2,339–378).

Paul Albrecht. *Leszings Plagiate*. Hamburg, Leipzig 1890–91. – R. Angress, 1971: 22–26. – Hans Dieter Becker. *Untersuchungen zum Epigramm Lessings*. Diss. Düsseldorf 1977: 19ff. – E. Beutler, 1909. – M. Bieler, 1964: 574f. – Jan Bystron. *Lessings Epigramme und seine Arbeit zur Theorie des Epigramms*. Krakau 1889. – M. Citroni. »La teoria lessinghiana dell' epigramma e le interpretazioni moderne di Marziale.« *Maia* 21, 1969: 215–243. – M. Dietze, 1972: 317–327. – P. Erlebach, 1979. – Rudolf Haym. *Herder nach seinem Leben und seinen Werken*. 2 Bde. Berlin 1880: 480; 1885: 314–318 [Repr. Darmstadt 1954]. – Harald Henry. *Herder und Lessing. Umrisse ihrer Beziehung*. Würzburg 1941. – Johann Gottfried Herder. *Sämmtliche Werke*. Hg. Bernhard Suphan. Berlin 1877–1913 [zit. SW]. – Otto Hoffmann. *Herders Briefe an Johann Georg Hamann*. Berlin 1889 [Repr. Hildesheim, New York 1975]. – M. Lausberg, 1982: 84–87. – Gotthold Ephraim Lessing. *Sämtliche Schriften*. Hg. Karl Lachmann und Franz Muncker. Stuttgart 1886–1924 [zit. LM]. – K. May, 1923: 137–155. – W. Nolting, 1979. – R. Pechel, 1909: 3–108. – W. Preisendanz, 1952. – R. Reitzenstein, 1909. – Volker Riedel. *Lessing und die römische Literatur*. Weimar 1976: 180–207, 252–258. – B. H. Smith, 1968: 196–210. – Hans Peter Woessner. *Lessing und das Epigramm*. Neuhausen 1978: 86–102.

4. Epigrammtheorie seit der deutschen Klassik

Nach der vor allem von Lessing und Herder intensiv geführten Epigrammdiskussion am Ende des 18.Jh.s fällt das theoretische Interesse am Epigamm stark ab: eine wirklich ernstzunehmende Auseinandersetzung fehlt ganz (W. Dietze, 1972: 360). Die idealistische und nachidealistische Ästhetik sieht im Epigramm bestenfalls eine Randgattung; sie tut sich schwer mit der Anerkennung der poetischen Qualität des Epigramms (W. Barner, 1985: 354). Auch in der Praxis ist, was noch zu diskutieren ist, ein Rückgang der Epigrammdichtung nach 1800 und ein fast völliges Verschwinden in der zweiten Hälfte des 19.Jh.s zu konstatieren.

Die Epigrammdiskussion in Georg Wilhelm Friedrich Hegels *Vorlesungen über die Ästhetik* schließt sich an Lessing an. Hegel reiht das Epigramm unter die symbolischen Kunstformen ein (13,486): »Unter bewußter Symbolik nämlich ist zu verstehen, daß die Bedeutung nicht nur für sich gewußt, sondern *ausdrücklich* von der äußeren Weise, in welcher sie dargestellt wird, unterschieden gesetzt ist.« Damit ist die zweiteilige Grundstruktur des Epigramms, wie sie auch Lessing sieht, abgesichert. Hegel bestätigt die Dialektik zwischen äußerer Existenz des Gegenstandes und deren Bedeutung und Erklärung (15,325f; vgl. 13,544f): »Der Mensch spricht noch nicht sein konkretes Selbst aus, sondern schaut umher und fügt dem Gegenstande, dem Ort, den er sinnlich vor sich hat und der sein Interesse in Anspruch nimmt, eine gedrängte Erläuterung hinzu, welche den Kern der Sache selber betrifft.« Selbst bei subjektiver Darstellung eines Gegenstandes im späteren griechischen Epigramm ist die Darstellungsweise nach wie vor durch den Gegenstand selbst bestimmt (14,173; 14,239).

Dies jedoch macht das Epigramm für Hegel zur rhetorischen Disziplin, welche die Seele des Bedeuteten nicht zu treffen vermag, weswegen das Epigramm als Gattung letzten Endes scheitern muß (13,546): »Um die vollendete *Erfüllung* dieser Aufgabe zu betrachten, müssen wir aber von der *symbolischen* Kunstform Abschied nehmen, da der Charakter des Symbolischen gerade darin besteht, die Seele der Bedeutung mit ihrer leiblichen Gestalt immer nur *unvollendet* zu vereinigen.«

Diese Kluft versucht Goethe in seinen *Venetianischen Epigrammen* zu überbrücken. Gerade sein Erfolg droht jedoch, wie noch zu sehen (Kap. III.5), die Gattungsnormen zu sprengen. In der Goethe-Nachfolge fällt wie bei August Graf von Platen und Ludwig Feuerbach wiederholt der Hinweis, daß das Epigramm nicht nur Form und Gestalt eines Gegenstandes erfaßt, sondern dessen wesensmäßige Substanz, dessen eigentlichen Gehalt (A. Dietze, 1985: 265; 275):

Die Epigramme

Bloß Aufschriften sind Epigramme, die Treue der Wahrheit
Aber verleiht oftmals kleinen Gesängen Gehalt.

Kürze hat Würze

Kurz ist das Leben fürwahr: doch kurz, wie das Distichon kurz ist,
Welches ewgen Gehalt birgt in die flüchtige Form.

Poetik und Ästhetik im 19. wie auch im 20. Jh. vermögen nicht an das Niveau der Epigrammdiskussion bei Lessing, Herder und Hegel anzuknüpfen. Friedrich Wilhelm Genthes *Kurzer Versuch über das Epigramm* (1829) bietet kaum mehr als eine Zusammenstellung bisheriger Positionen zum Epigramm (W. Dietze, 1972: 361). Generell bestimmt Lessings Theorie, gelegentlich durch Herdersche Theoreme ergänzt (v.a. durch dessen Typologie), die Diskussion im 19.Jh. (z.B. F. T. Vischer, 1846–1858; H. Köpert, 1863: 175; R. Gottschall, 1870: 2,176f; C. Beyer, 1882: 2,203–207, 209f). Demgegenüber werden Hegels Gedanken erst von der DDR-Kritik wieder aufgenommen. Die Definition in Grimms Wörterbuch entspricht ebenfalls Lessings Theorie: das Epigramm ist ein »kurzes gedicht, worin ein poetischer gedanke in knapper, treffender, scharf pointierter form dargestellt ist.«

H. Baumgart widerspricht Lessing zwar nicht, bemängelt aber an ihm, daß er nur »das technische Verfahren des Epigramms«, nicht aber »sein eigentliches Wesen« erklärt (1887: 116). Indem Lessing das Epigramm als Verstandeskunst betrachte, bleibe er den »Nachweis seiner Zugehörigkeit zur schönen Kunst« schuldig (117). Vischer schließt das Epigramm ebenfalls von der Lyrik aus (1923: 6:259).

Die Poetik der zweiten Jahrhunderthälfte steckt in einem offensichtlichen Dilemma: einerseits ist das Epigramm Teil des klassischen Gattungskanons und wird von bedeutenden Figuren wie Lessing und Goethe propagiert, andererseits paßt es nicht in die von Goethe selbst angestiftete Theorie von den drei »Naturformen der Poesie«: Epos, Lyrik und Drama. Resultat sind willkürliche Mischkategorien, die Verlegenheitskategorie des Didaktischen oder gar das entwertende Etikett der Gebrauchslyrik. Der im späteren 19.Jh. unter dem Einfluß dieser Trias entstehende bürgerliche Klassizismuskult hat für kleine Formen keinen Sinn.

C. Beyer erkennt neben dem eigentlichen satirischen Epigramm auch die auf das Vorbild der griechischen Anthologie zurückgreifenden »Empfindungsepigramme« (1882: 2,204), wobei die Zuteilung zur Sondergruppe der didaktischen Dichtung die weitverbreitete Skepsis dem Epigramm gegenüber zum Ausdruck bringt (W. Barner, 1985: 354). Dieselbe Unterscheidung in »Epigramm der Empfindung« (1873: 138–141) und »Epigramm der Lehre und des Spottes« (159–161) trifft auch W. Wackernagel.

R. M. Werner bestimmt die Einteilung der Lyrik nach der Art des Erlebnisses, die der im Gedicht ausgedrückten und nachgeahmten Empfindung zugrunde liegt. Erwartungsgemäß bezeugt Werner große Mühe, das Epigramm in sein System einzubeziehen, zumal diesem gerade das Erlebnishafte und Subjektive fern liegt. Das Epigramm ist Gedankenlyrik (1890: 173), die einem Einfall entspringt (179). W. Scherer schließlich läßt die Klassifizierungsfrage mit dem Hinweis auf die »verschiedenartigsten Formen« des Epigramms offen (1888, 1977: 166).

Literatur (19. Jahrhundert)

W. Barner, 1985: 350–371. – Hermann Baumgart. *Handbuch der Poetik. Eine kritisch-historische Darstellung der Theorie der Dichtkunst.* Stuttgart 1887: 115 ff. – Conrad Beyer. *Deutsche Poetik. Theoretisch-praktisches Handbuch der deutschen Dichtkunst.* Stuttgart 1882: 2,203–210. – W. Dietze, 1972: 360 ff. – Friedrich Wilhelm Genthe. *Kurzer Versuch über das Epigramm.* Magdeburg 1829. – Georg Gottfried Gervinus. »Über das Epigramm.« In: ders. *Schriften zur Literatur.* Berlin 1962: 276–277 [zuerst 1838]. – Rudolf Gottschall. *Poetik. Die Dichtkunst und ihre Technik.* 2 Bde. Breslau ^{2}1870. – Georg Wilhelm Friedrich Hegel. *Werke in zwanzig Bänden.* Hg. Eva Moldenhauer und Karl Markus Michel. Frankfurt 1970. – Hermann Köpert. »Über den Begriff und das Wesen des Epigrammes.« In: ders. (Hg.). *Satirische Epigramme der Deutschen von Opitz bis auf die Gegenwart.* Eisleben 1863: 171–181. – Wilhelm Scherer. *Poetik.* Hg. Gunther Reiß. Tübingen 1977 [zuerst Berlin 1888]. – Friedrich Theodor Vischer. *Ästhetik oder Wissenschaft des Schönen.* Hg. Robert Vischer. München ^{2}1923: 6:258–260 [zuerst 1846–1858]. – Wilhelm Wackernagel. *Poetik, Rhetorik, Stilistik.* Halle 1873. – Richard Maria Werner, *Lyrik und Lyriker.* Hamburg, Leipzig 1890: 173–185.

Von Hugo von Hofmannsthals Schrift *Das Gespräch über Gedichte* (1903) geht eine Neubewertung der *Griechischen Anthologie* aus (1951: 105): »Es gibt antike Gedichte, welche so sind wie ein dunkles Weinblatt gegen den blauen Abendhimmel. Die Anthologie ist voll von solchen.« Wie schon in der *Anthologie* sucht die poetische Sprache die Einswerdung mit dem dargestellten Gegenstand (99): »Niemals setzt die Poesie eine Sache für eine andere, denn es ist gerade die Poesie, welche fieberhaft bestrebt ist, die Sache selbst zu setzen, mit einer ganz anderen Energie als die stumpfe Alltagssprache, mit einer ganz anderen Zauberkraft als die schwächliche Terminologie der Wissenschaft.«

Hofmannsthals Anthologie-Rezeption führt nicht zu einem Wiederaufleben des Epigramms (W. Dietze, 1972: 360), jedoch zu einem deutlicheren Erfassen des Epigrammatischen und Poetischen überhaupt und zu einer Affinität von Hofmannsthals Lyrik zu Haltung und Gehalt der *Anthologie* (vgl. R. Ziemann, 1984: 246–250).

Interessanterweise nimmt ausgerechnet Bertolt Brecht diese Rezeptionslinie wieder auf. In seinem *Arbeitsjournal* bestätigt er unter dem Datum vom 28. August 1940 die poetische Qualität der ursprünglichen griechischen Aufschrift als »lyrik der gegenstände«. Der Eintrag vom 25. Juli schließt unter dem Eindruck der Lektüre des *Kranz des Meleagros* an Hofmannsthals Argumentation an: »wenn man bedenkt, wieviel die weimarer von den problemen der griechischen epigrammatiker wußten und wieviel wir noch davon wissen, sieht man den furchtbaren abstieg. wir wissen kaum noch einiges über die weimarer selbst. hier, in diesen griechischen epigrammen, durchdringt die stimmung jene für sich wunderbare gegenständlichkeit und mit ihr den sinn [...].« Arthur Schnitzler betont im Vorwort zu seinem *Buch der Sprüche und Bedenken* (1927: 9) ebenfalls das Momentane und Stimmungshafte. Er versteht seine Sammlung, die neben Epigrammen auch Aphoristisches enthält, »als Tagebuch, besser noch als eine Reihe von Bemerkungen, die anläßlich von Erlebnissen, äußeren und inneren, manchmal nach reiflicher Überlegung, öfter noch aus einer augenblicklichen Stimmung heraus aufgezeichnet wurden.«

Wie schon implizit bei Hofmannsthal wird das Epigramm bei Brecht zum Instrument der »sprachwaschung« (22.8.40), denn nach Goethe »verlottert die sprache« zusehends. Bemerkenswert ist, wie sehr Brecht in der kritischen Zeit seines finnischen Exils gerade die lyrisch-elegischen Qualitäten des Epigramms hervorstreicht und dessen satirisches Potential völlig ignoriert. So kommt es, daß er die Epigramme des reaktionären, »klerikofeudalen« Stefan George aufgrund von deren größeren poetischen Qualitäten gegenüber denjenigen des kritischen, liberalen Karl Kraus bevorzugt.

Ohne sich auf Hofmannsthal zu beziehen, nimmt W. Tochtermann (1960: 18) dessen Konzept der Sinnsprache, welche erlebte Sinnerfahrung nicht »mit intellektuellen Mitteln der Wissenschaft« ausschöpft, wieder auf, wobei seine Begriffe des ›Sinn-Gedichts‹ und der ›Sinn-Lyrik‹ (im Gegensatz zu Gefühlslyrik) weiter als unser Epigramm-Begriff gefaßt sind. Ganz ähnlich bezeichnet W. Kayser »die Nennung des eigentlichen Sinngehalts in einem bestimmten, einmaligen Vorgang« (1976: 345) als konstitutiv für das Epigramm.

Ludwig Fulda, selbst Epigrammatiker, schließt im Vorwort zu seiner Anthologie dezidiert an Lessings Konzeption an. Konstitutiv ist die »epigrammatische Überraschung, die Ungeahntes enthüllt oder doch Altbekanntes von völlig neuer Seite zeigt«

(1920 : 6), und die durch den Einfall zustande kommt (7) : »Das Epigamm ist der geprägte, der gemünzte Einfall.«

Dieselbe Sicht vertritt Erich Kästner im Vorwort zu seiner Sammlung *Kurz und bündig* (1950). Auch für ihn ist das Epigramm Kunst des Einfalls. Die Allgemeingültigkeit von Lessings Doppelregel von Erwartung und Aufschluß sieht Kästner dadurch bestätigt, daß auch diejenigen sie befolgen, die sie nicht kennen. Als Beispiel nennt er die einem verunglückten Holzknecht gewidmete Inschrift auf einem Tiroler ›Marterl‹ (1950 : 6f):

> Es ist nicht weit
> zur Ewigkeit.
> Um acht ging Martin fort,
> Um zehn Uhr war er dort.

Auch in der Zeit des Nationalsozialismus bestätigt W. Hammond-Norden, daß Lessings Theorie »in ihren wesentlichen Zügen heute noch maßgeblich« sei (1939 : 725), beklagt aber die fehlende Epigrammproduktion. Seine zentrale Frage ist : »Warum werden keine Epigramme mehr geschrieben?« Der eine Grund ist der nach Hammond-Norden verbreitete Irrglaube, daß ein Epigramm in Distichen abgefaßt sein müsse. Der andere Grund ist, daß das Epigramm in früherer Zeit »einst mit besonderer Vorliebe zum Austragen literarischer (persönlicher) Fehden« benutzt worden sei. Mit unfreiwilliger Ironie fügt er an : »Wir tragen heute unsere Meinungsverschiedenheiten nicht mehr in die Öffentlichkeit« (727). Implizit muß der Autor zugeben, daß die gesellschaftliche Wirklichkeit in einem faschistischen Staat, der aufgrund der totalen Ideologisierung keinerlei Toleranz duldet, eine derart leser- und damit öffentlichkeitsorientierte Gattung wie das Epigramm erdrücken muß.

Die vom apolitischen Geist der Adenauerzeit durchdrungene Abhandlung *Über das Epigramm* (1950) von Rolf Raiser bemüht sich um den Ausgleich zwischen den Positionen Lessings und Herders und sucht in einem fragwürdigen Verfahren nach einer normativen Schablone, die »der reichen und großartigen Ernte deutscher Epigrammatik, die uns Goethe und die Späteren [!] hinterlassen haben« (27), gerecht wird. Im Epigramm müssen »ein dem Urteil sich darbietendes Objekt und ein urteilendes, wertendes, deutendes, vergleichendes Subjekt sich begegnen« (21). Dabei wird jedoch die Rolle des urteilenden Subjekts derart überbetont, daß das Epigramm in gefährliche Nähe zur Erlebnislyrik rückt, und daß andererseits dem Verlangen des Epigramms nach einer oft in Ironie und Satire kulminierenden Objektivierung nicht Rechnung getragen wird. Aufgrund dieses normativ gehandhabten, aber in sich inkonsistenten Kriteriums werden viele einzelne Epigramme in Sammlungen, aber auch beinahe der gesamte *Cherubinischen Wandersmann* (44) aus dem Gattungskanon ausgegrenzt, was rezeptionsästhetische Fragen nach der intendierten Gattung und nach der Legitimität und Funktion von Normabweichung im Keime erstickt. Ad absurdum führt Raiser seinen eigenen Ansatz durch den Versuch, »von Dichtern und Sammlern regelmäßig ignorierte« Gattungsgrenzen neu zu bestimmen (24). Post festum bestimmte Gattungsgrenzen, die in Textproduktion und Rezeption keine Rolle spielen, enthalten keinerlei Erkenntniswert.

Die Zuordnung des Epigramms zu literarischen Grundhaltungen ist die zentrale Frage für Emil Staiger (1968: 158–160). Die Zuteilung zum Lyrischen wie zu den anderen ›Urformen‹ der Dichtung lehnt er ab, verweist das Epigramm in eine Kategorie des Problematischen und stellt so implizit die Poetizität des Epigramms in Frage. Ohne Begründung und ohne Alternativen zu bieten, verwirft er Lessings Epigrammkonzeption. R. Bernhardt (1983: 90) wiederum bezeichnet, gestützt auf oberflächliche Hegel-Lektüre, das Epigramm als episch, was ihm R. Ziemanns berechtigte Kritik zuzieht (1984: 240f).

In der DDR setzt in den 60er Jahren eine ernstzunehmende theoretische Beschäftigung mit dem Epigramm ein. Manfred Bieler äußert im Nachwort zur ersten Auflage von W. Dietzes Anthologie (1964; in späteren Auflagen weggelassen) die Hoffnung, daß in »einer echten sozialistischen Literaturgesellschaft« ein im Lessingschen Sinne erneuertes Epigramm wiederum zu einem Instrument literarischer und ethischer Auseinandersetzungen werden könne (578). Freilich müssen zuerst die Faktoren beseitigt werden, die zum Verschwinden des Epigramms um 1850 geführt haben (576): »An die Stelle des dialektischen Mit- und Durcheinanders im Sinne des Realismus setzt sich das Epigramm als mechanisches Gegen- und Nacheinander im Sinne einer aufklärerisch-lehrhaften Poesie.« Während der Bewußtseinserweiterung durch den dialektischen Materialismus in der zweiten Hälfte des 19.Jh.s wächst »das Angebot von Realität an den Dichter ins Ungeheure«, so »mechanisch-poetische Kurzfassungen der Welt auf Randerscheinungen« reduzierend (576f). Zu recht weist W. Dietze den von Bieler an das Epigramm gerichteten Vorwurf des Mechanischen zurück (1972: 387–390).

Ein neues kritisches Bewußtsein, das bisherige Denkgrundlagen in Frage stellt, führt nach H. Keisch aus der Krise des Epigramms, dem Dialektik zur Pflicht wird (1968: 136): »Am Ende dieses Weges wird das Epigramm fähig, als Waffe im Klassenkampf zu dienen, die fortgeschrittensten Geister beginnen danach zu greifen und die Waffe zu handhaben.«

J.-J. Kariger (1982) setzt sich mit Existenzgrundlagen, Produktionsbedingungen und Wirkung des Epigramms in moderner Zeit auseinander und formuliert eine umfassende Rhetorik des Epigramms. Als »Stellungnahmen einer poetologisch kurzatmigen Kritik« (18) bezeichnet er Versuche (wie etwa von Werner, Fulda und Kästner), den Einfall als ein konstitutives Merkmal des Epigramms zu definieren. Das Epigramm entspringt letztlich einer höheren Geisteskultur, die sich durch »denkerische Beweglichkeit, [...] Sprachgestalt und Offenheit des Ausdrucks« (12) manifestiert: je kultivierter der Geist, desto wirksamer sein Einfall. Geistige Anforderung ist für Kariger (17) »die so ungemein schwierig gewordene Weitsicht, durchdringend Nebelschwaden des aufgeputzt ›Aktuellen', die Fähigkeit zur blitzhaften Klarstellung einer verworrenen Problemlage, und das in wenigen, überdies ansprechenden Versen, die das nervlich Zentrale treffen sollen!«

Konsequenterweise plädiert Kariger für formale Strenge (z. B. beim Reim) und für den Titel. Die formalen Mittel übernehmen in der Satire durchaus eine rhetorische Funktion (24): »In der Regel braucht die Pointe markantes dichterisches Ritual, sonst wird sie Zufall des Kolloquialen.« Ein Epigramm ohne formale Struktur droht zum schlechten Aphorismus zu verkommen. Letztlich ist das Epigramm Instrument der geistigen Wehr im Dienste der menschlichen Gesittung (26), und als solches bietet sich dem Epigramm durchaus eine Überlebenschance, so wie es sich in seiner knapp 3000jährigen Geschichte wiederholt durch seine sprachlich-geistige Kapazität und moralische Schlagkraft zu regenerieren vermocht hat.

Literatur (20. Jahrhundert)

K. Altmann, 1966: 427–440. – Rüdiger Bernhardt et al. (Hgg.). *Vom Handwerk des Schreibens.* Berlin »²1983. – M. Bieler, 1964: 569–578. – Bertolt Brecht. *Über Lyrik.* Frankfurt 1964: 89–92. – Bertolt Brecht. *Arbeitsjournal.* Hg. Werner Hecht. 2 Bde. Frankfurt 1973. – L. Fulda, 1920: 1–19. – Wilhelm Hammond-Norden. »Warum werden keine Epigramme mehr geschrieben?« *Die Literatur* 41/12, Sept. 1939: 725–728.

– Hugo von Hofmannsthal. »Das Gespräch über Gedichte.« In: *Gesammelte Werke in Einzelausgaben. Prosa II.* Frankfurt 1951. – Erich Kästner. Vorwort zu *Kurz und bündig.* München, Zürich 1950. – J.-J. Kariger, 1982: A9-A28. – Wolfgang Kayser. *Das sprachliche Kunstwerk.* Bern [17]1976 [zuerst 1948]. – H. Keisch, 1968: 133–138. – F. Martini, 1954: 23. – Rolf Raiser. *Über das Epigramm.* Stuttgart 1950. – Arthur Schnitzler. *Buch der Sprüche und Bedenken. Aphorismen und Fragmente.* Wien 1927. – Emil Staiger. *Grundbegriffe der Poetik.* Zürich [8]1968: 158–163 [zuerst 1946]. – W. Tochtermann, 1960. – R. Ziemann, 1984.

5. Typologie des Epigramms

Die Epigrammtheorie erkennt allgemein zwei Rezeptionsstränge des Epigramms, aus denen sich die zwei Haupttypen des Epigramms ableiten lassen. Die ursprüngliche elegisch-hymnische Tradition wird von der *Griechischen Anthologie* und von Catull gepflegt und von Herder theoretisch abgesichert. Das große Vorbild des zweiteiligen, satirischen Epigramms ist Martial, theoretisch unterstützt von Lessing. Freilich vermögen diese zwei Grundtypen die Vielfalt von Formen und Inhalt keineswegs ausreichend zu erklären, weshalb von Theoretikern wie auch Wissenschaftlern immer wieder Typologisierungsversuche unternommen werden, die jedoch zumeist nur in einem eng begrenzten zeitlichen Rahmen Gültigkeit besitzen.

Aus der Antike sind keine Ordnungsversuche bekannt. G. Pfohl (1967: 272–280; 1969: 3f) nennt folgende mögliche Klassifizierungsprinzipien des Epigramms, von denen er jedoch keine praktisch zur Anwendung bringt: alphabetisch, chronologisch, geographisch, metrisch, gattungsmäßig (Grab, Weihe, Spott), nach Motiven, nach behandelten Personenkreisen, nach Kompositionsform (Aufbau) und nach Umfang. Eine Kombination von Kriterien ist ausdrücklich möglich. Pragmatische und theoretische Überlegungen sprechen gegen die meisten dieser Kriterien, sodaß Pfohls Vorschlag letztlich kaum Räsonanz gefunden hat.

In ihrem Standardwerk zum antiken Einzeldistichon teilt M. Lausberg (1982) den gesamten epigrammatischen Korpus in zehn thematische Gruppen ein, welche auch die Basis für Lausbergs Diskussion des Epigramms bilden: (1) Grabepigramme, (2) Weih- und Ehrenepigramme, (3) Epigramme auf Örtlichkeiten, (4) Bildepigramme, (5) Epigramme auf Persönlichkeiten aus Mythos, Geschichte und Literatur, (6) erotische und sympotische Epigramme, (7) Epigramme auf Geschenke und Gegenstände, Rätsel, Orakel, (8) Epigramme auf verschiedene Begebenheiten, Graffiti, (9) Spottepigramme und (10) gnomische Epigramme. Unschwer läßt sich aus dieser Reihe auch die Entwicklungsgeschichte des antiken Epigramms ablesen. Daraus ergibt sich einerseits der pragmatische und historische Wert dieser Typologie, andererseits aber auch deren auf die Antike beschränkte Anwendbarkeit.

Die ersten Klassifizierungsversuche gehen auf die Renaissance zurück. Julius Caesar Scaliger erkennt in seiner Standardpoetik *Poetices libri septem* (1561: 170; vgl. Kap. II.2.; J. Hutton, 1935: 64) die zwei verschiedenen Grundtypen des einfachen lyrischen und zusammengesetzten satirischen Epigramms. Aus den jeweils verwendeten rhetorischen Gattungen (*genus iudicale, deliberativum, demonstrativum*) leiten sich weitere Untergattungen des zweiteiligen Epigramms ab. Auf Scaliger gestützt, verwendet Tommaso Correa (*De toto eo poematis genere, quod epigramma vulgo dicitur*, 1569) ebenfalls die verschiedenen Stiltypen als Klassifizierungsgrundlage. Vincentius Gallus macht in *De epigrammate, oda, et elegia* (1624) die Einteilung des Epigramms von Ursprung, Verwendungsart und rhetorischer Form abhängig.

Die auch in Deutschland einflußreiche Schrift *Traitté de l'epigramme* von Guillaume Colletet (1658; Hg. P. A. Jannini, Genève 1965: 67) stellt eine Typologie nach inhaltlichen Gesichtspunkten auf, welche der epigrammatischen Praxis der Zeit recht genau entspricht:

1) toutes les inscriptions des personnes et des choses.
2) la loüange, ou le blasme des actions, et les personnes.
3) les advantures fortuites, et les succés admirables et surprenans, ou effectivement arrivez, ou seulement imaginez par le Poëte.

Das Epigramm (1) ist im eigentlichen Sinne Aufschrift auf Personen und Gegenstände, (2) lobt oder tadelt im Sinne von Panegyrik und Satire Vorgänge oder Personen (3) und handelt von zufälligen, bewundernswürdigen und überraschenden Ereignissen, seien sie wahrhaftig oder erfunden.

In der deutschsprachigen Poetik unterbleiben solche Klassifizierungsversuche bis zu Herder weitgehend, zumal in Anschluß an Scaliger das satirische Epigramm der in der Theorie dominante Typ bleibt. Daß dieses Bild jedoch der epigrammatischen Praxis keineswegs entspricht, weist J. Weisz überzeugend nach. In ihrer Typologie (1979: 80–138) geht Weisz weder von inhaltlichen noch von formalen Kriterien aus, sondern von der Wirkungsabsicht. Für die auf rhetorischer Grundlage stehende Barockdichtung sind wirkungsästhetische Fragestellungen von zentraler Bedeutung. Weisz weist folgende vier Haupttypen aus, und zwar in dieser Reihenfolge der Wichtigkeit: der gnomische Typ, der satirische Typ, der spielerisch-concettistische Typ und der panegyrisch-hymnische Typ. Da ein solch grobes Raster der komplexen Wirklichkeit kaum entsprechen kann, führt Weisz neun weitere Mischformen ein.

Der Versuch von L. Mundt, Weisz' Typologie zu erweitern (1983: 69–79), scheitert an Mundts mangelnder Einsicht in deren Grundlagen. Neben den – wenn auch mit veränderten Prioritäten – von Weisz übernommenen Typen satirisch, panegyrisch, spielerisch und reflektierend-lehrhaft fügt er zwei weitere an, welche sich begrifflich auf einer völlig anderen Ebene bewegen: Freundschaftsgedichte und Selbstdarstellungen.

So genau das durch Weisz' Typologie entstehende Bild des Barockepigramms ist, so beschränkt ist deren Gültigkeit. Bestenfalls kann sie noch auf Teile des 18.Jh.s übertragen werden. Mit der Rhetorik verlieren im 18.Jh. auch die rhetorisch bestimmten wirkungsästhetischen Kategorien rasch an Bedeutung. Es wäre unsinnig, diese Kriterien auf die Epigramme von Goethe, Mörike oder Brecht übertragen zu wollen.

K. Heckers unglückliche Einteilung des Epigramms des 18.Jh.s in Kunstepigramm und Gelegenheitsepigramm schließlich bleibt ohne Erkenntniswert (1979: 24ff).

Johann Joachim Eschenburg geht in seinem *Entwurf einer Theorie und Literatur der schönen Wissenschaften* (1789: 106) von drei Haupttypen aus, die »von der Willkühr des Dichters und der Beschaffenheit des Hauptgedankens« abhängen. Das Epigramm ist offenbar in Anspielung auf die drei ›Naturformen‹ Epos, Lyrik und Drama entweder eine kleine Erzählung, ein kurzer Dialog oder ein Vortrag des Dichters, der wiederum betrachtend, schildernd oder leidenschaftlich sein kann.

Von Herder stammt die gründlichste Typologie in der Geschichte der Epigrammtheorie. In seiner Rezension zu Lessings Schriften zum Epigramm (1771; SW 5,338–345) akzeptiert er dessen Zweiteilung in ein Epigramm »im simpelsten Griechischen Verstande« und in ein satirisches Epigramm in der Tradition von Martial und Lessing, erweitert um die eigentliche, ursprüngliche Inschrift (SW 5,341f).

In den *Anmerkungen zum griechischen Epigramm* (1786, [2]1796; SW 15,337–392) erweitert und differenziert er seine

Typologie, wobei nun die Gewichtsverschiebung zugunsten der nicht-satirischen griechischen Tradition deutlich wird. Herders Typologie verwendet weder inhaltliche noch formale Kriterien, sondern orientiert sich an Grundhaltung und Funktion des Epigramms und ist in sich recht konsistent. Es wundert aber nicht, daß v.a. die ältere Forschung, die Funktionalität nicht als literarisches Kriterium anerkennen mag, die Inkonsistenz von Herders System herausstreicht (K. May, 1923: 145; R. M. Werner, 1890: 179 f).

Herder geht von insgesamt sieben Typen aus (SW 15,355–368): (1) einfach darstellend: einfache Exposition des Gegenstandes im Sinne des ursprünglichen Epigramms; (2) exempelhaft, paradigmatisch: Beispiel mit Lehre; (3) schildernd: bildet eine Wahrnehmung ab, macht das »Moment Eines Affects, Einer Situation« lebendig; (4) leidenschaftlich: stellt »Einen Gegenstand der Empfindung bis zu einem höchsten Punct des anschauenden Genußes« dar; (5) künstlich-gewandt: Gegenüberstellung von Gegenständen oder von verschiedenen Charakteristiken eines Gegenstandes; (6) täuschend: Gegenüberstellung von Gegenständen mit täuschender Wendung; (7) rasch und kurz: zweiteilig, satirisch und pointiert.

E. Beutler hat zu recht darauf hingewiesen, daß diese Typenreihe eine Art Entwicklungsgeschichte des antiken Epigramms von der ursprünglichen Inschrift zum satirischen Epigramm darstellt (1909: 56 f). Die ersten vier Typen sind ausschließlich als Varianten des griechischen, elegisch-lyrischen Epigramms zu erkennen. Die letzten drei sind zweiteilig und pointiert, wobei eine Progression von ernst zu witzig und schließlich satirisch festzustellen ist. Lessings Epigrammtheorie wird hier ausdrücklich sanktioniert, gleichzeitig wird aber der von Lessing propagierte Typ (Nr. 7) nur als eine von sieben Möglichkeiten bezeichnet.

In der Zeit nach Herder bleiben selbst oberflächliche Ansätze zu einer Typologie des Epigramms aus. Lediglich zwei Herausgeber von Anthologien wagen sich an diese Problematik heran, wenn auch mit bescheidenem Erfolg. H. Köpert (1863: 175 ff) unterscheidet die Hauptgattungen des epischen (Lessing) und des lyrischen Epigramms (mit der Untergattung des gnomischen Epigramms). Als zweites Kriterium schlägt Köpert den Gegensatz ernst-komisch vor, wobei dessen Verhältnis zum Gegensatz episch-lyrisch nicht geklärt wird. K. Altmann (1966: 434 f) weicht einer Definition des »Sammelbegriffs« Epigramm aus, indem er stattdessen drei aus der antiken Epigrammatik abgeleitete Unterabteilungen einführt: das naive Epigramm, das reflektierende Epigramm und das satirische Epigramm.

Daß Herders Typologie heute nach wie vor die einzige ernstzunehmende und allgemeingültige ist, deutet auf die Schwierigkeiten hin, welche ein solches Unterfangen bereitet. Herder ist sich selbst über die Problematik und die begrenzte Gültigkeit seiner eigenen Typologie im Klaren (SW 15,367f): »Ich bilde mir nicht ein, jede epigrammatische Schönheit mit diesen Abtheilungen gefeßelt zu haben: denn selbst die sieben Farben des Lichtstrahls haben ihre vielen Schattierungen und Zwischenfarben. Wer mag die unzählige Menge der Gegenstände claßificiren, die eine Beute des Epigramms seyn können? und wer die unzählichen Wendungen bestimmen, mit der ein neuer Gegenstand unter einer neuen Ansicht erbeutet werden mag?«

Herder erkennt, daß eine Gattung für künftige Normabweichungen und Normerweiterungen offen ist und offen sein muß, wenn sie überleben will. Es ist beinahe aussichtslos, zu einer differenzierenden Typologie zu gelangen. Letzten Endes haben sich in der langen Geschichte des Epigramms immer wieder die zwei die Extrempositionen markierenden Grundtypen elegisch-hymnisch und satirisch bestätigt, zwischen welchen Theorie und Praxis sich einpendeln.

Literatur

K. Altmann, 1966. – E. Beutler, 1909: 56f. – K. Hecker, 1979: 24ff. – J. Hutton, 1935: 55–79. – H. Köpert, 1863: 175ff. – M. Lausberg, 1982. – K. May, 1923: 145–152. – L. Mundt, 1983: 69–79. – Gerhard Pfohl. »Die epigrammatische Poesie der Griechen. Entwurf eines Systems der Ordnung.« *Helikon* 7, 1967: 272–280. – G. Pfohl, 1969: 3f. – J. Weisz, 1979: 80–138. – R. M. Werner, 1890: 179f.

III. Das Epigramm in der deutschen Literatur

Der heute in der Epigrammliteratur übliche Hinweis darauf, daß eine Geschichte des Epigramms nach wie vor fehlt, hat topologischen Charakter angenommen. Allerdings ändert dies am festgehaltenen Faktum nichts. W. Nolting (1979: 17) führt dies auf die Tatsache zurück, daß das Epigramm über weite Teile seiner Geschichte lediglich als Begleittext galt. Erschwerend dürfte sich auch auswirken, daß auch heute noch viele Kritiker das Epigramm als reine Zweckgattung auffassen (z.B. W. Barner, 1985: 354). Offenbar vermochten diese »herrlich funkelnden Kleinigkeiten« (H. P. Woessner, 1978: 98) die am deutschen Idealismus orientierte Literaturgeschichtsschreibung nicht zu inspirieren, wie das etwa die Elegie (F. Beißner, 1941), die Ode (K. Viëtor, 1923), das deutsche Lied (G. Müller, 1925), die Ballade (W. Kayser, 1936), das Sonett (H. Welti, 1884; W. Mönch, 1955), das Madrigal (K. Voßler, 1898) und später auch der Aphorismus taten.

Ansätze zu einer Gattungsgeschichte des Epigramms sind zu finden in einem großangelegten und profunden Aufsatz von W. Dietze (1972: 247–391, 525–588) und im Nachwort zu G. Neumanns Epigrammanthologie (1969: 285–355). Als herausragende Arbeiten zu Teilabschnitten der Epigrammgeschichte sind die Studien zum antiken Einzeldistichon von M. Lausberg (1982; Ansätze auch bei H. Beckby, 1957: 9–62) und zum Barockepigramm von J. Weisz (1979) zu nennen. Beide zeichnen sich durch souveräne Beherrschung des Materials aus. Darüber hinaus existieren lediglich Einzelstudien zu spezifischen Zeitabschnitten, Aspekten oder Autoren.

1. Anfänge in der griechischen und römischen Antike

Wenn man mit H. Häusle (1979: 31) Literatur als sprachlichen Ausdruck sieht, der »primär und elementar schriftlich« ist, so muß man zweifellos das griechische Grab- und Weihepigramm als frühesten literarischen Ausdruck des europäischen Kulturkreises bezeichnen. Das Epigramm ist definitionsgemäß eine ausschließlich schriftliche Gattung, denn das Grabmal ist in der Auffassung der Griechen ein für die Dauer errichtetes Zeichen, das dem Toten ein Weiterleben sichert. Spuren der mündlichen Dichtung lassen sich ungleich schwerer nachweisen. Allerdings ist anzunehmen, daß das Epos gleichzeitig mit dem Epigramm entsteht. Vermutlich haben die Griechen mit der Schrift auch die Grundformeln für die Grab- und Weihinschrift von den Phöniziern übernommen.

G. Highet (1970: 392f) geht von fünf Entwicklungsphasen des griechischen Epigramms aus: (1) archaisch, (2) klassisch, (3) hellenistisch, (4) graeco-römisch und (5) byzantinisch.

Schon Horaz (*Ars poetica*, V. 75–78) erkennt die Totenklage als ursprüngliche Form des Epigramms. Erste Zeugnisse des Grab- und Weihepigramms finden sich im 7. Jh. v. Chr., während die ersten Vaseninschriften gar ins 8. Jh. zurückreichen (H. Beckby, 1957: 1,11; H. Häusle, 1979: 108; S. L. Tarán, 1979: 1; M. Lausberg, 1982: 102). Das Grabepigramm ist eine Sonderform der Grabinschrift und unterstreicht den besonderen Wert des Verstorbenen (M. Lausberg, 1982: 105). Das ursprüngliche Versmaß ist der Hexameter (H. Hommel, 1939: 195f; M. Lausberg, 1982: 109), aber im 6. Jh. setzt sich das Einzeldistichon durch und bleibt bis zum 4. Jh. die dominierende Form (M. Lausberg, 1982: 109, 433). Daneben existieren auch andere Versmaße; seltener sind Vier- oder Sechszeiler. Wohl durch das Gesetz des Demetrios bedingt (vgl. Cicero, leg. 2,64), das den Grabluxus beschränkt, bricht die Reihe der großen attischen Grabdenkmäler ab (M. Lausberg, 1982: 122).

Als Haupttypen unterscheidet die Forschung (z.B. H. Häusle, 1979: 49ff) das ursprüngliche Denkmalepigramm und die fingierte Aufschrift, das Buchepigramm, welches eine thematische Erweiterung mit sich bringt. Neben den Grabepigrammen und Weih- und Ehrenepigrammen erkennt M. Lausberg eine Entwicklungsreihe von acht weiteren thematischen Gruppen von griechischen Epigrammen, wobei eine zunehmende Loslösung vom Schriftträger, eine Fiktionalisierung des Objektbezuges und damit eine Literarisierung des Epigramms festzustellen sind (1982: 102ff, s. Kap. II.5.; vgl. H. Häusle, 1979: 46–63; S. L. Tarán, 1979; G. Pfohl, 1967; G. Klaffenbach, 1957: 50ff).

Bis zum 4. Jh., dem Beginn des hellenistischen Zeitalters, dessen bedeutendsten Epigrammatiker Kallimachos, Asklepiades und Meleagros sind, ist dieser Transformationsprozeß, die Entwicklung zum Buchepigramm, weitgehend abgeschlossen. Nach R. Reitzenstein dient das Epigramm bei Asklepiades und seinem Kreis »im wesentlichen zur dichterischen Unterhaltung beim Gelage« (1893: 102f). Das Epigramm öffnet sich Themenkreisen, die zuvor nur dem lyrischen Gedicht und vor allem der Elegie zustehen. In diesem Sinne ist das 4. Jh. ein Wendepunkt in der Geschichte des Epigramms (S. L. Tarán, 1979: 1).

Zudem macht sich ein Trend zu längeren Gedichten bemerkbar. Im 4. Jh. halten sich Einzeldistichon und Vierzeiler die Waage, im 3. beginnen die Vierzeiler und auch die Sechszeiler zu dominieren (M. Lausberg, 1982: 433ff). Seit ca. 300 v. Chr. werden auch nicht-inschriftliche Formen im elegischen Versmaß wie die Kurzelegie und Gedichte mit sympotischer und erotischer Thematik zum Epigramm gezählt (M. Lausberg, 1982: 435). Mit Parmenion wird gegen Ende des 1. vorchristlichen Jh.s die Reflexion über seinen eigenen Umfang zum Thema eines Epigramms (M. Lausberg, 1982: 37f). Das 1. nachchristliche Jh. bringt die Blüte des griechischen und auch lateinischen Spottepigramms, dessen Hauptvertreter Martial, Lukillios und Nikarchos sind (M. Lausberg, 1982: 380; F. Munari, 1958: 127). Im späteren griechischen Epigramm erkennen wir die einzige griechische Literaturform, die unter dem Einfluß der römischen Literatur steht.

Seit dem 1. Jh. v. Chr. werden Epigramme gesammelt. Das erste derartige Beispiel ist der *Kranz des Meleagros*. Der *Kranz des Philippos* (ca. 40 n. Chr.) zeichnet sich v. a. dadurch aus, daß keines der Epigramme den Umfang von acht Zeilen überschreitet (M. Lausberg, 1982: 447ff). In den Sammlungen ab der zweiten Hälfte des 1. Jh.s n. Chr. macht sich ein Trend zur Beschränkung auf ein einzelnes Thema (z.B. Spott und Erotik) bemerkbar. In den folgenden Jahrhunderten finden sich etliche weitere Sammlungen dieser Art (D. Ebener, 1981: XXVIIIff).

Durch systematische Sammeltätigkeit erfaßt werden die Epigramme am Ende des 9. Jh.s in Konstantinopel durch Konstantinos Kephalas. Diese Sammlung, die sich großer Verbreitung erfreut haben muß, ist heute verloren. Überlebt hat eine erweiterte Fassung (um 980; vgl. D. Ebener, 1981: XXXff), die den Grundstock zur allgemein als *Anthologia Graeca* bekannten Sammlung bildet, und welche 3700 griechische Epigramme des 6. vorchristlichen bis zum 10. nachchristlichen Jh. vereint (vgl. H. Beckby, 1957: 62–90). Diese Sammlung ist in einer mittelalterlichen Handschrift im Codex Palatinus 23 erhalten, wes-

halb diese Fassung auch als *Anthologia Palatina* bezeichnet
wird. Eine weitere Neufassung, heute bekannt als *Anthologia
Planudea* (2400 Epigramme), erscheint 1299 in Bearbeitung von
Maximos Planudes ebenfalls in Konstantinopel, heute erhalten
im Codex Marcianus 481. Die *Palatina* bleibt jedoch bis ca. 1600
verschollen und ist erst seit 1752/4 in einer unvollständigen
gedruckten Ausgabe (Hg. Johann Jakob Reiske; erste vollst.
Ausg. von Friedrich Jacobs, 1794/5) erhältlich, weswegen die
Planudea, erstmals 1494 in Florenz gedruckt, die für die in der
Renaissance einsetzende Rezeption der *Griechischen Anthologie*
die entscheidende Fassung ist. Die neueren Textausgaben basie-
ren auf den 15 Büchern der *Palatina*, wobei die in der *Planudea*
hinzugefügten 388 Epigramme als 16. Buch angegliedert werden
(D. Ebener, 1981: XXXIII).

Auffallend ist die kleine Anzahl der in der Anthologie enthaltenen Spottgedichte. Offen ist, ob dies der griechischen Realität
entspricht oder auf den persönlichen Geschmack des Sammlers
Meleagros und späterer Herausgeber zurückzuführen ist
(M. Lausberg, 1982: 380f). Herder basiert darauf seine Charak-
terisierung des griechischen Epigramms als hymnisch und
elegisch und legitimiert so seine gegen Lessing gerichtete satire-
feindliche Epigrammtheorie.

In Rom, das sich auch bald zum Zentrum der hellenistischen
Inschriften entwickelt, sind metrische Grabinschriften wahrscheinlich seit 240/230, spätestens aber seit ca. 200 v. Chr.
bekannt (M. Lausberg, 1982: 145, 443ff). Gestützt auf die griechischen Vorbilder, begründen die Römer ihre eigene Tradition.
Bis zur augusteischen Zeit ist jedoch das Epigramm nur schlecht
dokumentiert. Catull (84–54 v. Chr.) trägt relativ wenige Epigramme bei, die zumeist elegisch gefärbt sind. Erst in der zweiten Hälfte des ersten nachchristlichen Jh.s findet das lateinische
Epigramm mit dem *Corpus Priapeorum* und mit Martial (ca.
40–104) seine Blütezeit. Die Epigrammatik der Kaiserzeit ist
zumeist satirisch, humoristisch oder erotisch (G. Highet, 1970:
394).

Martial nimmt in der langen Reihe der antiken Epigrammatiker aus zwei Gründen eine besondere Position ein. Erstens
besteht sein dichterisches Werk ausschließlich aus Epigrammen,
und zweitens ist seine epigrammatische Kunst sowohl qualitativ
wie auch quantitativ ohne Vergleich. Martial ist der Altmeister
des satirischen Epigramms und hat auf die Entwicklung des
europäischen Epigramms von der Renaissance bis zur Aufklärung einen entscheidenden Einfluß ausgeübt. Demgegenüber

hält C. J. Classen (1985) fest, daß Satire und Polemik nur eine Seite von Martials Schaffen darstellen. Neben der Moralsatire des Großstadtmenschen Martial bleibt ebensoviel Raum für lyrische und elegische Töne, die der Gefühlswelt des Dichters entspringen.

Literatur zur Martialrezeption

Anthony Alphonse Giulian. *Martial and the Epigram in Spain in the Sixteenth and Seventeenth Centuries.* Philadelphia 1930. – R. Levy, 1903. – Frank Rutger Hausmann. »Die Rezeption Martials im Italien des Quattrocento.« *Acta Conventus Neo-Latini Amstelodamensis.* München 1979: 477–492. – Fred J. Nichols. »More and Martial.« *Moreana 86,* 1985: 61–70. – Paul Nixon. *Martial and the Modern Epigram.* New York 1927 [Repr. 1963]. – Thomas King Whipple. »Martial and the English Epigram from Sir Thomas Wyatt to Ben Johnson.« *Univ. of California Publications in Modern Philology* 10/4, 1925: 279–414. – Thomas King Whipple. *Martial and the Epigram in Spain in the Sixteenth and Seventeenth Centuries.* Diss. Philadelphia 1930. – O. Seel, 1969.

Nach Martials Zeit finden sich kaum mehr bedeutende Epigrammatiker (vgl. R. Keydell, 1962: 562–568; F. Munari, 1958). Zu erwähnen sind lediglich die im Mittelalter oft rezipierten, moralisierenden *Disticha Catonis* aus dem 3. Jh. n. Chr., die *Epigrammata Bobiensia* (ca. 400; M. Lausberg, 1982: 470f; G. Bernt, 1968: 49f) und die in Nordafrika entstandene *Anthologia Latina* (6. Jh.; G. Bernt, 1968: 112–115), die jedoch für die spätere Epigrammrezeption bedeutungslos sind. Die lateinische Epigrammatik wird jedoch auch durch das ganze Mittelalter hindurch gepflegt, wobei eine Tendenz zur Spruchdichtung deutlich wird (G. Bernt, 1968: 312–317).

Anthologien antiker Epigramme

Hermann Beckby (Hg.). *Anthologia Graeca.* [Griech.-dt.] 4 Bde. München 1957–1958. – Dietrich Ebener (Hg.). *Die Griechische Anthologie.* 3 Bde. Berlin, Weimar 1981. – Johannes Geffken. *Griechische Epigramme.* Heidelberg 1916 [Nachdr. Hildesheim 1976]. – Hieronymus Geist und Gerhard Pfohl (Hgg.) *Römische Grabinschriften.* München 1969 [mit ausf. Bibliographie]. – Andrew S. F. Gow und D. L. Page. *The Greek Anthology. Hellenistic Epigrams.* 2 Bde. Cambridge 1965. – Franco Munari (Hg.) *Epigrammata Bobiensia.* Roma 1955. – Denys Lionel Page.

Epigrammata Graeca. Oxford 1975. – W. R. Paton (Hg.). *Anthologia Graeca*. [griech. u. engl.] 5 Bde. London 1948–1953. – Werner Peek (Hg.). *Griechische Versinschriften*. Berlin 1955. – Werner Peek (Hg.). *Griechische Grabgedichte*. Berlin 1960. – Wolfgang Speyer (Hg.). *Epigrammata Bobiensia*. Leipzig 1963. – Hugo Stadtmüller (Hg.). *Anthologia Graeca epigrammatum Palatina cum Planudea*. 3 Bde. Leipzig 1894–1906. – Emil Staiger (Hg.). *Griechische Epigramme*. Zürich 1946. – Adolf Wilhelm (Hg.). *Griechische Epigramme*. Bonn 1980.

Literatur zum Epigramm in der Antike

B. Baldwin. »The Epigrams of Lucian.« *Phoenix* 29, 1975 : 311–335. – W. Barner, 1985. – Karl Barwick. *Martial und die zeitgenössische Rhetorik*. Berlin 1959. – Hermann Beckby. Einleitung in: ders. (Hg.). *Anthologia Graeca*. München 1957 : 1,8–99. – Günter Bernt. *Das lateinische Epigramm im Übergang von der Spätantike zum frühen Mittelalter*. München 1968. – Franz Josef Brecht. *Motiv- und Typengeschichte des griechischen Spottepigramms*. Leipzig 1930. – Walter Burnikel. *Untersuchungen zur Struktur des Witzepigrammes bei Lukillios und Martial*. Wiesbaden 1980. – Christoph W. Clairmont. *Gravestone and Epigram. Greek Memorials from the Archaic and Classical Period*. Mainz 1970. – C. Joachim Classen. »Martial.« *Gymnasium* 92, 1985 : 329–349. – Hermann Dessau. *Lateinische Epigraphik*. Leipzig 1925. – Dietrich Ebener. Einleitung in: ders. (Hg.). *Die Griechische Anthologie*. Berlin, Weimar 1981 : 1,V–LXXVIII. – Enrico Flores (Hg.). *Dall' epigramma ellenistico all' elegia romana*. Napoli 1981. – Paul Friedländer. *Epigrammata. Greek Inscriptions in Verse from the Beginnings to the Persian Wars*. Berkeley 1948. – Daniel H. Garrison. *Mild Frenzy. A Reading of the Hellenistic Love Epigram*. Wiesbaden 1978. – Johannes Geffken. »Studien zum griechischen Epigramm.« *Neue Jb. für das klass. Altertum, Geschichte und dt. Literatur und für Pädagogik* 20/39, 1917 : 88–117 [Teilabdr. in G. Pfohl, 1969 : 21–46]. – H. Häusle, 1979. – Peter Allen Hansen. *A List of Greek Verse Inscriptions down to 400 B. C. An Analytic Survey*. Kopenhagen 1975. – Oskar Hezel. *Catull und das griechische Epigramm*. Stuttgart 1932. – Gilbert Highet. »Epigram.« *Oxford Classical Dictionary*. Oxford ²1970 : 392–394. – H. Hommel, 1939. – Richard Keydell. »Epigramm.« *Reallexikon für Antike und Christentum*. Bd. 5. Stuttgart 1962 : 539–577. – Richard Keydell. »Epigramm.« *Der kleine Pauly*. Stuttgart 1967 : 308–310. – Günther Klaffenbach. *Griechische Epigraphik*. Göttingen 1957. – Carl-Maria Kaufmann. *Handbuch der altchristlichen Epigraphik*. Freiburg 1917. – Wilhelm Larfeld. *Handbuch der griechischen Epigraphik*. 3 Bde. München ³1914. – M. Lausberg, 1982 [mit ausf. Bibliographie]. – Georg Luck. »Die Dichterinnen der griechischen Anthologie.« In: G. Pfohl, 1969 : 85–109. – Walther Ludwig. »Platons Liebesepigramme.« In: G. Pfohl, 1969 : 56–84. – Ernst Meyer. *Einfüh-*

rung in die lateinische Epigraphik. Darmstadt 1973. – Franco Munari.
»Die spätlateinische Epigrammatik.« *Philologus* 102, 1958: 127–139. –
Franco Munari. »Ausonius und die griechischen Epigramme.« In:
G. Pfohl, 1969: 187–194. – Eduard Norden, et al. (Hgg.). *Einleitung in
die Altertumswissenschaft.* Bd. 1 Berlin ³1927. – Werner Peek. *Attische
Versinschriften.* Berlin 1980. – Gerhard Pfohl. *Bibliographie der griechischen Versinschriften.* Hildesheim 1964. – Gerhard Pfohl. »Die epigrammatische Poesie der Griechen. Entwurf eines Systems der Ordnung.«
Helikon 7, 1967: 272–280. – G. Pfohl, 1969. – Gerhard Pfohl (Hg.). *Die
griechische Elegie.* Darmstadt 1972. – Gerhard Pfohl. *Das Studium der
griechischen Epigraphik.* Darmstadt 1977. – Josef Pircher. *Das Lob der
Frau im vorchristlichen Grabepigramm der Griechen.* Innsbruck 1979. –
Erich von Prittwitz-Gaffron. *Das Sprichwort im griechischen Epigramm.*
Diss. München 1911. – A. E. Raubitschek et al. (Hgg.). *L' épigramme
grecque.* Vandoevres-Genève 1968. – R. Reitzenstein, 1893. – Richard
Reitzenstein. »Epigramm.« *Paulys Real-Encyclopädie der classischen
Altertumswissenschaft.* Bd. 6. Stuttgart 1907: 71–111. – Burton Jay Rozema. *Lucilius the Epigrammatist. Text and Commentary.* Diss. Univ. of
Wisconsin 1971. – O. Seel. 1969: 153–186. – Edgar Siedschlag. *Zur
Form von Martials Epigrammen.* Berlin 1977. – Z. Škreb, 1977: 5–17. –
Wolfgang Speyer. *Naucellius und sein Kreis. Studien zu den Epigrammata
Bobiensia.* München 1959. – Franz Stoessl. »Catull als Epigrammatiker.«
In: G. Pfohl, 1969: 137–152 [zuerst 1957]. – Sonya Lida Tarán. *The Art
of Variation in the Hellenistic Epigram.* Leiden 1979. – Johannes Tolkiehn. »Die inschriftliche Poesie der Römer.« *Neue Jahrbücher für das
klassische Altertum* 4, 1901: 161–184 [verk. Nachdr. in G. Pfohl, 1969:
113–136]. – Otto Weinreich. »Zur Ästhetik des Distichons.« *Neue Jahrbücher* 45, 1920: 87–88. – Otto Weinreich. *Die Distichen des Catull.*
Tübingen 1926 [Nachdr. Darmstadt 1964]. – Otto Weinreich. *Studien zu
Martial. Literarhistorische und religionsgeschichtliche Untersuchungen.*
Stuttgart 1928. – Otto Weinreich. *Epigrammstudien I. Epigramm und
Pantomimus.* Heidelberg 1948. – H. White. »Hellenistic Epigrams.«
Estudios Clasicos 26/87, 1984: 371–376. – Arthur Geoffrey Woodhead.
The Study of Greek Inscriptions. Cambridge 1959. ²1981.

2. Mittelalterliche und neulateinische Epigrammatik

Das lateinische Epigramm wird durch das gesamte Mittelalter
hindurch gepflegt, ohne daß es sich jedoch qualitativ oder quantitativ auszeichnen würde (vgl. Kap. III.1.). Das mittelalterliche
Epigramm wird nicht als satirisch betrachtet (U. Kindermann,
1978: 22 f); jedoch taucht ab dem 11.Jh. das Spottepigramm
wieder auf (W. Maaz, 1983: 103). Gattungsvorbilder fehlen

weitgehend. Martial ist zwar bekannt und wird auch kopiert, gilt jedoch als unmoralisch und fällt zudem der allgemeinen Ablehnung nicht-christlicher Dichtung im Mittelalter zum Opfer (H. C. Schnur, 1973: 557f). Dies ändert sich mit der Wiederentdeckung Martials durch Giovanni Boccaccio (ca. 1361/62; F. R. Hausmann, 1979: 478; vgl. Bibl. zur Martial-Rezeption in III.1.) und dem Erscheinen der *editio princeps* im Jahre 1471 (H. C. Schnur, 1973: 561). Durch die erneute Rezeption Martials und der Antike ganz allgemein wird das Epigramm, und ganz spezifisch das satirische Epigramm, zu einer weitverbreiteten Gattung in der Renaissance. Es entpuppt sich als ideales Vehikel für die militanten Positionen des Humanismus gegenüber der traditionellen Scholastik (H.C. Schnur, 1973 : 562). Der Humanismus eröffnet das Epigramm aber auch der religiösen Thematik.

Die Forschungslage auf dem Gebiet der neulateinischen Epigrammatik ist »geradezu trostlos«. L. Mundt führt dies auf drei Faktoren zurück (1983: 1,66–68; vgl. auch W. Maaz, 1983: 102f): Erstens nimmt die Epigrammdichtung bis zum 16.Jh. einen unübersehbaren Umfang an. Es gibt kaum Gelehrte zu dieser Zeit, die *keine* Epigramme schreiben. Nach K. O. Conrady (1962: 166) gibt es »kaum einen Lyrikband der Neulateiner, der nicht auch Epigramme enthält.« Selbst bedeutende Gelehrte wie Erasmus (1469–1536), Thomas More (1478–1535), Ulrich von Hutten (1488–1523), Euricius Cordus (1484–1535) und Conrad Celtis (1459–1508) verwenden diese Form oft (vgl. C. H. Miller, 1981). Epigramme finden sich verstreut als Gelegenheitstexte oder als Teile von größeren Textausgaben, jedoch kaum als Sammlungen. Zweitens sind sehr wenige dieser Texte editorisch erschlossen, und drittens besteht laut Mundt nach wie vor ein Vorurteil der deutschen Literaturwissenschaft der neulateinischen Dichtung gegenüber.

Die herausragende Figur der neulateinischen Epigrammatik ist zweifellos der Engländer John Owen (1560–1622). Neben Martial wird er im 17.Jh. einer der Fixpunkte der Epigrammrezeption (E. Urban, 1900; I. P. Rothberg, 1981: 83). Im Jahre 1653 erscheint sogar eine deutsche Übersetzung seiner Epigramme von Valentin Löber.

Eine nationalsprachliche Epigrammatik gibt es bis ins 16.Jh. nur ansatzweise. Problematisch ist es, die Vorbilder für die deutschsprachige Epigrammatik in nichtklassischen Quellen zu suchen. R. Petsch (1938: 128; unterstützt von R. Angress, 1971: 29) bringt das Epigramm mit der Inschrift in Verbindung, »wie sie der Bauer so gern an der Außenwand seines Hauses, an den Balken, an den Schränken und vor allem an den Eß- und Trinkgeräten anbringt.« Daß sich in Deutschland eine eigenständige Kultur der Inschrift entwickelt, ist durchaus plausibel. Allerdings gibt es keinerlei Belege dafür, daß die deutsche Inschrift, analog zur Entwicklung des griechischen Epigramms, zur deutschen Epigrammatik führt, oder daß die deutsche Epigrammatik auf diese Tradition zurückgreift. Ganz im Gegenteil gehört das Epigramm zum Kanon der Gelehrtenrepublik und darf als Gattung mit gefestigten Gattungsnormen gelten. H. C. Schnur (1973 : 561) bezeichnet die neulateinische Literatur gar als Hebamme der nationalsprachlichen. Die Entwicklung des deutschen Epigramms verläuft zweifellos nach diesem Muster. Die These von J. Nowicki (1974 : 62) und Z. Škreb (1977 : 22 f), die Rezeption des Epigramms erfülle den Zweck, vorhumanistische volkssprachliche lyrische Kurzformen zu epigrammatisieren, vermag deshalb wenig zu überzeugen.

Ebenso problematisch ist der Versuch, das Epigramm im Anschluß an die einheimische Tradition und spezifisch an die mittelalterliche Spruchdichtung zu sehen (vgl. W. Dietze, 1972 : 265–276; J. Weisz, 1979 : 151–153). W. Preisendanz (1952 : 29 ff) stiftet weitere Verwirrung, indem er konsequent die barocke Epigrammatik »Spruchdichtung« nennt. Der Spruch ist eine Gattung, die der mündlichen Tradition entspringt; sie ist nach W. Spiewok »mündlich tradierte und gepflegte Volkspoesie« (1965 : 212). Das Epigramm andererseits ist eine eminent schriftliche Gattung. Nur schon aus dieser Grundkonstellation heraus ergeben sich wenige Berührungspunkte.

R. Angress' Hinweis, daß sich bei Logau ebensoviel Folkloristisches wie bei Freidank findet (1971 : 29 f), kann keineswegs als hinreichender Beweis gelten, zumal die an der Antike orientierten Epigramme bei Logau eine überwältigende Mehrheit ausmachen. Obwohl eine gewisse Beeinflussung des Epigramms in Renaissance und Barock durch die mittelalterliche Spruchdichtung und andere einheimische literarische Formen (z.B. Priamel) vor allem im stofflichen, syntaktischen und stilistischen Bereich nicht ganz von der Hand zu weisen ist, kann daraus keineswegs eine direkte Entwicklungslinie konstruiert werden, zumal keiner dieser Faktoren für die Gattung Epigramm konstituiv ist.

R. Angress' Versuch, das barocke Epigramm an das Sprichwort anzuschließen (1971 : 30 ff), ist ebenso wenig überzeugend. Als Beweis vergleicht sie ein Sprichwort aus der Sprichwort-

sammlung von Johann Agricola und ein Epigramm von Logau
(3,1,11):

> Wer will haben ein reynes hauss,
> Der lass Pfaffen, Münch und tauben drauss.

> Stinckend Kees und Warheit
> Liegt bey Höfen abseit.

Gemeinsam ist beiden eine satirische Qualität und die Technik
des Vergleichs von ungleichen Kategorien, um die Satire zu
produzieren. Verschieden ist allerdings die Wirkungsabsicht:
während das Sprichwort mittels der Satire eine spezifische
Handlungsweise empfiehlt bzw. von ihr abrät, sich im Bereich
des noch nicht Geschehenen bewegt und sich somit nicht auf
einen konkreten Gegenstand bezieht, stellt das Epigramm einen
real existierenden Zustand dar und kritisiert ihn. Gegenstand ist
die Wahrheit bzw. deren Behandlung am Fürstenhof. Angress
unterschlägt zudem einen wesentlichen Teil von Logaus Epigramm: den Titel. Dieser Titel, *Warheit*, bezeichnet das Objekt
der Satire, während die Satire im Sprichwort die Verhaltensmodifikation als Ziel anführt. Dieses (und jedes) Sprichwort weicht
somit durch zwei Qualitäten vom Epigramm ab: durch Titel-
losigkeit und durch das Fehlen eines konkreten Gegenstandes.
Auch hier ist anzumerken: eine thematische Beeinflussung und
Befruchtung des Barockepigramms durch das Sprichwort hat
stattgefunden – einige Poetiken verweisen explizit auf diesen
Zusammenhang. Das belegt aber keineswegs, daß sich das Epigramm aus dem Sprichwort entwickelt hätte, sondern schließt
dies vielmehr aus, denn sonst wäre ja eine Fusion der beiden
Gattungen in eine einzige unausweichlich gewesen.

Wir erkennen verschiedene Quellen für das Humanistenepi-
gramm: die Martial-Rezeption (vgl. Kap. III.1.), die Rezeption
der griechischen Anthologie (vgl. E. Beutler, 1909; W. Dietze,
1972: 258f; J. Weisz, 1979: 142–144), deren Bedeutung jedoch
(entgegen R. Angress, 1971) für die Barockzeit viel geringer ist,
und die Topik. Florilegien und Spruchsammlungen wie das *Florilegium Politicum* von Christoph Lehmann (1630) dienen als
Quellen für Stoffe und (pointierte) Formulierungen, wie von
Daniel Georg Morhof in *Unterricht von der teutschen Sprache
und Poesie* (1682; Neudr. 1969: 358–361) erläutert (vgl. Kap.
II.2.). Sie erfüllen also ihre Funktion im Rahmen der Topik.
Sprichwörter und Redensarten, die im eigentlichen Sinne keine
Gattungen, sondern rhetorische Figuren sind, werden in Flori-
legien gesammelt und als Material für Epigramme, aber auch

andere poetische Gattungen aufbereitet. H. C. Schnur weist solche Rezeptionsreihen an einigen Beispielen nach (1973: 558ff, 569ff).

Literatur

R. Angress, 1971. – Uwe Baumann. *Die Antike in den Epigrammen und Briefen Sir Thomas Mores.* Paderborn 1984. – Jürgen Beckmann. »Bernhard Nicaeus Ancumanus. Zu seinen Übertragungen der Epigramme von John Owen.« *Niederdeutsches Jahrbuch* 108, 1985: 68–86. – E. Beutler, 1909. – Leicester Bradner. »The Neo-Latin Epigram in Italy in the Fifteenth Century.« *Medievalia et humanistica* 8, 1954: 62–70 [dt. in G. Pfohl, 1969: 197–211]. – Jacob Burckhardt. »Die neulateinische Poesie. Das Epigramm.« In: G. Pfohl, 1969: 212–214 [zuerst 1926]. – Karl Otto Conrady. »Die Erforschung der neulateinischen Literatur. Probleme und Aufgaben.« *Euphorion* 49, 1955: 413–445. – K. O. Conrady, 1962. – Bernhard Coppel. »Philomela in Bologna und Wittenberg. Die Nachtigall als Topos, Epigrammstoff und Vogelmaske in der propagandistischen Reformationsdichtung.« In: Richard J. Schoeck (Hg.). *Acta Conventus Neo-Latini Bononiensis. Proceedings of the Fourth International Congress of Neo-Latin Studies.* Binghampton 1985: 420–429. – John J. Enck. »John Owen's Epigrammata.« *Harvard Library Bulletin* 3, 1949: 431–434. – Damian Grace. »Thomas More's ›Epigrammata‹. Political Theory in a Poetic Idiom.« *Parergon* 3, 1985: 115–129. – Gustav Gröber. *Übersicht über die lateinische Litteratur von der Mitte des VI. Jahrhunderts bis zur Mitte des XIV. Jahrhunderts.* München 1963 [zuerst 1902]. – Karl Hartfelder (Hg.). *Die fünf Bücher Epigramme von Konrad Celtes.* Berlin 1881 [Repr. Hildesheim 1963]. – Frank Rutger Hausmann. »Untersuchungen zum neulateinischen Epigramm Italiens im Quatrocento.« *Humanistica Lovaniensia* 21, 1972: 1–35. – Frank Rutger Hausmann. »Die Rezeption Martials im Italien des Quattrocento.« *Acta Conventus Neo-Latini Amstelodamensis.* München 1979: 477–492. – Christoph Huber. *Wort sind der dinge zeichen. Untersuchung zum Sprachdenken der mittelhochdeutschen Spruchdichtung bis Frauenlob.* München 1977. – Jozef Ijsewijn. *Companion to Neo-Latin Studies.* Amsterdam 1977. – Raimund Kemper. *Die Redaktion der ›Epigramme‹ des Celtis.* Kronberg/Ts. 1975. – U. Kindermann, 1978. – Rudolf Michael Kloos. *Einführung in die Epigraphik des Mittelalters und der frühen Neuzeit.* Darmstadt 1980. – Albert Leitzmann. *Studien zu Freidanks Bescheidenheit.* Berlin 1950. – W. Maaz, 1983. – Clarence H. Miller. »The Epigrams of Erasmus and More. A Literary Diptych.« *Erasmus of Rotterdam Society, Yearbook* 1, 1981: 8–29. – Thomas More. *Werke.* Hg. Uwe Baumann. Bd. 2. München 1983. – Thomas Morus. *Epigramme.* Hg. Dietrich Lederer. Berlin 1985. – Hugo Moser (Hg.). *Mittelhochdeutsche Spruchdichtung.* Darmstadt 1972. – Lothar Mundt. *Lemnius und Luther.*

Studien und Texte zur Geschichte und Nachwirkung ihres Konflikts (1538/ 39). 2 Bde. Bern, Frankfurt, New York 1983. – Friedrich Neumann. »Meister Freidank.« In: H. Moser, 1972: 306–324 [zuerst 1963]. – J. Nowicki, 1974. – Kathleen Perry. »Blind Saturn. The Astrological Epigrams as Records of More's Cultural Conservatism.« *Moreana* 86, 1985: 44–60. – Robert Petsch. *Spruchdichtung des Volkes*. Halle 1938. – Gerhard Peukes. *Untersuchungen zum Sprichwort im Deutschen. Semantik, Syntax, Typen*. Berlin 1977. – Irving P. Rothberg. »Covarrubias, Gracián, and the Greek Anthology.« *Studies in Philology* 53, 1956: 540–552 [dt. in G. Pfohl, 1969: 217–232]. – Irving P. Rothberg. »Neoclassical Wit and Gracian's Theory of ›Agudeza‹: John Owen's ›Epigrammatum‹ in Spanish Translation.« *Romanische Forschungen* 93, 1981: 82–102. – Kurt Ruh. »Mittelhochdeutsche Spruchdichtung als gattungsgeschichtliches Phänomen.« In: H. Moser (Hg.). 1972: 205–226 [zuerst 1968]. – H. C. Schnur, 1973: 557–576. – Harry C. Schnur und Rainer Kößling (Hgg.). *Galle und Honig. Humanistenepigramme*. Leipzig 1982. – Z. Škreb, 1977: 17–26. – Wolfgang Spiewok. »Freidank.« *Weimarer Beiträge*, 1965: 212–242. – E. Urban, 1900. – Hans Vogel. *Euricius Cordus in seinen Epigrammen*. Diss. Greifswald 1932. – Franz Wachinger. »Anmerkungen zu den Epigrammen des Simon Lemnius.« *Humanistica Lovaniensia* 34B, 1985: 114–132. – J. Weisz, 1979.

3. Renaissance und Barock

Die nationalsprachliche Bewegung des Humanismus macht auch vor dem Epigramm keinen Halt. Als erste nicht-lateinische Epigrammsammlung werden allgemein die *Épigrammes* (1538) von Clément Marot (1496–1544) angesehen, dessen Epigramme von der neulateinischen Epigrammatik, von Martial, aber auch vom italienischen Strambotto angeregt sind (F. Fuchs, 1969: 238–248; J. Hutton, 1935: 58f; 1946: 301) und u. a. auch den ersten deutschsprachigen Epigrammatiker, Ambrosius Lobwasser, beeinflussen. Noch vor 1546 veröffentlicht Luigi Alamanni seine italienischen Epigramme (J. Hutton, 1935: 58f). Deutsche Epigramme aus dieser Zeit, zumeist Übersetzungen (vgl. M. Rubensohn, 1897), sind u. a. bekannt von Wolfgang Hunger (1511–1555) und Konrad Rittershausen (1560–1613).

Ambrosius Lobwasser (1515–1585) ist einer der kaum beachteten Autoren. Seine *Deutsche Epigrammata* (1611), die erste deutschsprachige Sammlung dieser Art (J. Weisz, 1979: 63f; R. Angress, 1971: 58–66; E. Trunz, 1932), erschienen erst lange nach seinem Tod und sind heute nur gerade in der Anthologie von G. Neumann greifbar (1969: 3–6).

Wie sehr nationalsprachliches und neulateinisches Epigramm im 16.Jh. koexistieren, zeigt die Tatsache, daß 1571 Nicodemus Frischlin die Hymnen und Epigramme von Kallimachos nicht etwa ins Deutsche, sondern ins Lateinische übersetzt. Und noch im 17.Jh. schreiben die meisten deutschen Dichter auch lateinische Epigramme. Freilich ist dieses Gebiet noch völlig unerforscht.

Die maßgebende Studie zum deutschen Barockepigramm von J. Weisz (1979) wertet nicht weniger als 139 Sammlungen von 80 Barockdichtern aus, wobei kaum die Spitze des ›barokken Eisbergs‹ (G. Dünnhaupt) sichtbar wird. In ganz Europa erreicht das Epigramm im 17.Jh. eine unerreichte Popularität. So gründet Ludwig XIV. eine der Pflege des Epigramms vorbehaltene *Académie des inscriptions et belles lettres* (I. Behrens, 1940: 140; J. Nowicki, 1974: 75).

Was wir schon für das neulateinische Epigramm der Renaissance festgehalten haben, gilt auch für das deutsche Epigramm des 17. und frühen 18.Jh.s: es gibt kaum einen Dichter oder Gelehrten, der keine Epigramme geschrieben hätte, zumal das Abfassen von Epigrammen als Teil des Rhetorikunterrichts Lehrgegenstand ist (W. Barner, 1970: 356f). Der weitaus größte Anteil der barocken Epigrammatik ist in Werkausgaben und Gelegenheitsschriften aller Art versteckt. Diese unbefriedigende Texterschließung führt auch zu einer einseitigen Darstellung der Epigrammatik in der Forschung.

Am häufigsten ist das Vorurteil, daß das barocke Epigramm primär humoristisch, satirisch und aggressiv sei, also ein ›Stachelgedicht‹ (z.B. A. Lindqvist, 1969: 297). J. Weisz weist demgegenüber in ihrer genauen statistischen Evaluation zu allen der 139 untersuchten Epigrammsammlungen nach, daß im 17.Jh. nicht das satirische, sondern das gnomische Epigramm, das ebenfalls pointiert sein kann, quantitativ dominiert (1979: 295–303). Dieses Fehlurteil dürfte darauf zurückzuführen sein, daß die barocke Theorie selbst das satirische Epigramm in den Vordergrund stellt, daß die Rezeptionspräferenzen des modernen Lesers (und Kritikers) eher beim satirischen als beim didaktischen Epigramm liegen, und daß letztlich Urteile aufgrund einer viel zu schmalen Materialbasis, vorab aufgrund nachgedruckter Quellen abgegeben werden.

Die durchaus epigrammatischen Bildkommentare zu Sebastian Brants *Narrenschiff* (1494) und die *subscriptio* (Epigrammtext) des sich im 16.Jh. etablierenden Emblems werden kaum im Kontext der Epigrammatik diskutiert (vgl. Kap. I. 2.). Eine Ausnahme bildet der Aufsatz von W. Harms (1973) zur emblematischen *subscriptio* Gabriel Rollenhagens (1583–1621?).

Vielsagend ist die große Anzahl der für den Epigrammbegriff in der Barockzeit verwendeten Synonyme: Aufschriften, Beyschriften, Denksprüche, Gebändlinge, Grabschriften, Rätzel, Schertzreden, Schlußreime, Sinngedichte, Sprichwörter, Stachelreime und Überschriften (vgl. J. Weisz, 1979: 26). Ganz deckungsgleich sind diese Begriffe allerdings nicht, sondern sie drücken immer auch eine spezifische Gattungsvorstellung aus.

Die Bezeichnungen ›Aufschrift‹ und ›Grabschrift‹ beziehen sich auf den Ursprung der Gattung. ›Beyschrift‹ und ›Überschrift‹ stellen den Bezug zu einem Gegenstand, das Angeheftetsein in den Vordergrund. ›Schertzrede‹ und ›Stachelreim‹ verraten eine Neigung zur Satire, während ›Denkspruch‹ und ›Sinngedicht‹ auf die Didaxe abzielen. ›Denkspruch‹ und ›Sprichwort‹ deuten zudem eine Affinität zu Spruch und Sprichwort an. Birkens Begriffsschöpfung ›Gebändling‹ hat die gebundene Form im Auge: er ist die kleinste aller Gedichtformen (*Teutsche Rede- bind- und Dichtkunst*, 1679: 101).

Die Orientierung auf den Schluß hin rückt ins Zentrum der Betrachtung bei der Bezeichnung ›Schluß Reime‹, welche Czepko und später Scheffler für ihre geistlichen Monodisticha verwenden. Hier wird die Tendenz des Epigramms, sich selber möglichst rasch zu Ende zu bringen, besonders deutlich sichtbar. Im allerersten und allerletzten Epigramm seiner *Monodisticha* thematisiert Czepko dieses Problem sogar ausdrücklich.

Das ›Rätzel‹ schließlich ist eine Sonderform des Gleichnisses, ein dunkles Gleichnis, welches sowohl im geistlichen (s.u.) als auch im weltlichen Bereich Anwendung findet (2,8,91):

Ein Rätzel und seine Lösung.

Die Mutter frist das Kind;
Daß dieser Stamm vergeh/
Frist ihn die Erd und Wind:
Es regnet in den Schnee.

Das Rätsel kann als pointiertes Wort- und Buchstabenspiel eine satirische, aber auch eine gnomische Funktion erfüllen, wie die Beispiele von Weckherlin (1648: Nr. 36) und Logau (1,7,13) zeigen:

An meinen Freind H: Haacken.

FReind, fragest du wan dises R
Nicht stehet für mein wolgefallen,
Was doch der rechte nam dan wär?
Ich weiß nicht, Er ist mir entfallen.

Rebe/ durch Versetzung/ Bere/ Eber/ Erbe.

Ob gleich die Rebe trägt dem Eber Haß
Macht dannoch gleichwol ihrer Bere naß/
Daß mancher Mensch deß Ebers Namen erbe/
Toll und voll lebe/ Säuisch endlich sterbe.

Ab der zweiten Jahrhunderthälfte ist das Wortspiel nicht mehr unumstritten (vgl. Kap. II.2.), denn es verstößt gegen den sich etablierenden Grundsatz der deutlichen Kürze und schöpft die poetische Gestalt nicht aus den Quellen der *res*, sondern aus den *verba*. Gerade die frühaufklärerischen Theoretiker lehnen jegliche Spekulation über einen Sinnzusammenhang zwischen Zeichen und Bezeichnetem ab und bestehen auf dem willkürlichen Charakter des sprachlichen Zeichens. Logau erkennt den Zusammenhang (1,7,18):

Mit Worten spielen.

Ist es gut mit Worten spielen?
Schad und Nutz kan nicht vervielen;
Wer gewinnt/ der wird betrogen/
Wer verleuret/ hat gelogen.

Keineswegs außergewöhnlich ist die Gesprächssituation zwischen dem Ich und dem Leser, welche einen höheren Grad von Unmittelbarkeit herstellt. Der Leser wird gerade in seiner Eigenschaft als Leser, d.h. als Rezipient im Kommunikationsprozeß, angesprochen, der durch die Lektüre dem Text erst zu seiner Wirkung verhilft und den Rezeptionskreislauf schließt. Diese Problematik wird in vielen Epigrammen thematisiert, so bei Logau (1,1,73; 2,Z,3):

An die Leser.

Dieses Buch/ soll Monde seyn;
Leser aber/ seine Sonnen/
So/ daß durch der Sonnen Schein
Auch der Monde sei entbrunnen.

An die Leser.

Leser/ wie gefall ich dir?
Leser/ wie gefellst du mir?

Gerade die ironische Darstellung im koketteren und selbstbewußteren Epigramm stellt unter Beweis, welch dominantes Thema die Beziehung zum Leser für die barocke Epigrammatik ist. Das primäre Interesse gilt jedoch nicht der Rezeptionsästhetik, sondern der Wirkungsästhetik, einer der zentralen Überlegungen der Barockpoetik (G. C. Rimbach, 1970: 102 ff; P. Hess, 1984: 302 ff): Denk- und Handlungsweisen sollen verändert und Verhaltensmodifikation herbeigeführt werden.

Überlegungen zum Rezeptionsprozeß sind nur ein Beispiel für die Vorliebe des Epigramms, sich selbst zu thematisieren. Die anderen Hauptpunkte der barocken Epigrammtheorie kommen ebenfalls häufig zur Sprache. J. Weisz (1979: 99) konstatiert ein »Konformgehen von Epigrammtheorie und immanenter Poetik«, einen erstaunlich hohen Grad von Übereinstimmung von Theorie und Praxis, was für die Vitalität und Elastizität der Gattung Epigramm in der Barockzeit Zeugnis ablegt.

Es ist unmöglich, an dieser Stelle die gesamte Fülle der barokken Epigrammatik zu sichten. Die Barockepigrammatik soll deshalb anhand einiger weniger Autoren diskutiert werden. Auch hier zeigt es sich, daß nur die allerwichtigsten Epigrammsammlungen in der Forschung Beachtung finden.

Martin Opitz und Georg Rudolf Weckherlin

Mit Martin Opitz (1597–1639) beginnt sich das deutsche Epigramm vom lateinischen Vorbild zu lösen. Zwar sind die in *Teutsche Poemata* (1624), *Acht Bücher Deutscher Poematum* (1625) und *Florilegii Variorum Epigrammatum* (1639) enthaltenen Epigramme weitgehend noch Übersetzungen, aber sie zeichnen sich durch eine eigenständige sprachliche und stilistische Gestaltung aus, die sich auf die weitere Entwicklung der deutschen Epigrammatik entscheidend auswirkt. Das achte Buch der Sammlung von 1625 enthält 166 Epigramme, deren Vorlagen G. Schulz-Behrend zumeist in seiner kritischen Werkausgabe nachweist (1979: II,2,721–748). Bei der Sammlung von 1639 ist jeweils der ursprüngliche lateinische Text mitabgedruckt. Freilich ist hier anzumerken (entgegen A. Fritzmann, 1984: 62 ff; R. Angress, 1971: 80 f; A. Lindqvist, 1969: 303), daß

Originalität für die Barockzeit kein wesentliches Kriterium ist, und daß seine poetischen Werke weitgehend als Muster für das im *Buch von der Deutschen Poeterey* ausgesprochene Programm anzusehen sind.

Im Gegensatz zu Opitz ist bei Georg Rudolf Weckherlin (1584–1653) eine Tendenz zur Pointierung nicht zu verkennen, wenn auch nach J. Weisz' statistischen Untersuchungen noch nicht einmal die Hälfte als satirisch bezeichnet werden kann. Auch wenn Opitz' Epigramme urbaner und gelehrter sind, kann entgegen I. Laurien (1981 : 325) keineswegs davon ausgegangen werden, daß bei Weckherlin »noch fast unangefochten die derbere Sprache des 16. Jh.s« herrscht. Freilich ist seine Sprache im Epigramm witziger und auch volkstümlicher als in den anderen, höfisch ausgerichteten Schriften. Vielmehr unterscheiden sich die Themenbereiche : bei Opitz, nicht zuletzt durch die lateinischen Vorlagen bedingt, dominiert Literarisches und Mythologisches, während Weckherlin seine moralischen, erotischen und satirischen Epigramme eher aus der realen bürgerlichen Umwelt bezieht. Die erweiterte Ausgabe von Weckherlins *Gaistliche und Weltliche Gedichte* (1648) enthält 130 Epigramme (Hg. H. Fischer, Tübingen 1894 : 1,440–456; 1895 : 2,404–449), wobei dies vermutlich nur eine Auswahl darstellt (I. Laurien, 1981 : 324).

Friedrich von Logau

Während für die meisten Barockdichter das Epigramm nur eine von vielen gepflegten poetischen Gattungen ist, dominiert es im Schaffen von Friedrich von Logau, Johann Grob und Christian Wernicke. Von Friedrich von Logau sind sogar – abgesehen von einigen wenigen Gelegenheitsarbeiten – ausschließlich Epigramme überliefert, worauf Logau selbst auch stolz hinweist (3,Z,254). Allerdings deutet er auch an, daß seine Jugenddichtungen im Krieg verlorengegangen seien (2,2,50).

Zu Logaus Lebzeiten (1604–1655) sind nur zwei Ausgaben erschienen : eine erste, lediglich 200 Epigramme umfassende Sammlung (1638), und die bedeutende Sammlung *Salomons von Golaw Deutscher Sinn-Getichte Drey Tausend* (1654; Repr. 1972). Erst 1702 erscheint unter dem Titel *S. v. G. Auferweckte Gedichte* eine neue Auswahlausgabe, wobei die einzelnen Epigramme (möglicherweise vom Verleger selbst) einer wenig gewinnbringenden, tiefgreifenden Bearbeitung unterzogen werden. Obwohl schon Johann Gottlieb Meister (1698: 35f) das anagrammatische Pseudonym entschlüsselt, wird weiterhin S. v. G[olaw] als Autor bezeichnet. Im Zusammenhang mit seiner eigenen epigrammatischen Tätigkeit stößt Lessing auf Logau, und in seiner zusammen mit Karl Wilhelm Ramler herausgegebenen, 1759 erschienenen Teilausgabe von 1284 Epigrammen macht er eine breitere Öffentlichkeit wieder mit Logau bekannt (vgl. W. Heuschkel, 1901; LM 8,77–79, 111–121).

G. Eitner weist überzeugend nach, daß Logaus Sammlung nach der Chronologie ihrer Entstehung angeordnet ist (1872: 741f). Daraus schließt er auf den autobiographischen Charakter von Logaus Epigrammen und versucht, Logaus Charakter aus dessen Epigrammen zu eruieren (1872: 719–731). Obwohl Logaus Sammlung tagebuchartige Züge trägt, ist deren biographische Verläßlichkeit keineswegs gewährleistet (A. Elschenbroich, 1984: 212; P. Hess, 1984: 313–317). Deutlich werden jedoch konservative Wert- und Moralvorstellungen. Die wohl als Bescheidenheitsformeln gedachten, auf seine Lebenswirklichkeit anspielenden Hinweise, daß er nur Dichter im Nebenberuf sei und seine Gedichte »Nacht-Gedancken« (3,8,59) und »Töchter freyer eile« (3,10,18), verleitet W. Brinkmann (1974: 507) zum vorschnellen Urteil, es handle sich bei Logaus Epigrammatik um »Stegreifkunst«. Gegen die autobiographische These spricht auch, daß die Forschung bislang für etwa 1600 der 3560 Epigramme literarische Vorbilder bei Martial, John Owen, Euricius Cordus, anderen neulateinischen Autoren, Sprichwortsammlungen und Florilegien identifiziert hat (A. Fritzmann, 1984: 62–98; H. C. Schnur, 1973: 563ff; vgl. Zusammenstellung bei H. Denker, 1889: 2f).

Die Vorherrschaft des Alexandriners wird von Logau durchbrochen. Neben kürzeren Versmaßen finden sich auch längere, so z.B. trochäische Achtheber.

Die formale Experimentierfreudigkeit im geistlichen Epigramm führt bei Logau, im Gegensatz zu Czepko und Scheffler, nicht zur Mystik, aber auch nicht zur dogmatisch-konfessionellen Polemik. Vielmehr formuliert sich bei Logau, nicht zuletzt unter dem Eindruck des Dreißigjährigen Krieges, der Wunsch nach einem religiösen Ausgleich (2,1,100):

Glauben.

Luthrisch/ Päbstisch und Calvinisch/ diese Glauben alle drey
Sind verhanden, doch ist Zweiffel/ wo das Christenthum dann sey.

In vernunftbetonter Argumentation werden Verschiedenheit und Alleinanspruch der Konfessionen auf den richtigen Glauben negiert und im Sinne der Irenik die Gemeinsamkeiten, so die Omnipräsenz des Schöpfer- und Erlösergottes, hervorgehoben.

Gegen 200 Epigramme befassen sich mit dem Krieg und dessen Auswirkungen. Politische Probleme kommen nicht zur Sprache, Partei wird keine genommen, wenn man von der Verurteilung der rücksichtslosen expansionistischen Politik Schwedens absieht. Alleine die Schrecken des Krieges, die sinnlose Zerstörung, die Raubzüge der Soldaten werden beklagt. Sarkastisch läßt Logau Mars sich selbst verteidigen, der aufgrund seiner angeblichen Unschuld keines Advokaten bedarf (1,5,15, V. 11–20):

Der verfochtene Krieg.

Haus/ Hof/ Scheun und Schopff geleeret/
Ist ein Stücke Brot begehret:
Stat/ Land/ Mensch und Vieh vernichtet/
Ist/ deß Herren Dienst verrichtet:
Huren/ sauffen/ spielen/ fluchen/
Ist/ dem Mut Erfrischung suchen:
Mehr kein Mensch seyn an Geberden/
Ist ein braver Kerle werden:
Letzlich dann zum Teuffel fahren/
Ist/ den Engeln Müh ersparen.

Der Krieg pervertiert sämtliche Wertnormen. Alleine durch Ironie, ja Sarkasmus kann Abstand vom Unabwendbaren bewahrt, Abstumpfung bekämpft, die sittliche Selbstbehauptung erhalten werden (vgl. 1,4,49; A. Elschenbroich, 1984: 214f). Trotz der Ernsthaftigkeit der Thematik fehlt die Schlußpointe nicht; ja auf ihr beruht ein wesentlicher Teil der Wirkung.

Doch auch der Friedensschluß ist kein Grund zum Optimismus (1,9,100):

Der Friede.

Wie haben Friede nun/ was trug der Krieg uns ein?
Durch Krieg/ was ohne Krieg/ sind wir/ wir solten seyn.

Die Menschheit ist lediglich an einem Punkt angelangt, wo sie ohne Krieg schon längst hätte sein können. Lange kann der Zustand des Friedens freilich nicht andauern, denn »Welt wird immer bleiben Welt/ ist deß bösen so gewohnt« (2,2,70, V. 63).

Die Hofkritik ist ein weiterer für Logau typischer thematischer Komplex. Interessanterweise scheint dies seiner eigenen Karriere am Hof des Herzogs von Brieg nicht geschadet zu haben, denn am provinziellen Brieger Hof dürfte sich niemand betroffen gefühlt haben. Einerseits hält Logau die Hofkritik in allgemeinem Rahmen, ohne Namen oder spezifische Höfe zu nennen, und andererseits weist der patriarchal geführte Brieger Hof noch wenige absolutistische Auswüchse auf, die besonders Ziel der Kritik sind (A. Elschenbroich, 1984: 217f; E. -P. Wiekkenberg, 1981).

Die in der gesamten Barockzeit beliebte Typensatire verbleibt, einen seit der Antike gültigen Grundsatz befolgend, ohne Namensnennung der Gegeißelten (vgl. Kap. II.2.). Namen wie Mylius und Bassus sind durchaus fiktiv und beziehen sich auf einen Typus. Oft wird, schon von der Antike her, ein spezifischer Name mit einem gewissen Laster oder einer Charakterschwäche assoziiert (vgl. Teilliste bei E. -P. Wieckenberg, 1984: 271f). A. Fritzmann (1984: 99–104) erfaßt die einzelnen Themenkreise des satirischen Epigramms statistisch.

Auch bei Logau ist das gnomische Epigramm mit Abstand der häufigste Typ (J. Weisz, 1979: 300), eine Tatsache, welcher schon der Titel von A. Fritzmanns Studie (1984) nicht Rechnung trägt. Der Übergang von der Typensatire zum gnomischen Epigramm ist fließend, wobei auch das gnomische Epigramm durchaus pointiert ist. Die Pointe erzeugt nicht notwendigerweise einen satirischen oder ironischen Effekt (3,ZD,7):

Demuth.

Ein hoher starcker Baum muß von dem Winde liegen:
Ein niederträchtig Strauch/ der bleibet stehn durch biegen.

Die Emanzipation der deutschen Dichtersprache und die Bekämpfung des fremdsprachigen Einflusses nehmen in den Werken der ersten Jahrhunderthälfte einen breiten Raum ein, und Logau bildet hier keine Ausnahme (P. Hess, 1984: 309–312). Beträchtlich ist auch die Anzahl der Epigramme, die sich mit sich selbst, mit dem Dichter und mit dem Leser beschäftigen (W. Brinkmann, 1974; P. Hess, 1984).

Wie schon Lessing festhält, sind Logaus Epigramme von sehr unterschiedlicher Qualität. Neben viel Durchschnittlichem erlebt Logau auch geniale Momente, welche nach W. Preisendanz (1952: 40) »die höchste Möglichkeit eleganter Spitzfindigkeit« erreichen. 200 Jahre später sollte Gottfried Keller dieses Epigramm zum Motto und Leitmotiv seines Novellenzyklus *Das Sinngedicht* machen (3,10,8):

Frage.

Wie wilstu weisse Lilien/ zu rothen Rosen machen?
Küß eine weisse Galathe, sie wird errothet lachen.

Literatur zu Logau

Josef Baumeister. *Der Gedankeninhalt der Epigramme Logaus.* Diss. Erlangen 1922. – W. Brinkmann, 1974. – Heinrich Denker. *Ein Beitrag zur litterarischen Würdigung Friedrichs von Logau.* Hildesheim 1889. – Gustav Eitner (Hg.). *Friedrichs von Logaus sämmtliche Sinngedichte.* Tübingen 1872. – Adalbert Elschenbroich. »Friedrich von Logau.« In: Harald Steinhagen und B. von Wiese (Hgg.). *Deutsche Dichter des 17. Jahrhunderts. Ihr Leben und Werk.* Berlin 1984: 208–226. – Anna Hilda Fritzmann. *Friedrich von Logau – The Satirist.* Bern, Frankfurt 1983. – Paul Hempel. *Die Kunst Friedrichs von Logau.* Berlin 1917 [Repr. New York 1967]. – P. Hess, 1984. – Walter Heuschkel. *Untersuchungen über Ramlers und Lessings Bearbeitungen von Sinngedichten Logaus.* Jena 1901. – Helmuth Kiesel. ›*Bei Hof, bei Höll‹. Untersuchungen zur literarischen Hofkritik von Sebastian Brant bis Friedrich Schiller.* Tübingen 1979: 171 ff. – Josef Kurz. *Die Epigrammatik im 17. Jahrhundert am Beispiel der Sinngedichte Friedrich von Logaus. Zulassungsarbeit für die Wiss. Prüfung im Fach Germanistik.* Stuttgart 1981 [masch.]. – Ivar Larsson. *Grundzüge der Sprache Logaus.* Uppsala 1904. – Friedrich von Logau. *Sinngedichte.* Hg. Ernst-Peter Wieckenberg. Stuttgart 1984. – Wilhelm Metzger. *Logaus Sprache. Versuch einer systematischen Darstellung des Laut- und Formenstandes in Logaus Sinngedichten.* Diss. München 1904. – Sidney H. Moore. »A Neglected Poet: Friedrich von Logau.« *German Life and Letters* N. S. 3, 1949/50: 13–19. – W. Preisendanz, 1952: 39–42. – J. G. Schlosser. *F. von Logau und sein Zeitalter.* Frankfurt 1849. – Ernst-Peter Wieckenberg. »Herrscherlob und Hofkritik bei Friedrich von Logau.« In: *Europäische Hofkultur im 16. und 17. Jahrhundert.* Hamburg 1981: 2,67–74. – Ernst-Peter Wieckenberg. »Logau – Moralist und Satiriker.« In: Volker Meid (Hg.). *Gedichte und Interpretationen. Bd. 1: Renaissance und Barock.* Stuttgart 1982: 257–266. – Ernst-Peter Wieckenberg. Anhang zu F. v. Logau. *Sinngedichte.* Stuttgart 1984: 217–311.

Johannes Grob

Zwei Gedichtsammlungen des Schweizer Epigrammatikers Johannes Grob (1643–1697) mit insgesamt 542 deutschen und 175 lateinischen Epigrammen sind erschienen: *Dichterische Versuchgabe* (1678) und *Poetisches Spazierwäldlein* (1700). Thematisch und stilistisch sind sie durchaus mit Logau vergleichbar, auch in qualitativer Hinsicht. Didaxe und Satire sind die dominierenden Bereiche. Allerdings bewegt sich Grob nicht in einer höfischen, sondern rein bürgerlichen Welt, was sich in einer alltäglichen Thematik und einer Tendenz zur direkteren Aussage ausdrückt.

Die Wissenschaft scheint Grobs Epigramm 2,132 (1678) allzusehr beim Wort genommen zu haben:

An den Leser.

VErwundre dich ja nicht, daß was ich hier geschrieben,
Nicht zart ist, sondern hart, und gleichsam ungerieben,
Des namen eigenschaft liegt meinem dichten ob,
Es bleibet wol darbei, ich heiß' und schreibe grob.

A. Lindqvist (1929) stellt Grob als einen ländlichen, relativ ungebildeten Dichter dar, der in Übereinstimmung mit der (freilich als Topos der Bescheidenheit gemeinten) Aussage Grobs genauso dichtet wie er heißt. Schon Christian Friedrich Daniel Schubart streicht in einem Epigramm über Grob dessen negative Eigenschaften heraus (G. Neumann, 1969: 142). Den einzigen Vorzug, den Lindqvist darin zu erkennen vermag, ist die natürliche Sprache Grobs, die nicht, wie bei weltgewandteren Schriftstellern wie Logau, mit Latinismen durchzogen ist (1929: 88f).

Dieses Bild ist das in der Forschung noch immer vorherrschende, denn seither hat Grob – abgesehen von der heimatkundlich orientierten Arbeit von A. Steiger (1944) – keine weitere wissenschaftliche Beachtung gefunden. Steiger schreibt das bei Grob stark vorhandene didaktische Element dem Schweizer Nationalcharakter, und nicht einer im 17. Jh. vorherrschenden literarischen Norm zu (1944: 7f).

Lindqvist treibt extensive ›Quellenforschung‹, um die Abhängigkeit von Vorbildern und somit geringe Originalität zu demonstrieren. Resultat ist ein Kurzschluß, denn gerade die Kenntnis vieler ›Quellen‹ deutet auf eine vielseitige Bildung hin, die sich Grob auf seiner ›Kavalierstour‹ erworben hat, und die er durch seine lateinischen Epigramme unter Beweis stellt.

Bemerkenswert ist Grobs Epigramm *An einen Deutschen Dichtgesetzgeber* (1678: 2,2), das sich nach A. Lindqvist (1929: 60) gegen Philipp von Zesen richtet:

> DU lehrest, wie man sol kunstgerechte reimen schreiben,
> Und wilt den dichtergeist in enge Schranken treiben:
> Allein ich gebe nicht so bald die Freiheit hin,
> Weil ich von muth' und blut' ein freier Schweizer bin.

Unter Berufung auf die 1648 erlangte Unabhängigkeit der Eidgenossenschaft vom Reich weist Grob die von dort stammenden Einschränkungen der dichterischen Freiheit zurück. Trotzdem engagiert sich Grob aktiv für eine deutsche Literatursprache ohne fremde Einflüsse, obwohl einige wenige Dialekteinflüsse verbleiben. Unklar bleibt, ob sich Grob spezifisch gegen Zesen wendet, oder ob er die gesamte Barockpoetik im Auge hat. Jedenfalls will sich Grob die übliche poetische Lizenz verschaffen, denn er verhält sich den allgemeinen wie epigrammspezifischen Normen gegenüber durchaus konform.

Ebenso wie bei Logau thematisiert sich das Epigramm in all seiner Normativität selbst. Viele Epigramme setzen sich mit dem Kommunikationsprozeß und dem Leser auseinander. Keineswegs ist die Beziehung zum Leser durch Bescheidenheit gekennzeichnet, sondern durch Selbstvertrauen (vgl. 1678: 2,155; 2,159).

Wie weit diese Konformität geht, belegt das Epigramm *Mißbrauch der Dichterei* (1700: 131f). Die Dichtkunst wird in Übereinstimmung mit der gängigen Theorie explizit als Domäne der Gelehrten ausgewiesen, denn eine allgemeine Bildung und Kenntnisse in literarischen Konventionen sind unabdingbare Voraussetzungen dafür. Ungebildete Volksschichten besitzen nicht einmal die zum aktiven Lesen notwendige Urteilskraft (V. 18–20):

> Das ungelehrte volk weiß nicht zu unterscheiden;
> Es wehlet blei für Gold, für perlen hasenschrot,
> Für balsam wagenschmeer, für pfeffer mäusekoht.

Dieses Zitat allein reicht aus, um obiges Zitat (2,132) als selbstironische Bescheidenheitsformel zu entlarven und die Klassifizierung Grobs als Volksschriftsteller zu revidieren. Grob ist nicht nur Gelehrter, sondern schreibt auch seine Gedichte mit dem Selbstverständnis eines Gelehrten.

Johann Grob. *Epigramme nebst einer Auswahl aus seinen übrigen Gedichten.* Hg. Axel Lindqvist. Leipzig 1929. – Johann Grob. *Epigramme.* Hg. Carl Ludwig Lang. Bern 1939. – Axel Lindqvist. Einleitung zu J. G. *Epigramme.* Leipzig 1929: 1–89. – August Steiger. »Johannes Grob, der toggenburgische Dichter und appenzellische Ehrenbürger.« *Appenzellische Jahrbücher* 71, 1944: 5–28. – Ernst Zschokke. *Der toggenburgische Epigrammatiker Johannes Grob (1643–1697).* Diss. Zürich 1888.

Christian Wernicke

Christian Wernicke (1661–1725) ist mit Logau und Grob der dritte ausschließliche Epigrammatiker des 17.Jh.s. Wie für Grob wirkt Logau auch für Wernicke als Vorbild, wobei in seinen Epigrammen, wie schon in der Theorie, die Sprach- und Dichtungsauffassung der Aufklärung wirksam werden. Bekannt ist nur eine Sammlung von Epigrammen von 1697, die 1704 unter dem Einfluß von Johann Gottlieb Meisters theoretischer Schrift *Unvorgreiffliche Gedancken von Teutschen Epigrammatibus* (1698) in bearbeiteter, erweiterter und durch Fußnoten erläuterter Fassung unter dem Titel *Poetischer Versuch/ Jn einem Helden-Gedicht Und etlichen Schäffer-Gedichten/ mehrenteils aber in Uberschrifften bestehend* neu erscheint.

Wernicke ist im Gegensatz zu Logau und Grob auch noch in der Aufklärungszeit bekannt; W. G. Howard (1908) sieht in ihm sogar einen Vermittler der Horazischen Poetik und einen Vorbereiter von Lessings kritischer Theorie. Johann Jacob Bodmer nennt ihn in seiner Wernicke-Ausgabe von 1749 den deutschen Martial (G. Dünnhaupt, 1981: 3,1930), und Friedrich von Hagedorn widmet ihm ein Epigramm, das den aufklärerischen Charakter von Wernickes Programm hervorstreicht (*Poetische Werke*, 1757: 1,85):

> *Wernicke.*
>
> Wer hat nachdenklicher den scharfen Witz erreicht,
> Und früher aufgehört durch Wortspiel' uns zu äffen?
> An Sprach' und Wohllaut ist er leicht,
> An Geist sehr schwer, zu übertreffen.

In der Anmerkung zum Epigramm *Auff Phorbas* (3,56) wendet sich Wernicke gegen die Barockpoetik. Streitpunkt ist der letzte Vers des Epigramms: »Die nichts thun als was recht, der was er thun mag thut.« Die »einfältigen Anweisungen« [= Barock-poetiken] verurteilen Verse, die aus lauter einsilbigen Wör-tern bestehen. Freilich geschieht dies, wenn man sich Wernickes Vers besieht, nicht ganz ohne Grund. Schon Wernicke miß-versteht das eigentliche Ziel der Barockpoetik: sie ver-mittelt nicht inhaltslose Regeln, sondern hilft dem Dichter, einen guten und wirksamen Text zu formulieren. Die Pointe in diesem Epigramm besteht gerade in der Normerweite-rung durch den Monosyllabismus, die ihm freilich auch die Barockpoetik in der Form der poetischen Lizenz zugestanden hätte.

Von Belang ist jedoch Wernickes Begründung für seine Normabweichung: »Diese gute Leute bilden sich ohne Zweiffel ein, dass man nur der Worte und der Reime, und nicht des Verstandes halber, Verse schmiede [...]« Wiederholt sieht sich Wernicke gezwungen, gegen die falsche Sinnlichkeit anzukämp-fen (5,1; vgl. 4,1):

Uberschriffte.

> Viel' achten keiner Uberschrifft,
> In welcher nicht der Rauch das Feuer übertrifft;
> Weil mancher keine Hitz' hier preisst,
> Wo nicht der Rauch zugleich ihm in die Augen beisst.

Das Feuer ist nicht nur Quelle der Hitze, sondern auch des Lichtes und somit des Verstandes, der sich aber als weniger wirksam erweist als der beißende, aber flüchtige und schein-hafte Rauch, den Wernicke in den Erläuterungen als »weiterge-suchte widerwärtige Sinn-Schlüsse« bezeichnet. Verstand und Vernunft sind die einzigen wesentlichen Kriterien bei der Nie-derschrift eines Epigramms; Vers, Reim und Wortwahl sind untergeordnet (4,7; vgl. Kap. II.2.).

Konsequenterweise schließt sich Wernicke der Anti-Schwulstbewegung an. Als Beispiel diskutiert Wernicke die un-sinnige Metaphernhäufung in Lohensteins Vers, welche die Schönheit zweier weiblicher Brüste widergeben soll (Hg. R. Pe-chel, 1909: 125): »Zinober krönte Milch auf ihren Zucker-Bal-len« (vgl. auch 2,26; 3,7; Anm. zu 5,55; 6,1; 9,35). Ebenso Ziel-scheibe der Kritik ist das von Dominique Bouhours vertretene französische Ideal des *bel esprit*. Ein »Frantzösischer Bel-esprit« besitzt ein »je ne sais quoi«, das Wernicke sehr wörtlich nimmt (1,73, V. 9–10; vgl. auch 6,16; Anm. zu 3,48 und 4,23):

Wahr ist's, er schreibt ich weiss nicht wie,
Doch auch ich weiss nicht was.

Wie viele Dichter seiner Generation zwischen Barock und
Aufklärung gehört Wernicke dem diplomatischen Corps an,
womit sich auch ein vermehrtes Eindringen der Politik in
die Epigrammatik und allgemein in die Dichtung verbindet.
Wernicke löst sich von seinen anfänglichen Vorbildern Lohen-
stein und Hofmannswaldau »und strebt einen vom Witz und
›bon sens‹ geprägte satirisch-epigrammatische Dichtung an,
deren eigentliches Movens die Kritik bildet« (G. Grimm, 1983:
531).

Höher als der Witz wird lediglich die Klugheit eingestuft, die
wiederum die traditionellen Kategorien Angemessenheit
(*aptum*) und Wahrscheinlichkeit (*verisimilitas*) steuert (vgl. Kap.
II.2.; Anm. zu 1,28; 4,1; 4,3; 4,11; 8,43). Erst die Erfahrung hilft
dem Weltmann, seine Klugheit geschickt einzusetzen (G.
Grimm, 1983: 535f). Nicht nur der Lebenspraxis, sondern auch
der Dichtkunst kommen diese zwei Qualitäten zugute. Daraus
ergibt sich eine Feindlichkeit allem angelernten Bücherwissen
und aller Pedanterie gegenüber (2,14; 2,29; 3,43; 4,20; 4,51–52),
die schon bei Johannes Grob spürbar ist (1,90; 2,52; vgl. auch
W. Kühlmann, 1982: 380).

Gerade aus diesem politischen Bewußtsein heraus müssen
wir Wernickes Skepsis, ja Mißtrauen politischer Macht gegenüber verstehen. Die politische Macht ist eitel. Der Machthaber
toleriert niemanden, der eine größere politische Klugheit unter
Beweis stellt (7,11):

Warheit zu Hofe.

Die Ursach ist, dass niemand nicht
Dem Fürsten frey ins Auge spricht,
Und dass ihm jederman die Warheit vorenthält;
Weil man eh' ohne Straff' ihm schadet, als missfällt.

Die logische Folge aus diesen Machtverhältnissen sind opportu-
nistisches Hofschranzentum und Korruption. Lange ist die
Reihe der Epigramme, die sich kritisch zum Hofleben äußern
(z.B. 5,53; 6,25; 6,40; 7,36; 8,3; 8,62; 10,18). Das Hofleben ist
unbefriedigend und undankbar, wie Wernicke aus eigener Erfahrung weiß (1,36):

Danck vor Nichts zu Hofe.

Wenn dir ein Staatsmann viel verspricht,
So zeige deinen Zweifel nicht,
Und neige dich vor jeder Lügen;
Nimm an die Wort' als eine Gab',
Und das er nicht viel Mühe hab',
So hilff' ihm selbst dich zu betrügen:
So find'st du endlich in der That,
Dass der dir dient, der dir nicht schad't.

Eine Möglichkeit, Witz, Klugheit und Erfahrung politisch im Dienste der Gesellschaft einzusetzen, besteht kaum. Resignation durchzieht Wernickes gesamte Epigrammatik. Erst der Tod schützt vor Willkür, bringt Hoffnung und birgt den Menschen in einem sicheren Hafen (4,15):

Schiffahrt des Lebens.

Wir irren auf der See der Welt,
Weil eine Fluth die andre schwellt,
Kein Vorgebürg' erscheint zur rechten noch zur lincken;
Wir sein der Wellen Gauckelspiel,
Süd', Ost, Nord, West gilt uns gleich viel,
Weil wir den Haven nur erreichen, wenn wir sincken.

Literatur zu Wernicke

Christian Wernicke. *Schiffahrt des Lebens. Epigramme.* Hg. Wolfgang Hartwig. Berlin 1984. – Paul Böckmann. »Das Formprinzip des Witzes in der Frühzeit der deutschen Aufklärung.« *Jb. des Freien Deutschen Hochstifts* 1932/33: 52–130 [71–76]. – Paul Böckmann. *Formgeschichte der deutschen Dichtung.* Hamburg 1949 [Bd. 1, 492–496]. – Julius Elias. *Christian Wernicke.* München 1888. – Hermann Epp. »Christian Wernigke, ein deutscher Martial.« *Der Deutsche im Osten* 5, 1942: 581–590. – Gunter E. Grimm. *Literatur und Gelehrtentum in Deutschland.* Tübingen 1983: 524–546. – Wolfgang Hartwig. Nachwort zu C. Wernicke. *Schiffahrt des Lebens. Epigramme.* Berlin 1984: 102–123. – William Guild Howard. »Christian Wernicke. A Predecessor of Lessing.« *PMLA* 23, 1908: 520–544. – Dietrich Neufeld. *Wernicke und die literarische Verssatire in der ersten Hälfte des 18. Jahrhunderts.* Diss. Jena 1922. – Rudolf Pechel (Hg.). *Christian Wernickes Epigramme.* Berlin 1909. – Rudolf Pechel. Einleitung zu *Christian Wernickes Epigramme.* Berlin 1909: 3–108. – H. G. Schwark. *Christian Wernicke. Dichter und Diplomat aus Elbling.* Bremerhaven 1974.

Die Hauptvertreter des geistlichen Epigramms sind Daniel Czepko (1605–1660) und Johannes Scheffler (Angelus Silesius, 1624–1677), als deren Wegbereiter Abraham von Franckenberg (1593–1652) und Johann Theodor von Tschesch (1595–1649) gelten. Von Czepko sind auch weltliche Gedichte wie die *Drey Rollen verliebter Gedancken* bekannt, die jedoch primär gnomischen Charakters sind. Geistliche Epigramme finden sich schon in den Sammlungen von Logau und Gryphius; bei Czepko und Scheffler jedoch machen sie ganze Sammlungen aus.

Die Forschung zur geistlichen Epigrammatik weist große Lücken auf. Zu Czepko und vor allem zu Scheffler sind einige Einzelbeiträge zu nennen, deren Mehrzahl sich jedoch, gewöhnlich von geistesgeschichtlicher Warte, auf die mystische Doktrin und nicht auf die poetische Leistung konzentriert. Der angekündigte dritte Band von Hans-Georg Kempers *Deutsche Lyrik der frühen Neuzeit* dürfte hier Abhilfe schaffen.

Das geistliche Epigramm der Barockzeit erfüllt alle Gattungsanforderungen und trägt alle wesentlichen Stilmerkmale des weltlichen Epigramms, ist aber zusätzlich geprägt durch den Gleichnischarakter. Das Gleichnis ist Teil eines unendlichen Systems von Analogien, welches die himmlische und die irdische Ordnung in Beziehung bringt. Es liegt im dialektischen Spannungsfeld zwischen Spiel und Ernst und ist jedenfalls von der manieristischen *argutia*-Ästhetik inspiriert. Ernsthaft ist folgendes Rätselepigramm von Daniel Czepko (*Sexcenta Monodisticha Sapientium* 4,61):

In Einem.

Ich und Gott wir sind eins. Nichts scheidet mich und Ihn,
Wie Er ist, daß er ist: So bin ich, daß ich bin.

Das Wortspiel findet eine tiefere Analogie auf der anagogischen Bezugsebene. Die scharfsinnige Formulierung entschlüsselt das Rätsel, während im folgenden Beispiel aus Schefflers *Cherubinischem Wandersmann* offen eine Frage gestellt wird, deren Beantwortung durch die pointierte Antithetik lediglich angedeutet wird:

Der Haß seiner selbst.

Jch lieb und hasse mich/ ich führe mit mir Kriege/
Jch brauche List und Macht/ daß ich mich selbst besiege:
Jch schlag' und tödte mich/ ich mach' es wie ich kan
Daß ich nicht mehr bin: rath was ich für ein Mann?

Daß das spielerische Rätsel die Kehrseite des ernsthaft-mysti-
schen ist, belegt folgendes Epigramm von Andreas Gryphius
(*Epigrammata*, 1663: 3,86):

Grabschrift Laelii, welcher sich selbst erschossen

Hir ligt in einer Grufft/ der Kläger/ der beklagte/
Der Recht sprach/ der gezeugt/ und der die Zeugen fragte/
Und der das Recht außführt/ und der so must erbleichen:
Du zehlest siben zwar und findst nur eine Leichen.

Auf spielerische Art wird der Selbstmord angesprochen, der als
Kardinalsünde einem tabuisierten Themenbereich angehört.
   Auf der untersten Stufe dieser analogisch gebauten Hierar-
chie stehen der Buchstabe und das Wort, die beide eine Zeichen-
struktur in einem linguistischen wie auch in einem transzenden-
ten Sinne aufweisen. Von Friedrich von Logau gibt es eine Vielzahl solcher Texte, oft in der Form des Anagramms, das den
geheimen Sinn eines Wortes enthüllen kann. Hier ein Beispiel
von Georg Rudolf Weckherlin (1641: Nr. 39):

Leben, Nebel

Mensch, wilt du wissen was dein Leben?
So merck das Wörtlein *Leben* eben:
Liß es zu ruck, so würstu sehen,
Was es, und wie es thut vergehen.

Die Buchstabenversetzung ist nicht zufällig, sondern die durch
diese Technik freigelegte Analogie verweist auf eine tiefere Bedeutung der Zeichen.
   In Czepkos Widmungsgedicht zu den *Monodisticha* aus dem
Jahre 1653 kommt die Idee der Entsprechung zwischen Natur
und Gott, der sich in den Zeichen der Schrift manifestiert, besonders deutlich zum Ausdruck (Hg. W. Milch, 1930: 218):

Gut: der Weißheit in der Natur nachschlagen:
Besser: Seeligkeit in der Schrifft erfragen:
An dem besten: Natur und Schrifft vergleichen,
Als der göttlichen Wahrheit feste Zeichen.

»Im Anfang war das Wort, und das Wort war bei Gott, und Gott war das Wort,« verkündet schon der Beginn des Johannes-Evangeliums. So steht es außer Zweifel, daß Gott die sprachlichen Zeichen zur Vermittlung seiner Botschaft einsetzt. Demjenigen, der sich weigert, diese Zeichen zu interpretieren, droht am Ende das große »W« (Logau, 1,7,55):

Straff-Buchstaben.

1	P		1	K		1	H
2	e		2	r		2	u
3	s		3	i		3	n
4	t		4	e		4	g
			5	g		5	e
						6	r

Wen Gott nicht mit Vier/ Fünff/ Sechs Zeichen
Kan auß dem A. B. C. erweichen/
Der wird nicht weich/ ist gläublich/ eh
Biß ihn bezwingt der Höllen W!

Eine Variante ist das Zahlenspiel im Chronogramm. Die großgeschriebenen Buchstaben besitzen in doppelter Deutung auch Zahlenwert. Die Addition aller Zahlen ergibt die Jahreszahl. Sämtliche Zahlenwerte im Text, der gleichzeitig allen poetologischen Anforderungen genügen soll, müssen die erwünschte Summe ergeben (Logau, 1,4,73):

Das Jahr 1640.

GIeb/ gIeb/ O gIeb Vns FrIeD/ O FrIeDe gIeb Vns/ Gott!
FrIeD Ist Vns Ia so nVtz aLs etWa LIebes Brot.

Instrumental bei der Interpretation der Analogieverhältnisse zwischen Zeichen und Bezeichnetem sind, wie A. Meier im Hinblick auf Czepko darlegt (1975: 79–88; vgl. H. Föllmi, 1968: 38–45), vor allem rhetorische Figuren: neben Anagramm und Chronogramm sind dies paradoxe Formulierungen, Oxymoron, Chiasmus und Paronomasie.

In all diesen Epigrammen wird deutlich, daß sich das Epigramm des 17.Jh.s dem geistlich-religiösen Themenbereich erschließt. Die seit dem Humanismus gepflegte geistliche Rhetorik erweist sich als besonders innovativ und gar experimentell, vor allem im Bereich der sprachlichen Gestaltung. Freilich haben sich diese Normabweichungen nicht permanent auf die Gattungsnorm des Epigramms ausgewirkt, sie haben jedoch für diesen spezifischen historischen Zeitraum allgemeine Anerkennung als mögliche Varianten gefunden.

Die Wortbedeutung ist von Gott gegeben; Aufgabe der Dichtung ist es, den die Sprache transzendierenden Gott zu finden und so den Sinn zu eruieren. Im Zentrum steht die Analyse der Sprache als Mikrokosmos in Analogie zur Suche nach dem übergeordneten Prinzip Gott. Gott dringt in den kleinsten Buchstaben vor, weswegen auch dort das Wesen Gottes erkannt werden kann (Czepko, 6,50):

M. ENS. CH.

Mensch, das Wort Mensch sagt dir: was vor ein Mensch du bist:
Im Wort, in dir ist MENS: ist ENS: was mehr? ein Christ.

Der Zusammenhang mit der *argutia*-Ästhetik offenbart sich hier: die Quellen der poetischen Erfindung fließen aus dem Wort selbst. Diese Art von Epigrammen ist zweifellos hochgradig scharfsinnig, wobei sich ein deutlicher Hang zum Wortwitz zeigt. Czepkos Epigramm *M. ENS. CH.* steht im manieristischen Spannungsfeld zwischen Spiellust und Erkenntnisdrang.

Dementsprechend hoch sind die Anforderungen an den Leser, dem aktives und kreatives Lesen abverlangt wird. Czepko drückt diese Erwartung bereits im Titel des Sonetts aus, welches das erste Hundert seiner *Monodisticha* einleitet: »An [den] Lesenden. Mehr dencken, als lesen« (vgl. G. Rimbach, 1970: 100ff).

Auch bei Logau zeigt sich die Experimentierfreude primär bei den geistlichen Gedichten (R. Angress, 1971: 89):

Undanck gegen GOTT. (2,8,52)

GOtt hat seinen Sohn gesand/ uns zu retten auß der Noth;
Noth hat seinen Sohn erbarmt/ drum zu leiden bittren Tod;
Tod wird schlecht von uns bedanckt/ mehrenteils mit Fluch und Spot.
Spot darff leichte rechnen so ewig mit Spot/ Tod/ Noth/ Gott.

Die Verkettung der sich reimenden Begriffe Gott, Not, Tod und Spott führt wieder zu Gott zurück. Jede Zeile beginnt mit dem Schlußwort der vorhergehenden, und das letzte Wort ›Gott‹ führt wieder zum Anfangspunkt zurück, womit sich der Kreis schließt. Daß auf den menschlichen Spott ausgerechnet wieder Gott folgt, unterstreicht die endlose Gnade Gottes.

Ebenfalls primär im geistlichen Bereich findet sich die in der

Barockzeit äußerst beliebte rhetorische Figur der asyndetischen Häufung (Logau, 2,2,76):

> *Gott dient allen/ wer dient ihm.*
>
> GOtt schafft/ erzeucht/ trägt/ speit/ tränckt/ labt/ stärckt/ nährt/ erquickt/
> Erhält/ schenckt/ sorgt/ beschert/ vermehrt gewehret/ schickt/
> Liebt/ schützt/ bewahrt/ erlöst/ beschattet/ benedeyt/
> Schirmt/ sichret/ führt/ regirt/ errettet/ hilfft/ befreyt/
> Erleuchtet/ unterweist/ erfreut/ sterbt/ und erweckt/
> So daß sich fort und fort sein Heil auff uns erstreckt;
> Mit allem dienstu/ Gott uns allen! ist auch wol
> Der dir dient einer nur/ und dient dir wie er sol?

Jedes einzelne dieser Verben bringt ein göttliches Wunder zum Ausdruck, und deren Vielzahl unterstreicht die Omnipotenz Gottes. Auf einer topologischen Ebene erfassen alle der aufgereihten Verben ein Wesensmerkmal des so beschriebenen Gottes. Die Topik ist nicht einfach nur eine Sammlung von Ansichten und normierten Formulierungen, von denen der Dichter möglichst viele zu besitzen anstrebt. In Wirklichkeit schließt die richtige Sammlung solcher loci das Gesamte des Wissens ein, dessen Quellen sie durch systematische Fragenkataloge ergründet. Eine richtige topologische Sammlung transzendiert den dermaßen umkreisten Gegenstand und legt die in ihm verborgenen Bedeutungsebenen frei.

Im Umkreis des Straßburger Predigers Matthias Bernegger gerät der junge Daniel Czepko unter den Einfluß der Mystik, welche beim Ireniker Czepko naturphilosophisch geprägt ist. In späteren Jahren steigen vor allem Böhme, Franckenberg und Scheffler zu Vorbildern auf (W. Milch, 1930:270).

Czepko ist der erste Dichter, der das weltliche Epigramm mit religiösen Themen mystischer Prägung verbindet (A. Baldinger-Meier, 1977:297). Zweifellos dient Tscheschs Sammlung *Vitae cum Christo sive Epigrammatum sacrorum Centuriae XII* (1644), welche in 1200 lateinischen zweizeiligen Epigrammen mystisches Gedankengut thematisiert, als Vorbild für Czepkos eigene, 1647 abgeschlossene *Sexcenta Monodisticha Sapientum* (Hg. W. Milch, 1930:201–277). Die Sammlung enthält 600 Zweizeiler, die jedoch als Alexandrinerepigramme keine Distichen im klassischen Sinne sind. Ein allfälliger Zusammenhang mit Logaus geistlicher Epigrammatik bleibt weiterhin ungeklärt.

Als Anhänger von Opitz kommt Czepko vom weltlichen

Epigramm her, in welchem er das Potential zu einer sinnvollen formalen Normerweiterung durch geistliche Inhalte erkennt; auf die Innovationsfreudigkeit des geistlichen Epigramms haben wir schon hingewiesen. Pointe und Spiel werden zur Entzifferung der analogischen Weltstruktur und zur Erkenntnis des zugrundeliegenden göttlichen Willens eingesetzt (3,27):

> *Eines offenbart alles.*
>
> Wer die Natur der Ding und Sachen wil ergründen:
> Kennt alle, kan er recht die Thür zu einem finden.

Die richtige Erkenntnis eines einzigen Teils der göttlichen Schöpfung auf einer Analogiestufe eröffnet, wie oben schon festgehalten, exemplarisch das Ganze des göttlichen Plans. Wie weit das barocke Analogiedenken geht, wird aus der Begründung deutlich, mit der Christoph Köler dem jungen Johannes Scheffler die Wahl der Studienfächer Medizin und Staatsrecht an der Universität Straßburg empfiehlt: »der Ähnlichkeit des menschlichen Körpers halber mit unserem Staatskörper« (L. Gnädinger, 1984b: 554).

Die Antithetik ist ein besonders geeignetes Instrument, um die die Welt strukturierenden Analogien zu enthüllen. Die Paradoxität erweist sich als eine scheinbare, die aus der Polarität, aber auch aus der Entsprechung von niedriger und demütiger irdischer Existenz und glanzvoller himmlischer Existenz entspringt (3,47):

> Eva: Ave:
> Adem: Made:
> Natur: Natter.
>
> Hätt Eva nicht erlangt durch Ave eine Cur:
> Wär Adem Made noch, und Natter die Natur.

Wie V. C. Sease (1969: 197–236) festhält, besteht in Czepkos *Monodisticha* eine besonders ausgeprägte strukturelle Interdependenz zwischen Titel und Text. Der Titel ist für das Verständnis des Epigramms unerläßlich. Beim obigen Beispiel läßt sich gar eine emblematische Grundstruktur ausmachen: der Titel gibt den Gegenstand nur in verschlüsselter Form preis, und erst der Epigrammtext selbst läßt den Rückschluß auf die Bedeutung des Titels zu. Mit der Kotextisolierung läßt sich bei Czepko die Allgemeingültigkeit eines zweiten gattungskonstituierenden Merkmals demonstrieren. Obwohl die Monodistichen dieser Sammlung thematisch und aussagemäßig sehr nahe beieinander liegen, ist die textuelle Isolierung jedes einzelnen Epigramms gewährleistet (entgegen A. Meier, 1975 : 88 – 94).

Czepko selbst versteht seine Epigrammsammlung als analogen Fall zur göttlichen Schöpfung. In den sechs mal hundert Epigrammen spricht er eindringlich von Schweigen und von Ruhe, in welcher er Gott wiederfindet. Die Sammlung endet dort, wo der Schöpfungsakt endet: das siebte Hundert, der Sabbat, hüllt sich in mystisches Schweigen (A. Meier, 1975 : 98).

Czepkos *Monodisticha* dürften lange vor der Veröffentlichung im Jahre 1655 im Franckenberg-Kreis, dem auch Johannes Scheffler angehört, diskutiert worden sein (vgl. E. Meier-Lefhalm, 1958 : 67 – 81). Es ist also anzunehmen, daß Scheffler mit Czepkos Epigrammatik bei der Niederschrift seiner Sammlung *Geistreiche Sinn- und Schlußreime* von 1657 vertraut ist. Deren Entstehung liegt wahrscheinlich noch vor der am 12. Juni 1653 erfolgten Konversion zum Katholizismus, in welcher die lange gehegten Zweifel an der lutherischen Orthodoxie zum Durchbruch kommen. Die zweite Auflage erscheint 1675 unter dem heute allgemein bekannten Titel *Cherubinischer Wandersmann* unter Beifügung eines sechsten Buches, das nun einen dezidiert katholischen Standpunkt vertritt. Die Umstände seiner Konversion sind nicht klar : Franckenbergs Tod im Jahre 1652, anhaltende Konflikte mit der lutherischen Geistlichkeit und das Druckverbot seiner Anthologie von mystisch gefärbten Gebeten dürften zu dieser Entscheidung beigetragen haben (J. Sammons, 1967 : 24 ff). Endgültig abgeschlossen wird dieser Prozeß 1661 mit der Priesterweihe.

Der neue Titel ist nach L. Gnädinger (1984a : 381) in einem doppelten Sinne zu verstehen. Der fiktive Wanderer liest, antiker Tradition folgend, unterwegs epigrammatische Grabinschriften. Viele Epigramme spielen direkt auf diese Fiktion an (z. B. 3,44 – 47). Das Adjektiv »cherubinisch« erklärt sich daraus, »daß die Epigramme generell in der Seh- und Erfahrensweise der alten und ununterbrochenen Tradition einer christlichen Erkenntnis- und Wesensmystik stehen.« Der Gegensatz cherubisch-seraphisch deutet auf einen zweifachen mystischen Weg zur Gottesschau : den intellektuellen, auf Erkenntnis ausgerichteten Weg, und die affektbetonte Liebe zu Gott, das Verliebtsein in Gott (vgl. 1984a : 406 ff):

Der Cherubin schaut nur auf GOtt. (2,184)

Wer hier auf niemand siht/ als nur auf GOtt allein:
Wird dort ein *Cherubin* bey seinem Throne seyn.

Deß GOttverliebten Wunsch. (3,165)

Drey wünsch' ich mir zu seyn: erleucht wie *Cherubim/*
Geruhig wie ein Thron/ entbrandt wie *Seraphim.*

Das Seraphinische Leben. (2,254)

Auß Liebe gehn und stehn/ Lieb äthmen/ reden/ singen:
Heist eine Lebenszeit wie Seraphim verbringen.

Der für die gesamte Literatur der frühen Neuzeit gültige
Grundsatz des *prodesse* und *delectare* ist beim geistlichen Epigramm ebenso selbstverständliches Postulat. Der Nutzen liegt
im Heil der Seele und die Freude in der Vorwegnahme der
ewigen Glückseligkeit.

Die sechs Bücher der Sammlung enthalten insgesamt 1676
Gedichte. Die ersten zehn Gedichte des später entstandenen
sechsten Buches sind Sonette, alle anderen sind Epigramme.
Der Zweizeiler ist weitaus am häufigsten; das längste Gedicht
hat 28 Zeilen (6,11).

Die beiden ersten Bücher sind, ganz im Sinne des Francken-
berg-Kreises, interkonfessionell und spekulativ gehalten. Ab
dem dritten sind stärkere katholische Tendenzen feststellbar,
die sich aber im fünften wieder abschwächen. Der biblische und
liturgische Bereich erlangen ebenfalls größere Geltung. Das
sechste Buch verfällt oft der konfessionellen Polemik und verfolgt die Zwecke der Gegenreformation (J. Sammons, 1967: 37;
W. Dietze, 1972: 282; L. Gnädinger, 1984b: 562f). Nach R. Angress ist die Sprache der polemischen Epigramme des sechsten
Buches ironischerweise stark von Luther beeinflußt (1971: 73).

L. Gnädinger identifiziert insgesamt sieben primäre Themenbereiche von Schefflers Epigrammatik (1984a: 382–406): fingierte Grabinschriften, seelisch-geistiges Porträt (das oft die
innere Physiognomie eines Heiligen darstellt), schematisierte
Charaktertypen, biblische Sinnsprüche, theologisch gefärbte
Naturmystik, durch Embleme inspirierte Epigramme (z.B.
Herz, Rose) und Hauptthemen der mystischen Theologie.

Schefflers Ideen greifen auf die spätmittelalterliche Mystik
von Meister Eckhart, aber auch von Tauler und Suso zurück.
J. Orcibal (1938) weist eine Reihe von ›Quellen‹ nach, während
J. Bruckner (1970) Schefflers Rezeption kusanischer Ideen
untersucht.

Das angestrebte Ziel ist nach Sammons (1967: 46) die Vereinigung der menschlichen Seele mit der göttlichen Substanz
(*unio mystica*). Die materielle Schöpfung, die menschliche Exi-

stenz und der menschliche Wille stehen dieser Vereinigung im
Wege und müssen überwunden werden (5,30):

Der Teuffel der ist gut.

> Der Teuffel ist so gutt dem wesen nach als du.
> Waß gehet jhm dann ab? Gestorbner will' und ruh.

Wie schon bei Czepko ist der freie Wille sündhaft und muß
bekämpft werden, damit dieser zur Ruhe gelangt.

Die irdische Existenz ist zeitgebunden, während die transzen-
dente Vereinigung in einer zeitlosen Ewigkeit stattfindet. Der
Zugang zur Ewigkeit kann in der Zeit durch Lossagung von
allen irdischen Dingen und durch Bekenntnis zum Nichts er-
langt werden, denn Gott ist das Nichts (1,200):

GOtt ist nichts (Creatürlichs).

> GOtt ist warhafftig nichts: und so er etwas ist:
> So ist Ers nur in mir/ wie er mich Jhm erkist.

Gott ist jedoch nicht Nichts im Sinne des Zustandes vor der
Schöpfung, sondern pure Essenz ohne Attribute. Diese Rein-
heit manifestiert sich, wie schon oben in 5,30 angedeutet, im
Zustand der absoluten Ruhe (1,294):

GOtt ist ohne Willen.

> Wir bethen es gesch mein Herr und Gott dein wille:
> Und sih/ er hat nicht will': Er ist ein Ewge stille.

Erklärend setzt Scheffler in einer Fußnote bei: »Versteh einen
zufälligen willen: denn was GOtt wil/ das wil Er wesentlich.«
Der Mensch befreit sich von allen seinen Bedürfnissen, die gerade diesem zufälligen Willen entspringen, um diesen Zustand
der ewigen Stille und damit die Gottwerdung (›Vergottung‹) zu
erreichen. Ziel allen menschlichen Strebens ist das Einswerden
mit Gott (1,293):

Wenn man vergöttet ist.

> Mensch/ wann dich weder Lieb berührt/ noch Leid verletzt/
> So bistu recht in GOtt/ und GOtt in dich versetzt.

Die permanente Befreiung vom menschlichen Willen und die
Erlösung durch die ewige Ruhe findet der Mensch im Tod (1,35;
vgl. 1,25–36). Im Tod stirbt auch Gott, denn der Mensch ist mit

Gott eins geworden, und durch ihn gewinnt die Seele das ewige
Leben mit Gott (1,34):

> *Der Tod vergöttet dich.*
>
> Wenn du gestorben bist/ und GOtt dein Leben worden/
> So trittstu erst recht in der Hohen Götter Orden.

Die Übereinstimmung Schefflers mit Czepko ist nicht nur thematischer, sondern auch formaler und struktureller Art (vgl.
J. Sammons, 1967: 49–52; L. Gnädinger, 1984a: 378f). Beiden
ist die Vorliebe zum Zweizeiler eigen, und beide benutzen den
durch die Mittelzäsur gekennzeichneten sechshebigen Alexan-
drinervers, welcher der antithetischen Denkweise aufgrund seines symmetrischen Baus besonders entgegenkommt (B. v.
Wiese, 1968: 272; vgl. auch E. Brock, 1944):

Einmal dient der konträre Gegensatz dazu, einer inhaltlichen Sphäre
eine fremdartige dualistisch entgegenzusetzen, durch die sie negiert
wird: Himmel gegen Hölle, Jenseits gegen Diesseits, Ewigkeit gegen
Zeit. Zweitens werden konträre Gegensätze in nur scheinbarer Antithetik gebraucht, um die mystische Ineinssetzung an ihnen zu vollziehen.
In diesen beiden formalen – streng nachweisbaren – Strukturen ist der
innere Aufbau des Welt- und Lebensbildes vorgebildet.

Im Zweizeiler entsteht eine Matrix von vier Bausteinen, die alle
mit antithetischen, rhetorischen Figuren gefüllt werden können.
Es entwickelt sich eine Topik der Antithetik, die durch gezielte
topologische Fragestellung Analogien zwischen strukturell ver-
schiedenartigen Gegensatzpaaren herstellt, so (scheinbar) paradoxe Sachverhalte miteinander in Verbindung bringt und sie auf
derart hergestellten Bedeutungsebenen vereint (5,50):

> *GOtt ist nicht tugendhafft.*
>
> GOtt ist nicht tugendhafft: Auß ihm kombt Tugend her/
> Wie auß der Sonn die Strahln/ und Wasser aus dem Meer.

Sonne und Meer, Strahlen und Wasser bilden Gegensatzpaare,
deren Gegensätzlichkeit durch die ihnen gemeinsame Analogiebildung aufgehoben wird: Strahlen kommen aus der Sonne,
Wasser kommt aus dem Meer. Diese Analogie steht wiederum
in Analogie zu einer übergeordneten Beziehung zwischen Gott
und Tugend: Gott nimmt die Tugend nicht in sich auf, sondern

sie geht von ihm aus. Gott ist nicht Objekt, sondern Subjekt. Meer und Sonne sind Topoi, welche zur Analogiebildung herbeigezogen werden.

Dasselbe Beispiel illustriert auch, wie sehr das mystische Epigramm sich auf die *argutia* stützt. Der Titel und der erste Halbvers verkünden, daß Gott nicht tugendhaft sei. Diese scheinbar blasphemische und paradoxe Aussage versetzt den Leser in Spannung, die sich durch die Entlarvung der Spitzfindigkeit dieser Formulierung auflöst. Zu recht nennt deshalb W. Barner den *Cherubinischen Wandersmann* ein »unübertreffliches Exempel der in den Dienst der mystischen Gotteserkenntnis gestellten epigrammatischen *argutia*« (1985: 364; vgl. E. Meier-Lefhalm, 1958: 48–59). In dieser Vervollkommnung der epigrammatischen Form und in der Entwicklung eines hochrangigen, dem Stilprinzip der *argutia* verpflichteten Stils besteht die einmalige literarische Leistung Schefflers.

Literatur zu Czepko und Scheffler

Horst Althaus. *Johann Schefflers ›Cherubinischer Wandersmann‹: Mystik und Dichtung.* Gießen 1956. – Angelus Silesius. *Sämtliche poetische Werke.* Hg. Hans Ludwig Held. 3 Bde. München ³1949–52. – Angelus Silesius. *Cherubinischer Wandersmann. Kritische Ausgabe.* Hg. Louise Gnädinger. Stuttgart 1984a. – R. Angress, 1971: 101 ff. – Annemarie Baldinger-Meier. »Lateinische und deutsche Dichtung im 17. Jahrhundert: Johann Theodor von Tschechs ›Vitae cum Christo sive Epigrammatum sacrorum Centuriae XII‹ (1644).« *Daphnis* 6, 1977: 291–312. – W. Barner, 1985. – Erich Brock. »Angelus Silesius: Der Cherubinische Wandersmann.« *Trivium* 2, 1944: 232–234. – János Bruckner. »Angelus Silesius und Nikolaus von Kues. Kusanisches im ›Cherubinischen Wandersmann‹.« *Euphorion* 64, 1970: 143–166. – Daniel Czepko. *Geistliche Schriften.* Hg. Werner Milch. Breslau 1930. – Daniel Czepko. *Weltliche Schriften.* Hg. Werner Milch. Breslau 1932. – Georg Ellinger. »Zur Frage nach den Quellen des ›Cherubinischen Wandersmannes‹.« *Zs. für deutsche Philologie* 52, 1927: 127–137. – Georg Ellinger. *Angelus Silesius. Ein Lebensbild.* Breslau 1927. – Hugo Föllmi. *Czepko und Scheffler. Studien zu Angelus Silesius' ›Cherubinischem Wandersmann‹ und Daniel Czepkos ›Sexcenta Monodisticha Sapientum‹.* Zürich 1968. – W. Freund, 1972: 21–37. – Hildburgis Gies. *Eine lateinische Quelle zum ›Cherubinischen Wandersmann‹ des Angelus Silesius. Untersuchung der Beziehung zwischen der mystischen Dichtung Schefflers und der ›Clavis pro theologia mystica‹ des Maximilian Sandäus.* Breslau 1929. – Louise Gnädinger. »Die spekulative Mystik im ›Cherubinischen Wandersmann‹ des Johannes Angelus Silesius.« *Studi germanici* N. S. 4, 1966: 29–59, 145–190. – Louise Gnädinger. »Die Rosensprüche des ›Cherubinischen Wandersmann' als Beispiel für J. Schefflers geistliche Epigrammatik.« In: Volker Meid (Hg.). *Gedichte und Interpretationen. Bd. 1: Renaissance und Barock*. Stuttgart 1982: 303–318. – Louise Gnädinger. »Die mystische Epigrammsammlung des Angelus Silesius.« In: A. S. *Cherubinischer Wandersmann. Kritische Ausgabe*. Hg. L. Gnädinger. Stuttgart 1984a: 365–414. – Louise Gnädinger. »Angelus Silesius.« In: H. Steinhagen und B. von Wiese (Hgg.). *Deutsche Dichter des 17. Jahrhunderts. Ihr Leben und Werk*. Berlin 1984b: 553–575. – Margareta Gotwald. *Der Stil des geistlichen Sinngedichts im 17. Jahrhundert*. Diss. Wien 1941. – Alois M. Haas. »Christus ist alles. Die Christusmystik des Angelus Silesius.« *Herrenalber Texte* 46, 1983: 9–31. – Hans Ludwig Held. »Leben und Werke des Angelus Silesius.« In: H. L. Held (Hg.). *Angelus Silesius. Sämtliche poetische Werke*. Bd. 1. München ³1952: 9–212. – Hans-Georg Kemper. »Allegorische Allegorese. Zur Bildlichkeit und Struktur mystischer Literatur (Mechthild von Magdeburg und Angelus Silesius).« In: Walter Haug (Hg.). *Formen und Funktionen der Allegorie. Symposion Wolfenbüttel 1978*. Stuttgart 1979: 90–125. – Annemarie Meier. *Daniel Czepko als geistlicher Dichter*. Bonn 1975. – Elisabeth Meier-Lefhalm. *Das Verhältnis von mystischer Innerlichkeit und rhetorischer Darstellung bei Angelus Silesius*. Diss. Heidelberg 1958. – Werner Milch. »Daniel von Czepkos Stellung in der Mystik des XVII. Jahrhunderts.« *Archiv für Kulturgeschichte* 20, 1930: 261–280. – Werner Milch. *Daniel von Czepko. Persönlichkeit und Leistung*. Breslau 1934. – Rudolf Neuwinger. *Johann Schefflers ›Cherubinischer Wandersmann‹ und die deutsche Mystik*. Bleicherode 1937. – Jean Orcibal. »Les sources étrangères du ›Cherubinischer Wandersmann‹ (1657) d'après la bibliothèque d'Angelus Silesius.« *Revue de littérature comparée* 18, 1938: 494–506. – W. Preisendanz, 1952: 42–45. – Jeffrey L. Sammons. *Angelus Silesius*. New York 1967. – Virginia Carroll Sease. *A Study of Daniel von Czepko's ›Sexcenta Monodisticha Sapientum‹*. Diss. Univ. of Southern California 1969. – Elisabeth Spörri. *Der Cherubinische Wandersmann als Kunstwerk*. Zürich 1947. – Theodorus Cornelis van Stockum. *Zwischen Jakob Böhme und Johann Scheffler: Abraham von Franckenberg (1593–1652) und Daniel Czepko (1605–1660)*. Amsterdam 1967. – Siegfried Sudhof. »Daniel von Czepko.« In: H. Steinhagen und B. von Wiese (Hgg.). *Deutsche Dichter des 17. Jahrhunderts. Ihr Leben und Werk*. Berlin 1984: 227–241. – Marian Szyrocki. »Sozial-politische Probleme in der Dichtung Czepkos.« *Germanica Wratislaviensia* 2, 1959: 57–67. – Benno von Wiese. »Die Antithetik in den Alexandrinern des Angelus Silesius.« In: Richard Alewyn (Hg.). *Deutsche Barockforschung. Dokumentation einer Epoche*. Köln, Berlin ³1968: 260–283 [zuerst 1928].

R. Angress, 1971. – Wilfried Barner. *Barockrhetorik. Untersuchungen zu ihren geschichtlichen Grundlagen.* Tübingen 1970. – Adelheid Beckmann. *Motive und Formen der deutschen Lyrik des 17. Jahrhunderts und ihre Entsprechungen in der französischen Lyrik seit Ronsard.* Tübingen 1960. – Joachim G. Boeckh et al. *Geschichte der deutschen Literatur.* Bd. 4 und 5. Berlin 1961/62. – K. O. Conrady, 1962. – Peter M. Daly. *Dichtung und Emblematik bei Catharina Regina von Greiffenberg.* Bonn 1976. – W. Dietze, 1972. – Hans Draheim. *Deutsche Reime. Inschriften des 15. Jahrhunderts und der folgenden.* Berlin 1883. – Anton Dreselly. *Grabschriften, Marterl-, Bildstöckl- und Totenbrett-Verse, dann Hausinschriften, Wohn- und Trinkstuben-Reime, Geräthe-Inschriften und andere.* Salzburg 1900. – Carl Enders. »Deutsche Gelegenheitsdichtung bis zu Goethe.« *Germanisch-romanische Monatsschrift* 1, 1909: 292–307. – T. Erb, 1929. – L. Forck. *Deutsche Inschriften an Haus und Geräth.* Berlin 1865. – Winfried Freund. *Die deutsche Verssatire im Zeitalter des Barock.* Düsseldorf 1972. – F. Fuchs, 1969 [zuerst 1924]. – G. G. Gervinus, [5]1872: 3,396–423. – Wolfgang Harms. »Der Fragmentcharakter emblematischer Auslegungen und die Rolle des Lesers. Gabriel Rollenhagens Epigramme.« In: Martin Bircher und A. Haas (Hgg.). *Deutsche Barocklyrik. Gedichtinterpretationen von Spee bis Haller.* Bern, München 1973: 49–64. – Urs Herzog. *Deutsche Barocklyrik. Eine Einführung.* München 1979. – J. Hutton, 1935. – J. Hutton, 1946. – Hans-Georg Kemper. *Deutsche Lyrik der frühen Neuzeit.* 6 Bde. Tübingen 1987 ff. – H. -H. Krummacher, 1974. – Wilhelm Kühlmann. *Gelehrtenrepublik und Fürstenstaat. Entwicklung und Kritik des deutschen Späthumanismus in der Literatur des Barockzeitalters.* Tübingen 1982: 379–382. – Arthur Leroy Langvardt. *The Verse Epigram in England during the Sixteenth and Early Seventeenth Centuries.* Diss. Univ. of Colorado 1956. – Ingrid Laurien. ›Höfische‹ und ›bürgerliche‹ *Elemente in den* »Gaistlichen und Weltlichen Gedichten« *Georg Rudolf Weckherlins (1648).* Stuttgart 1981: 324–339. – R. Levy, 1903. – Axel Lindqvist. »Die Motive und Tendenzen des deutschen Epigramms im 17. Jahrhundert. Einige Konturen.« In: G. Pfohl, 1969: 287–351 [zuerst 1949]. – Lawrence Manley. »Proverbs, Epigrams, and Urbanity in Renaissance London.« *English Literary Renaissance* 15/3, 1985: 247–276. – B. Markwardt, 1937: 275–301. – Volker Meid. *Barocklyrik.* Stuttgart 1986. – G. Neumann, 1969: 285–355. – W. Nolting, 1979. – J. Nowicki, 1974. – Helmut Prang. *Formgeschichte der Dichtkunst.* Stuttgart 1968: 163–168. – W. Preisendanz, 1952. – G. C. Rimbach, 1970. – Max Rubensohn. *Griechische Epigramme und andere kleinere Dichtungen in deutschen Übersetzungen des XVI. und XVII. Jahrhunderts.* Weimar 1897. – H. C. Schnur, 1973: 557–576. – Christoph E. Schweitzer. »Francis Daniel Pastorius, the German-American Poet.« *Yearbook of German-American Studies* 18, 1983: 21–28. – W. Segebrecht, 1977. – Harald Steinhagen (Hg.). *Deutsche Literatur. Eine Sozialgeschichte. Bd. 3: Zwischen Gegenreforma-*

tion unf Frühaufklärung: Späthumanismus, Barock. Reinbek 1985. – Harald Steinhagen und Benno von Wiese (Hgg.). *Deutsche Dichter des 17. Jahrhunderts. Ihr Leben und Werk.* Berlin 1984. – Erich Trunz. »Ambrosius Lobwasser. Humanistische Wissenschaft, kirchliche Dichtung und bürgerliches Weltbild im 16. Jahrhundert.« *Altpreußische Forschungen* 9, 1932 : 29–97. – E. Urban, 1900. – Max von Waldberg. *Die galante Lyrik. Beiträge zu ihrer Geschichte und Charakteristik.* Straßburg 1885. – J. Weisz, 1979. – Hildegarde E. Wichert. *Johann Balthasar Schupp and the Baroque Satire in Germany.* New York 1952. – Herbert Zeman. »Die ›versus rapportati‹ in der deutschen Literatur des 17. und 18. Jahrhunderts.« *Arcadia* 9, 1974 : 134–160. – Helga Zoglmann. *Das Epigramm in England zwischen 1630 und 1640.* Diss. Wien 1963.

4. 18. Jahrhundert

Die Epigrammforschung zum 18. Jh. ist ebenso lückenhaft wie diejenige zum 17. Jh. Nur gerade die bedeutendsten Autoren wie Lessing und Herder, die sich auch anderweitig einen Namen gemacht haben, finden Beachtung. So fehlt zuverlässige kritische Literatur zu wichtigen Epigrammautoren wie Kästner, Goeckingk, Pfeffel und Haug praktisch völlig. W. Dietzes Essay ist die einzige Gesamtdarstellung des Epigramms, die v.a. im Bereich des 18. Jh.s wesentliche Zusammenhänge erfaßt (1972 : 295 ff). Eine eigentliche Geschichte des Epigramms bleibt jedoch auch für diese Periode Desiderat.

Wie fließend Barockzeit und Aufklärung ineinander übergehen, zeigt sich in der Epigrammtheorie : sie entwickelt sich kontinuierlich von der Renaissance bis hin zu Lessing; erst Herder wendet sich von den traditionellen Theoremen ab (vgl. Kap. II.2 und II.3.). Das Epigramm erfreut sich im 18. Jh. weiterhin großer Beliebtheit, allerdings verändern sich Produktionsbedingungen und Funktion des Epigramms, sodaß sich die kontinuierliche theoretische Rezeption auf der Ebene der Praxis nicht wiederholt.

Ähnlich wie schon im 17. Jh. ist das Epigramm eine Art poetische Nebenbeschäftigung, wobei Ausnahmefälle wie Logau, Grob und Wernicke ganz fehlen. Auch wenn sich eine große Anzahl Dichter des 18. Jh.s in dieser Gattung versucht, scheint die gesamte Produktion deutlich unter derjenigen des 17. Jh.s zu bleiben. Andererseits ist nun die Epigrammatik zu einem viel geringeren Umfange von klassischen Vorbildern abhängig.

Abraham Gotthelf Kästner (1719–1800) gilt mit seinen 390 gedruckt vorliegenden Epigrammen – gut zehn Prozent der Logauschen Produktion – allgemein als einer der produktivsten Epigrammatiker des 18.Jh.s. Allerdings scheint von Kästner zu seiner Lebenszeit eine wesentlich größere Anzahl von mit scharfem Witz erfüllten, gefürchteten Sprüchen aller Art mündlich im Umlauf gewesen zu sein (Vorwort zu *Werke*, 1841: 1,VIIIf; C. Becker, 1911: 24f; W. Dietze, 1972: 304).

Ungeklärt bleibt die Frage, warum in den ersten vierzig Jahren nach Wernicke ein deutlicher Einbruch der Epigrammproduktion und somit ein Unterbruch der Rezeption festzustellen ist. Z. Škreb spricht von einem eigentlichen Vakuum in der Geschichte des deutschen Epigramms (1977: 32f). Die bedeutende, zwischen 1807 und 1809 von Haug und Weißer herausgegebene zehnbändige *Epigrammatische Anthologie* kennt zwischen Wernicke und Hagedorn nur wenige und unbedeutende Epigramme. Obwohl die Epigrammatik Christian Wernickes betont frühaufklärerische Züge trägt, bleibt deren Wirkung gering.

Die Funktion des Epigramms wandelt sich im Übergang zum 18.Jh. erheblich. War das Epigramm im 17.Jh. noch Teil der repräsentativen Gelehrtenkultur, die sich an den traditionellen römischen und griechischen Modellen orientiert, und die das Epigramm als Medium der analogischen Weltschau betrachtet, dient es nun – unter Fortsetzung der antiken Tradition – der Popularisierung des vernunftgemäßen Handelns und Denkens (vgl. W. Dietze, 1972: 300). Freilich weiß sich das Epigramm aufgrund seiner strukturellen Flexibilität mit Leichtigkeit den neuen Produktionsbedingungen anzupassen, zumal der potentiell dialektische Aufbau beide Epochen – wenn auch aus verschiedenen Gründen – anzusprechen vermag. Während um 1700 die konzeptualistische Verweiskultur rasch an Bedeutung einbüßt, erkennt erst die völlig durch rationalistisches Denken geprägte Phase der Aufklärung, daß das Potential zur dialektischen Darstellungsweise von der barocken Epigrammatik noch kaum angetastet ist.

Die Rokoko-Bewegung mit ihrem »Zug zum Kleinen, Niedlichen und Zierlichen« entdeckt die »Miniaturgattungen« wie das Epigramm neu (A. Anger, 1968: 54). Da das Rokoko-Epigramm nicht nur den Verstand ansprechen, sondern auch Empfindungen erzeugen soll, fehlt ihm gewöhnlich die satirische Schärfe (A. Anger, 1968: 85). E. Beutler (1909: 22ff) weist allerdings nach, daß die Rezeption der griechischen Anthologie sich anfangs nur in begrenztem Rahmen bewegt und erst in der zweiten Jahrhunderthälfte allmählich an Bedeutung gewinnt.

Friedrich von Hagedorn (1708–1754) als erster ernsthafter Epigrammatiker des 18. Jh.s schließt an Wernicke an, den er, wie schon erwähnt, in einem panegyrischen Epigramm ausdrücklich lobt (*Sämmtliche Poetische Werke*, 1757: 1,85). In einem weiteren Epigramm (1757: 1,112 f) verurteilt er Hofmannswaldaus Abweichen von Opitzschen Prinzipien durch den Schwulststil und schlägt sich im Kommentar, der dem Epigramm nach Wernickes Vorbild folgt, ausdrücklich auf Wernickes Seite. In einem der nächsten Kommentare (1757: 1,121) bricht er jedoch implizit auch mit Wernicke und formuliert einen eigenen, für die Rokoko-Zeit typischen Standpunkt. Die offenbar generell akzeptierte Ansicht wird gerügt, das Epigramm müsse, »wie eine Biene, immer mit einem Stachel versehen seyn.« Johann Wilhelm Ludwig Gleim (1719–1803) vertritt dieselbe Position (G. Neumann, 1969: 110):

> *An* ***
>
> Mit scharfem Stachel sticht
> Das Bienchen und der Igel,
> Ich aber steche *nicht* mit meinem Sinngedicht;
> Ich halte nur den *Spiegel*
> Dem Sünder hin, vor's Angesicht!

Vielmehr können Epigramme laut Hagedorn nach dem Vorbild der griechischen Anthologie auch »schöne Fliegen und Schmetterlinge« sein: »Also fliessen Ueberschriften oder Sinngedichte, wie der Leser sie zu nennen beliebet, so glücklich aus herzlichen Empfindungen, als aus witzigen Einfällen.«

Auf stilistischer Ebene sieht K. Epting programmatisch einen klaren Bruch mit dem Barock (1929 :3): »Es wird in der folgenden Untersuchung oft gezeigt werden können, wie streng Hagedorn mit der literarischen Vergangenheit brach, um aus dem neuen rationalistischen Lebensgefühl heraus seine Dichtung und Sprache zu formen.« Z. Škreb (1977: 33 f) verneint ebenfalls jegliche »Kontinuität in der Entwicklung des deutschen aus dem Geiste der neulateinischen Dichtung rezipierten Epigramms vom Barock in die Folgezeit.« A. Menhennet (1984) relativiert diese These allerdings und geht vielmehr von einem in Hagedorns Epigrammen deutlich sichtbaren, kontinuierlichen Übergang aus.

Das Rokoko bildet eine besondere Spielart des Epigramms

heraus. G. Neumann (1969: 339–342) stellt drei Merkmale fest. Erstens verfeinert sich die Pointe, die ihre Wirkung oft aus einem unerwarteten Perspektivenwechsel bezieht. Zweitens zeigt sich bei den den Sexualbereich thematisierenden Epigrammen eine gewisse Frivolität, durch die sich dem Rokoko-Epigramm eine neue »Gefühlsprovinz« erschließt. Drittens ist eine theatralisierende und dramatisierende Tendenz festzustellen, die sich z. B. in den im ganzen 18. Jh. populären dialogischen Epigrammen manifestiert.

W. Dietze (1972: 297 f) verweist auf die vor allem im 18. Jh. ausgeprägte »Tendenz zu epischer Strukturierung des Epigramms«: die sprichwörtliche Charakteristik des Epigramms im 17. Jh. verwandelt sich in eine anekdotische, was sich z. B. in der Verwandtschaft zur Fabel mit ihrem gewöhnlich pointierten Ende zeigt. Freilich darf daraus nicht abgeleitet und generalisert werden, daß »die so gewonnene epische Struktur [...] von nun an fester Besitz der deutschen Epigrammatik« bleibt (1972: 298). Wie schon Hagedorn betont, ist das episch strukturierte Epigramm nur eine von vielen Möglichkeiten (1757: 1,121).

Dem Freundschaftskult der Literatur des 18. Jh.s kommt der Typ des schon im 17. Jh. gepflegten panegyrischen Epigramms sehr zu Hilfe, wobei vor allem Dichterkollegen mit einem Lobepigramm bedacht werden. Die Panegyrik kann aber durch Übertreibung oder Preisung unwesentlicher Qualitäten in Satire verkehrt werden, wie Gleim zeigt (A. Dietze, 1985: 102):

An ✳✳✳

Dein Buch – ich soll sogleich die Wahrheit dir gestehn?
Dein Buch – das ist ein Buch und – das Papier ist schön!

Ebenfalls satirisch wirkt das Lob unerwünschter Eigenschaften. Das Kränzchen, das Gleim Lavater windet, enpuppt sich als Kritik an dessen literarischem Stil (A. Dietze, 1985: 102):

Lavaters Messias

Er spricht so mächtig schön, daß man ihn kaum versteht:
War denn, o Lavater, dein Christus ein Poet?

Auf fälschlicher Zuschiebung von Schuld baut Gleim fälschliches Lob auf. Indem die Scheinhaftigkeit von Evas Schuld entlarvt wird, verkehrt sich das Lob auf Klopstock ins Ironische (G. Neumann, 1969: 111):

Eva

Dein Apfelbiß war schuld, Frau Eva, – habe Dank, –
Daß ein Messias kam, und Klopstock ihn besang!

Direkter ist Gleims Kritik an Gottsched (A. Dietze, 1985: 100),
gegen dessen rationalistischen Klassizismus sich die Rokoko-
Bewegung auflehnt:

Gottscheds Cato

Wie dieser Sachse Cato spricht,
So sprach der Römer Cato nicht;
Hört' er die Reden des Poeten,
Er würde sich noch einmal töten!

Während Gleims Epigramme, wörtlich genommen, nur La-
vaters, Klopstocks und Gottscheds Werke einer Kritik unter-
ziehen, werden implizit auch die Dichter der beiden Werke
angegriffen. Persönliche Kritik, die namentlich an Dichterkollegen geübt wird, erweitert die Norm des satirischen Epigramms,
indem sie von einer seit Martial bestehenden Norm des satirischen Epigramms abweicht, welche persönliche Kritik unter
Namensnennung untersagt. Direkte und unverblümte Kritik
übt Kästner an Voltaire (G. Neumann, 1969: 116; vgl. auch die
Epigramme auf Voltaire von Klopstock und Lessing, ebda.,
124 f, 134 f):

Aus Voltaire's Leben

Die Kränklichkeit des Knäbchens nicht zu mehren,
Gab man die Taufe spät *Voltairen*;
Und hätte man gekannt, was schon in ihm gewohnt,
Man hätt' ihn gar damit verschont.

Diese neue Form der epigrammatischen Personalsatire ist jedoch, wie schon gesagt, auf Dichter, Gelehrte und deren Gei-
stesblitze, also auf *peers* und deren Produkte beschränkt, sodaß
diese Normerweiterung das Epigramm der literarischen Auseinandersetzung als Medium anbietet. Die oben zitierten Epigramme sind in diesem Sinne zu verstehen. Eine eigentliche
Debatte findet in Lessings berühmtem Klopstock-Epigramm
und in Schönaichs polemischer Antwort statt (A. Dietze, 1985:
116, 127):

Wer wird nicht einen Klopstock loben?
Doch wird ihn jeder lesen? – Nein.
Wir wollen weniger erhoben
Und fleißiger gelesen sein.

Auf ihn

Wer wird nicht einen L-ss-ng loben?
Doch tadeln sollt ihn jeder? Nein!
Ein Kluger darf auf das nicht toben,
Was nicht verdient, gedruckt zu sein.

Die anfängliche Parodie weitet sich in ein negatives Pauschalurteil aus, das auf einer selbständigen, von der Vorlage unabhängigen Pointe beruht, welche das anfänglich erwartete Lob auf Lessing ins Negative verkehrt. Immerhin wird das satirische Element durch die Auslassung der Vokale in Lessings Namen und vor allem durch den ironischen Titel *Auf ihn* vorausgenommen. Die Weglassung des Namens im Titel deutet darauf hin, daß Lessing zu der Zeit von vielen – und wohl nicht zuletzt von ihm selbst – die Rolle eines Literaturpapstes zugesprochen wird.

Teil dieser literarischen Auseinandersetzung ist die traditionelle Selbstreflexion des Epigramms, die im 18. Jh. besonders intensiv geführt wird. Wie weit diese Selbstbespiegelung führt, zeigt folgendes Beispiel von Christoph Otto von Schönaich (1725–1807; A. Dietze, 1985: 127), wo die Thematisierung des Epigramms im Epigramm zum Thema des Epigramms wird. Die Gewohnheit der Epigrammatiker, sich und ihre Gattung wichtig zu nehmen, ist Zielscheibe der Kritik:

Das Epigramm

Stax las mir jüngst sein Epigramm.
Stax:
  Sind Sie dem Scherzen denn so gram,
  Daß Sie so runzlicht bleiben?
Ich:
  Nein, Stax! Ich dachte hin und her,
  Wie's Epigramm zu bessern wär!
Stax:
  Und wie?
Ich:
  »Ein Epigramm« muß man darüber schreiben!

Das 18.Jh. bringt allgemein eine auch das Epigramm betreffende Variierung und Verfeinerung der metrischen Schemas. Der Alexandriner wird weitgehend durch kürzere Versformen verdrängt, wie sie schon Logau oft verwendet; der Paarreim wird durch andere Reimformen ergänzt (W. Dietze, 1972: 297). Karl Wilhelm Ramler hält in seiner *Einleitung in die schönen Wissenschaften, nach dem Französischen des Herrn Batteux* ([4]1774: 3,248) fest, daß eine variierende Verslänge dem Epigramm zu größerer Wirksamkeit verhilft. Das Epigramm »bekömmt mehr Stärke und Naivität, weil jeder Teil des Gedankens ganz genau und ohne etwas Überflüssiges ausgedrückt werden kann, welches man besonders in epigrammatischen Gedichten wünscht« (zit. nach E. Beutler, 1909: 33). Besonders effektiv ist die Kürzung der letzten Zeile, um die Pointe zu verschärfen. Das Epigramm *Frag' und Antwort* von Johann Joachim Ewald ist ein Beispiel von vielen (G. Neumann, 1969: 128):

> Du hast in langer Zeit kein Sinngedicht gemacht?
> »Ich habe nicht an dich gedacht!«

Lessing thematisiert dieses Verfahren gar (LM 1,11):

An Grillen.

> Sey kürzer! sprichst du, Grill. Schweig, Grill! du bist nicht klug.
> Ist das dir kurz genug?

Der *vers irrégulier* bricht die rigide Struktur des Alexandriners auf und erlaubt eine größere Spontaneität und Flexibilität, die Beutler jedoch auch als Gefahr sieht (1909: 33). Die »Rhythmen des ungenierten Plaudertons« seien der Konzentration hinderlich, verleiteten zum Abschweifen und kämen der Tendenz der Anakreontik zur Geschwätzigkeit entgegen. Dieser Auffassung widerspricht allerdings die Tatsache, daß beim *vers irrégulier* das beim Alexandriner oft notwendige Auffüllen von Versen wegfällt und sich so die Möglichkeit zu noch kürzerem Ausdruck eröffnet. Ein Blick auf die epigrammatische Praxis bestätigt diese zweite These. Insgesamt zeichnet sich die Epigrammatik des 18.Jh.s durch große metrische Freiheit aus, wobei vier- und fünfhebige Jamben besonders beliebt sind und das traditionelle Distichon wieder an Ansehen gewinnt.

Solche metrischen Fragen werden allerdings anderen epigrammtheoretischen Gesichtspunkten wie der Pointierung untergeordnet. Das Primat des Einfalls über die Versifizierung, das schon Wernicke postuliert hat, bleibt gültig. Abraham Gotthelf Kästner (1719–1800), Lessings Leipziger Lehrer, widmet diesem Thema ebenfalls ein Epigramm (G. Neumann, 1969: 117):

Sinngedicht

Den Einfall, den zwey Reime sagen,
Nennt *Despreaux* ein Sinngedicht;
Wer·wird was nach den Reimen fragen?
Vergißt man nur den Einfall nicht.

Kästner entwickelt eine ihm eigene Pointentechnik, die sich auszeichnet durch Trugschlüsse oder durch eine paradox scheinende Behauptung, die nachträglich aufgeklärt wird (W. Dietze, 1972: 305; 1841: 1,24):

Nach dem Tode meiner Gattinn.

Ort, der mir nur Verdruß statt Glück und Ruhe gab,
Nichts Werthes hast du mir, als meines Hannchens Grab!

Während die Pointe normalerweise am Ende eine überraschende Klärung herbeiführt, verkehrt sie hier einen scheinbar klaren Sachverhalt ins Doppeldeutige. Bei Kästner wird auch eine Tendenz zur Konkretisierung ersichtlich (W. Dietze, 1972: 305f), die Kästner im Vorwort zur Ausgabe von 1782 zu rechtfertigen sucht (1841: 1,VI). Spezifische Situationen, welche dem außenstehenden Leser kaum mehr verständlich sind, können Gegenstand des Epigramms werden, woraus oft Undeutlichkeit resultiert (z.B. 1841: 1,78).

Stofflich bringt das Epigramm des 18.Jh.s kaum Neues. Als neuartig erweist sich lediglich die technische Durcharbeitung der Stoffe. Mit dem Interesse an religiösen Fragen verschwindet allerdings das geistliche Epigramm; Scheffler ist der letzte bedeutende Exponent auf diesem Gebiet.

Die altbekannten Typen wie schlechte Ärzte und Vertreter anderer Berufsgruppen, Pritschmeister, Säufer, falsche Christen, wollüstige Greise, buhlende Gesellen, geprellte Jungfrauen, betrogene Ehemänner, geizige Dickwänste, einfältige Versedichter – die Liste ließe sich beinahe beliebig verlängern –, körperliche Mißbildungen wie lange Nasen und Dummheit werden aufs Korn genommen. Ähnliche Zielscheiben von Spott und Satire hat E. Moser-Rath auch in der reichhaltigen Schwankliteratur des 17. und 18. Jh. ausgemacht. Beinahe epigrammatisch mutet die oft rezipierte Geschichte des ungebildeten Edelmanns an, der an der fürstlichen Tafel von einem Epigramm reden hört und zu Hause dem Koch diese ihm unbekannte Speise abverlangt (1984: 150).

Das Bildungsgefälle zwischen dem aufstrebenden Bürgertum und dem sich auf Titel und Privilegien stützenden Adels ist zentrales Motiv in der sich im 18. Jh. verschärfenden Hofkritik. Logau zum Beispiel hat bewußt provinzielle Fürstenhöfe wie denjenigen in Brieg, von dem er ja materiell abhängig war, von seiner Kritik ausgenommen. Das sich im 18. Jh. zumindest ökonomisch emanzipierende Bürgertum ist nicht länger durch solche Rücksichtsnahmen gebunden. Korrupte Machtausübung wie unmoralisches Privatleben verdichten sich zur beißenden Kritik am regierenden absolutistischen Fürsten, wie folgendes Beispiel von Ephraim Moses Kuh (1731–1790; A. Dietze, 1985: 106) zeigt:

> *Gebet eines Hofmanns*
>
> Ihr Götter, steht mir heute bei,
> Daß ich nicht meine Pflicht vergesse,
> Daß mir der Fürst recht gnädig sei
> Und auch sein Hund und die Mätresse.

Politik und Moral werden nicht nur in ihrer öffentlichen Dimension, sondern auch in ihren Auswirkungen auf die sich neu bildende Privatsphäre ausgeleuchtet. Die Sittlichkeit wird privatisiert, aber auch entheroisiert und durch Sachzwänge kompromittiert, wie Goeckingk illustriert (G. Neumann, 1969: 155):

> *Lottchen; als sie die Geschichte*
> *der Virginia vorgelesen hatte*
>
> Darum erstach er sie? ach! ach! die blinden Heiden!
> Nicht wahr, Mama, wir müßten's leiden?

Die Tat von Virginias Vater, die immerhin neben Virginias Unschuld auch die römische Republik rettet, erweist sich als sture und unangebrachte Prinzipienreiterei, zumal Lottchen ganz gerne Virginias Schicksal erleiden würde. Während Lessing Virginia in seiner *Emilia Galotti* in einen privaten, bürgerlichen Kontext in einem absolutistischen Staat versetzt, entlarvt Goekkingk diesen Vorgang in deutlicher Anspielung darauf als bürgerlichen Luxus, den sich der Durchschnittsmensch rein pragmatisch nicht leisten kann.

Mit dem 18. Jh. geht auch die große Zeit des Epigramms zu Ende. Nach W. Nolting (1979 : 17) übersieht das Epigramm die Revolutionierung der Ästhetik und die Autonomisierung der Literatur und ignoriert damit den relevantesten Aspekt der Neuzeit, »nämlich die Einsetzung des selbstbewußten Individuums als Subjekt der Geschichte.« Persönliches, Subjektives und Erlebnishaftes bleiben dem Epigramm per Gattungsnorm aufgrund dessen Tendenz zur Objektivierung verwehrt. Das Epigramm ist oft Begleittext, nämlich ein das Objekt begleitender Text, der dem auf Autonomie bestrebten Subjekt keine Erkenntnismöglichkeiten bietet. Das Epigramm bleibt in einer Objektwelt verhaftet. Das Epigramm ist in Manfred Bielers überspitzter Formulierung von »einem mechanischen Übersetzungsverhältnis zum gestalterischen Material« – freilich nicht ohne gedankliche Vertiefung – geprägt, »wogegen die ›konkrete Beseelung‹ (Hegel), sprich: Realismus, ein dialektisches Verhältnis von Inhalt und Form, Bedeutung und Gestalt meint« (1964 : 576). Der Niedergang des Epigramms ist somit vorprogrammiert, auch wenn er sich noch bis zur Mitte des 19. Jh.s hinzieht. Erst die durch den Subjektivitätsverlust gekennzeichnete Literatur des 20. Jh.s findet zurück zur objektivierten Welt des Epigramms.

Gotthold Ephraim Lessing

Gotthold Ephraim Lessing (1729–1781) beschäftigt sich Zeit seines Lebens mit dem Epigramm; seine Epigrammatik ist keineswegs nur Jugenddichtung (H. D. Becker, 1977 : 13 f). Trotz der relativ prominenten Stellung der Epigrammatik in Lessings Gesamtwerk hat sich nur ein verschwindend kleiner Anteil der umfangreichen Lessingforschung mit dieser Thematik befaßt.

Für die Epigrammrezeption von Bedeutung ist die von Lessing und Ramler veranstaltete teilweise Neuausgabe von Logaus Epigrammen im Jahre 1759 (vgl. W. Heuschkel, 1901). Während der Anstoß zu dieser Ausgabe von Lessing ausgeht, der die anakreontische Seite an Logau entdeckt (B. Kochmann, 1980 :

347 f), darf man annehmen, daß Ramler primär die editorische Arbeit geleistet hat.

Lessings ›Anleihen‹ bei anderen Epigrammatikern haben die Forschung intensiv beschäftigt. Schon das anonyme *Sendschreiben über Herrn Lessings Sinngedichte* (1760; J. W. Braun, 1884: 1,151–158) beschuldigt Lessing, vieles aus Martial und Catull entlehnt zu haben, und konstatiert polemisch (156): »Aber im Ernst, ist es nicht schlimm, daß Herr Lessing sich geschämt hat seine Originale anzuführen?« P. Albrechts Studie (1890 f) ist ein einziger, massiver Versuch, Lessing des Plagiats zu überführen und so aus dem literarischen Kanon zu entfernen. Auch moderne Kritiker identifizieren weiterhin ›Quellen‹ und ›Vorlagen‹ (V. Riedel, 1976: 200 ff; H. P. Woessner, 1978: 26–71; B. Kochmann, 1980) und bezichtigen ihn weiterhin des Plagiats (H. C. Schnur, 1973: 564 f) oder aber der »Verbesserungssucht« (H. P. Woessner, 1978: 51). Zu recht stellt W. Dietze fest, Lessing behandle »alte Stoffe, alte Themen, alte Motive« (1972: 308). Freilich zeigt schon A. Müller eine Lösung auf, allerdings nicht ohne selbst noch auf weitere Entlehnungen hinzuweisen (1870: 498): »Lessing verfuhr eben nur so, wie die meisten Epigrammatiker vor ihm verfahren hatten [...]« (vgl. Z. Škreb, 1977: 37 ff). Lessings Leistung liegt nicht auf dem Gebiet des Stoffes, sondern der Form.

Das Wesen von Lessings Epigrammtechnik besteht im Verschweigen und Erratenlassen des Hauptgegenstandes (W. Dietze, 1972: 308 f). Die Pointe wird verzögert (LM 1,107; vgl. auch Martial 10,8):

Auf die Magdalis.

Die alte reiche Magdalis
Wünscht mich zum Mann, wie ich höre.
Reich wäre sie genug, das ist gewiß;
Allein so alt! – Ja, wenn sie älter wäre!

Die Pointe wird dadurch erzeugt, daß die vom Leser erwartete, nach dem altbekannten Muster strukturierte Pointe ins Gegenteil verkehrt wird: der Leser würde die Bevorzugung einer jüngeren Braut erwarten. Die eigentliche Pointe besteht also im Spiel mit der Erwartungshaltung des Lesers, im bewußten Nichterfüllen der erwarteten Pointe.

Oft wird die Pointe gar nicht ausgesprochen, sondern nur »mit lässiger Selbstverständlichkeit unterstellt« (W. Dietze, 1972: 308; LM 1,9):

Auf Frau Trix.

Frau Trix besucht sehr oft den jungen Doktor Klette.
Argwohnet nichts! Ihr Mann liegt wirklich krank zu Bette!

Der eigentliche Punkt, auf den Lessing abzielt, wird ausgespart,
wodurch sich die Wirksamkeit der Pointe vermehrt. Wiederum
erkennen wir eine doppelte Pointe: die eigentliche Pointe amü-
siert sich über das Fehlverhalten von Frau Trix und Doktor
Klette, während eine zweite Pointe die Rezeptionshaltung des
Lesers zum Gegenstand hat. Der Leser wiederum vergnügt sich
daran, daß er sich die Auflösung der Pointe und somit den
ästhetischen Genuß selbst zu verdanken glaubt.

Lessings eigentliche Leistung ist, seiner eigenen Theorie von
Erwartung und Aufschluß entsprechend, die unerreichte Präzision, mit welcher beide Teile aufeinander zu gearbeitet sind
(R. Ziemann, 1984: 245 f). Das Epigramm wird »witzig-ratio-
nale Gattung par excellence« (W. Barner, 1981: 156 f). In vielen
Epigrammen vertritt Satire primär kein moralisches Anliegen
mehr, sondern die Freude an der pointierten Formulierung, am
sprachlich-rationalen Spiel. Zu recht hält W. Dietze (1972: 311)
fest, daß Ziel und Absicht vieler Lessingscher Epigramme die
reine, formale Dialektik ist (z.B. LM 1, Nr. 46–47, 70–73).

Literatur zu Lessing

Paul Albrecht. *Leszings Plagiate.* Hamburg, Leipzig 1890–91. – Wilfried
Barner, Gunter Grimm et al. *Lessing. Epoche – Werk – Wirkung.* Mün-
chen 1975. [4]1981: 155–158. – Hans Dieter Becker. *Untersuchungen zum
Epigramm Lessings.* Diss. Düsseldorf 1977. – Julius W. Braun. *Lessing im
Urtheile seiner Zeitgenossen.* Berlin 1884: 1,151–158 [zuerst 1760; Re-
print Hildesheim 1969]. – Jan Bystron. *Lessings Epigramme und seine
Arbeit zur Theorie des Epigramms.* Krakau 1889. – Siglinde Eichner. *Die
Prosafabel Lessings in seiner Theorie und Dichtung. Ein Beitrag zur Ästhetik des 18. Jahrhunderts.* Bonn 1974. – Christine Hensel. Nachwort zu
G. E. Lessing. *Epigramme. An die Herren X und Y.* Leipzig [2]1981:
85–91. – Walter Heuschkel. *Untersuchungen über Ramlers und Lessings
Bearbeitungen von Sinngedichten Logaus.* Jena 1901. – Brigitta Kochmann. »Lessing und Logau. Zum Einfluß Logaus auf Lessings epigrammatisches Schaffen.« In: H. -G. Werner (Hg.). *Lessing-Konferenz Halle
1979.* Halle 1980: 247–256. – Gotthold Ephraim Lessing. *Sämtliche
Schriften.* Hg. Karl Lachmann und Franz Muncker. 23 Bde. Stuttgart
1886–1924 [zit. LM]. – August Müller. »Zu Lessings Epigrammen.«

Archiv für Literaturgeschichte 1, 1870: 494–500. – Volker Riedel. *Lessing und die römische Literatur.* Weimar 1976. – Hans Peter Woessner. *Lessing und das Epigramm.* Neuhausen 1978. – R. Ziemann, 1984. – Rüdiger Ziemann. »Zu Lessings Epigrammatik.« *Wiss. Zs. der Humboldt-Univ. zu Berlin, Ges.-Sprachwiss. Reihe* 31, 1982: 569–571.

Unter den Lessing-Nachfolgern sind Gottlieb Conrad Pfeffel (1736–1809), Leopold Friedrich Günther von Goeckingk (1748–1828) und Johann Christoph Friedrich Haug (1761–1829) hervorzuheben. Alle drei liegen stilistisch und stofflich nahe an der Lessingschen Linie.

Haug ist der Originellste und Produktivste unter den dreien – zumindest was das Epigramm betrifft. Seine Epigramme zeichnen sich durch besonders scharfe Satire aus. Immer wieder sind adelige und klerikale Kreise Zielscheibe der Kritik, die oft drastisch ausfällt (A. Dietze, 1985: 247):

> *Als *** vorbeirasselte*
>
> Sechs Pferde ziehen ihn
> Im Galawagen hin.
> Nur viere sollten ihn,
> Doch ohne Wagen, ziehn.

Noch heute bekannt sind seine Epigramme auf Ärzte in der Sammlung *Hundert Epigramme auf Ärzte, die keine sind* (1806). Oft vermag sich dieselbe Pointe über mehr als einen Berufsstand lustig zu machen (A. Dietze, 1985: 259):

> *Fiat Justitia*
>
> Finanzrat Prello krankt. Sein Leibarzt hilft ihm enden.
> So stirbt der Dieb doch unter Henkershänden.

Die Sammlung *Hundert Hyperbeln auf Herrn Wahls große Nase* (1804; 1822 auf 200 erweitert) befaßt sich mit dieser einen Mißbildung. Freilich ist es verfehlt, von Epigrammzyklen zu sprechen (wie z.B. Z. Škreb, 1976/78: 12), da jedes Epigramm für sich allein stehen kann und somit die Kotextisolierung gewahrt ist. Freilich kreiert das geimeinsame Rahmenthema eine Erwartungshaltung: der Leser wird auf die Nasenthematik konditioniert, sodaß er auch nur schwach angedeutete Pointen sofort richtig einordnet (A. Dietze, 1985: 257):

Dir hat zum Glücke jüngst ein Dieb,
Der schlau sein Gaunerwesen trieb,
Die Dose vor der Nase weggenommen.
Der Vorsprung war zu groß. Er mußt' entkommen!

W. Dietze erklärt diesen schon leicht absurd wirkenden Spott auf Gebrechen und Mißbildungen als übersteigerte Satire auf die Physiognomie-Lehre von Lavater (W. Dietze, 1972: 365). Gerade durch die Übersteigerung läuft sich diese Satire jedoch tot, was auch auf die Ärzte-Epigramme zutrifft. R. Ziemann (1984: 243) weist diese Theorie überzeugend zurück: die Nase ist ein Gegenstand, der keiner ist. Haug demonstriert die Eleganz seiner geschliffenen Epigrammatik an einem Nichts.

Schließlich zeichnet sich Haug auch durch seine Meisterschaft des dialogischen Epigramms aus (A. Dietze, 1985: 249):

Erläuterung

A.: Ich hülle mich in meine Tugend ein.
B.: Das nenn ich leicht gekleidet sein.

Trefflicher Rat

Klaus:
Mein Werkchen kommt im Druck heraus,
Doch meinen Namen laß ich aus.
Arist:
Laß deinen Namen drucken, Klaus,
Und laß dein Werkchen aus.

Freilich entsteht hier der Verdacht, daß Pointen nur noch um ihrer selbst willen in Epigramme verpackt werden. Problematische Substanz ist nicht mehr Kritik an Lastern, Charaktertypen oder gesellschaftlichen Zuständen, sondern die Pointe selbst. Das ästhetische Vergnügen wird durch die gelungene Formulierung, durch das clevere Wortspiel bzw. durch deren erfolgreiche Entschlüsselung durch den Leser bereitet, nicht durch erhöhte Einsicht in das (satirisch) dargestellte Objekt.

Johann Gottfried Herder

Von seiner Italienreise schreibt Johann Gottfried Herder (1744–1803) am 5. September 1788 an seine Gattin (zit. nach E. Beutler, 1909: 59):

Unter den alten Steinen, die einem großen Teil nach Grabsteine und Sarkophagen sind, übernahm mich das Andenken unsrer gemeinschaftlichen Freude und Arbeit so sehr, daß ich in ein Nachdenken kam, das mich fast zu Tränen erweichte. Da standen die Gegenstände der griechischen Epigramme ruhig da, die Eltern, die sich einander auch auf dem Grabstein mit Treue die Hände gaben, und die Kinder zwischen ihnen. Hier eine häusliche Gesellschaft um den Tisch, dort ruhende Personen; vier-, fünfmal auch unser Freund Schlaf mit der gesenkten Fackel. Du kannst denken, mit welchen Gedanken ich unter den Arkaden umherging.

Für Herder besteht eine direkte Analogie zwischen den Epigrammen der Anthologie und der antiken Plastik (E. Beutler, 1909: 51 ff). Die im elegischen Epigramm der Anthologie verewigten Gegenstände finden sich in visueller Form in den römischen Ruinenfeldern wieder, wodurch sich Herder auch in seiner Epigrammtheorie bestätigt findet: der statischen Qualität der Plastik entspricht die statische Qualität des lyrischen Epigramms. Die Zusammengehörigkeit von Monument und Inskription ist ja auch historisch gesichert.

Die Beziehung zwischen Anthologie und Plastik verweist aber auch auf eine prinzipielle Harmonie zwischen den Künsten, die in der gesamten westlichen Tradition besteht – man denke nur an das Horazsche Postulat des *ut pictura poesis* und dessen Diskussion bis hin zur deutschen Klassik (SW 29,157 f):

> *Die Harmonie der Welt.*
>
> Siehet das Auge? Höret das Ohr? Dein *innerer Sinn* sieht
> Er nur höret und weiß, was er von außen vernahm.
> Und du zweifeltest, Freund, am hohen inneren Weltsinn?
> Hörst du die Harfe nicht? Willst du auch *sehen* den Ton?

Doch die Analogie läßt sich noch einen Schritt weiter ziehen: Plastik und Anthologie drücken »Form und Gehalt klassischer Humanität« aus (W. Dietze, 1972: 328). Nur das Volk der Griechen ist dazu befähigt, weil es »jene Humanität der Empfindungen besaß, die zum Epigramm gehöret« (SW 15,211). Herder begründet diese Behauptung damit, daß im alten Griechenland alle notwendigen Voraussetzungen auf ideale Weise erfüllt werden (211 f): »Sie genossen ein schönes Klima: sie hatten Verfassungen der Ehre und Freiheit: sie besaßen eine schöne Mythologie und eine Kunst, die sich um alles schlang, die alles verschönte; lauter Stücke, die das Epigramm insonderheit in seiner schlichten Gestalt vorzüglich liebet.« Die Humanität zehrt von der kulturellen Substanz, die Herder im Griechentum erkennt und auf seiner Italienreise so intensiv erlebt, von einem Zustand der Ehre und Freiheit und schließlich von einem »Klima, das allen diesen Gebäuden und Kunstdenkmalen, so wie ihren belehrenden Inschriften Dauer und Raum gab« (215). Indem Herder den Zusammenhang zwischen der Entwicklung der Demokratie und der Epigrammatik im antiken Griechenland herausarbeitet (E. Beutler, 1909: 60f; W. Dietze, 1972: 327), weist er auch implizit auf die Problematik seiner Epigrammkonzeption im 18.Jh..

Die Kluft zwischen philosophischem Anspruch und gesellschaftlicher Realität des Absolutismus verunmöglicht Epigrammatik aus griechischem Geist. Herders bescheidene Epigrammproduktion belegt dies: es handelt sich zumeist um Übersetzungen aus dem Griechischen und um Epigramme, die Motive aus der Anthologie weiterverarbeiten oder die problematische Substanz aus mehreren griechischen Epigrammen beziehen (E. Beutler, 1909: 66; SW 29,654):

Das Auge der Seele.

Reizt das Auge zur Liebe; wie denn Korinthisches Mädchen
    daß du den Jüngling liebst, der in Ionien wohnt.
Freund, ich hörte von ihm; da hat mein Geist ihn erblicket.
    Oder verstehest du nicht, wie auch die Seele sieht?

So erklärt sich die Tatsache, daß im 18.Jh. Lessings Epigrammtyp weit erfolgreicher ist. Erst der deutsche Idealismus vermag die Erfahrung der griechischen Welt in eigene mythologische und künstlerische Substanz umzuformen und so Herders Ansatz für sich selbst fruchtbar zu machen.

Literatur zu Herder

E. Beutler, 1909: 48–68. – Harald Henry. *Herder und Lessing. Umrisse ihrer Beziehung.* Würzburg 1941. – Johann Gottfried Herder. *Sämmtliche Werke.* Hg. Bernhard Suphan. Berlin 1877–1913 [zit. SW]. – Robert Mühlher. »Herders Epigramm auf den Namen Goethe.« *Jb. des Wiener Goethe-Vereins* 79, 1975: 43–46.

»Im Musenalmanach schuf sich die bürgerliche deutsche Rokokokultur ihr eigentliches, ein ihr gemäßes literarisches Organ«
(Z. Škreb, 1977: 45). Mit den ab 1770 zuerst in Göttingen und
Leipzig entstehenden Musenalmanachen (Verzeichnis bei
A. Anger, 1968: 112f), die in einem gewissen Sinne die Nachfolge der Moralischen Wochenschriften antreten, entsteht ein
neues Medium zur Verbreitung des Epigramms. Škreb weist
nach, daß sämtliche Almanache, selbst Schillers *Anthologie auf
das Jahr 1782*, eine beträchtliche Anzahl von Epigrammen aufweisen (1977: 49ff). Obwohl die Herausgeber der verschiedenen Almanache durchaus in einem Konkurrenzverhältnis zueinander stehen, sind sich alle darin einig, daß das Epigramm
ein konstituierender Bestandteil des Musenalmanachs ist. Nach
Škreb sind die Musenalmanache »die eigentliche Pflanzstätte
des deutschen Epigramms in der zweiten Jahrhunderthälfte«
(1977: 65; auch 1976/78: 9).

Trotz dieser dominanten Stellung werden Epigramme selten
in Gruppen abgedruckt, sondern sie finden sich vielmehr über
den ganzen Almanach verstreut. Nur in Ausnahmefällen beginnt eine neue Seite mit einem Epigramm. Von vielen Herausgebern wird das Epigramm als Füllsel betrachtet, wie auch
Kästner pointiert festhält (1841: 1,46):

Zu Ausfüllung des Platzes.

Zwo Zeilen setze man an diese Stelle her,
Sonst bleibt sie wie der Kopf des Herrn *Kritodes* leer.

Auffallend ist die Zahl der in den Musenalmanachen vertretenen politischen und sozialkritischen Epigramme. Im *Göttinger
Musenalmanach* auf das Jahr 1778 findet sich folgendes anonymes Epigramm (zit. nach Z. Škreb, 1977: 59):

Deutsche Freiheit.

Mit deutscher Freiheit ist's nun so:
Es läßt sich Abends gut beim Rausche davon singen,
Doch singt nur nicht zu laut, zu froh:
Der Morgen möchte sonst schon Singe-Steuern bringen.

Die Freiheit ist so weit entfernt, daß man aus Furcht vor Repression nur im Alkoholrausch überhaupt daran zu denken wagt.
Die Pointe besteht darin, daß nicht die Polizei, sondern die

Steuerbehörde einschreitet. Die staatliche Herrschaft unterdrückt den Bürger nicht mit offener Gewalt, sondern mit subtilen ökonomischen Mitteln: abweichende Meinungen werden durch Verhängung finanzieller Sanktionen zum Schweigen gebracht.

Freilich findet sich neben Herrschaftskritik auch weiterhin Fürstenpanegyrik, abgesehen von der Masse der unpolitischen Gedichte. Im Verlaufe des letzten Jahrzehnts des 18.Jh.s verstummt die aktuelle politische Satire immer mehr zugunsten der Kritik an den außer Kontrolle geratenden revolutionären Vorgängen in Frankreich (Z. Škreb, 1977: 60f).

In derselben Zeitspanne beginnt sich der Einfluß von Herders Epigrammkonzeption immer stärker bemerkbar zu machen. Mit dem antiken Humanitätsideal beginnen immer mehr antike Dichtungsformen die deutsche Literatur zu infiltrieren. Beim Epigramm macht sich dies in der Alleinherrschaft des elegischen Distichons ab den frühen neunziger Jahren bemerkbar (Z. Škreb, 1977: 65ff; 1976/78: 11). Während sich in Schillers *Anthologie auf das Jahr 1782* noch kein einziges Epigramm im Versmaß des Distichons findet, ist dieses in seinem *Musenalmanach* (1796–1800) Voraussetzung (Z. Škreb, 1977: 66; 1976/78: 13).

Nach Škreb (1977: 67) hat das elegische Distichon (und insbesondere die Publikation der *Xenien*) »das deutsche Epigramm des Rokoko zur Strecke gebracht. Dieses wurde gezwungen, seine gesamte mit dem Alexandriner-Epigramm anhebende Tradition in Sprache und Gehalt von sich abzustreifen.« Während das anakreontische Epigramm mit seinem spielerischen Witz von einer flexiblen Verssprache geprägt ist, bringt das rigide Schema des antikisierenden Distichons einen neuen Tonfall ins Epigramm, der auch Inhalt und Gehalt nachhaltig beeinflußt.

Literatur zum 18. Jahrhundert

Alfred Anger. *Literarisches Rokoko*. Stuttgart ²1968. – Carl Becker. *Abraham Gotthelf Kästners Epigramme. Chronologie und Kommentar*. Halle 1911 [Repr. Walluf 1973]. – E. Beutler, 1909. – M. Bieler, 1964. – Karl Epting. *Der Stil in den lyrischen und didaktischen Gedichten Friedrich von Hagedorns. Ein Beitrag zur Stilgeschichte der Aufklärungszeit*. Stuttgart 1929. – T. Erb, 1929. – K. Hecker, 1979. – Abraham Gotthelf Kästner. *Gesammelte Poetische und Prosaische Schönwissenschaftliche Werke*. 4 Bde. Berlin 1841 [Repr. Frankfurt 1971]. – Abraham Gotthelf

Kästner. *Epigramme*. Henstedt 1970. – Fritz Kasch. *Leopold F. G. von Goeckingk*. Marburg 1909. – Alan Menhennet. »Hagedorn and the Development of German Poetic Style.« *Lessing Yearbook* 16, 1984: 179–192. – Elfriede Moser-Rath. *»Lustige Gesellschaft«. Schwank und Witz des 17. und 18. Jahrhunderts in kultur- und sozialgeschichtlichem Kontext*. Stuttgart 1984. – W. Nolting, 1979. – W. Preisendanz, 1952. – H. Rosenfeld, 1935. – Zdenko Škreb. *Das Epigramm in deutschen Musenalmanachen und Taschenbüchern um 1800*. Wien 1977. – Zdenko Škreb. »Das Epigramm in Schwaben.« *Lenau-Almanach*, 1976/78: 9–18.

5. Goethe und Schiller

In Schillers *Musenalmanach für das Jahr 1796* erscheint erstmals eine Sammlung von 104 Epigrammen von Goethe, die allgemein als *Venetianische Epigramme* (*VE*) bekannt ist. Die meisten der *VE* sind während eines Aufenthalts in Venedig im Frühjahr 1790 entstanden. Auch am Beispiel Goethe läßt sich erkennen, daß Epigramme in der Forschung nicht hoch im Kurs stehen (W. Rasch, 1977: 115), handelt es sich doch bei den *VE* um ein kaum beachtetes Meisterwerk eines hochgradig kanonisierten Autors (R. Hexter, 1981: 526f, 547f; zur Rezeptionsgeschichte M. K. Flavell, 1981: 61–66).

In lockerer, jedoch nicht zufälliger Folge (J. Jarislowsky, 1927) werden, immer wieder durch erotische Gedichte unterbrochen, Reiseeindrücke und persönliche Erfahrungen geschildert, aber auch politische Kommentare abgegeben. Es wäre jedoch falsch, die *VE* wie W. Preisendanz (1952: 70) einfach als »durch die Gelegenheit des faktischen Lebens bestimmte« Gelegenheitsgedichte oder wie E. Staiger (1956: 86f) als Zeitvertreib, für Goethe wie für den heutigen Leser, abzutun. Diese pauschale Abwertung der *VE*, aber auch anderer epigrammatischer Werke durch die bequeme Etikette ›Gelegenheitsdichtung‹ hat deren Rezeption in jüngerer Zeit mit Sicherheit negativ beeinflußt. Innerhalb der *VE* läßt sich auch ein Teilzyklus auf die Gauklerin Bettine ausmachen (36–47; vgl. W. Rasch, 1977). Zu recht identifiziert R. Hexter in seinem hervorragenden Artikel (1981: 542) »the concept of artful disarray, of apparant disorder and random selection« als strukturelle Klammer.

Im Gegensatz zu den kurz zuvor entstandenen *Römischen Elegien* äußern sich einige Gedichte kritisch über Italien (17):

> Not lehrt beten, man sagts; will einer es lernen, er gehe
> Nach Italien! Not findet der Fremde gewiß.

Italien ist nicht nur arm an materiellen Gütern, sondern auch an Religiosität. Das idealisierende Italienbild, wie es Goethe nach der ersten Reise nach Italien pflegt, und wie es auch Herders Humanitätsideal Pate steht, weicht der Ernüchterung. Wie ein moderner Urlauber beschwert sich Goethe über den Schmutz in Venedig (24). Nicht das Museale interessiert, sondern das Leben der Straße, beobachtet als Spaziergänger. In der Begegnung mit Bettine von einer Gauklertruppe hellt sich sein Gemüt auf, tritt Satire zurück.

Den periodischen erotischen Gedanken ist es vorbehalten, die eher düsteren und oft von bitterer Skepsis gezeichneten venetianischen Erfahrungen aufzuheitern. Die erotischen Epigramme – zumeist auf Christiane Vulpius – bilden einen willkommenen Kontrapunkt. Die Geliebte ist jedoch nicht zur Hand – sie verblieb in Weimar –, und so wird das Epigrammschreiben zum Sublimierungsakt (49):

> Wißt ihr, wie ich gewiß euch Epigramme zu Scharen
> Fertige? Führet mich nur weit von der Liebsten hinweg!

Denn am Morgen allein in einem Bett aufzuwachen kommt dem Tod gleich (26).

Auch Goethes Epigramme thematisieren sich bzw. die Beziehung zum Leser mit Vorliebe (62, vgl. 59, 61):

> Je gemeiner es ist, je näher dem Neide, der Mißgunst,
> desto eher begreifst du das Gedichtchen gewiß.

Als Kenner der menschlichen Psyche gibt sich Goethe hier zu erkennen. Je bösartiger und gemeiner das Epigramm, desto eher kann sich der Leser damit anfreunden.

Kaum könnte man im Goethe der *VE* einen Vertreter des politischen Establishments erkennen. M. K. Flavell sieht in den *VE* den Versuch »to free poetry from subordination to ruling conventions of whatever kind, religious, social, or linguistic« (1981: 40). Goethes politische Kritik ist deutlich (51–58), am deutlichsten aber in einem aus der Sammlung weggelassenen Gedicht (1953: 2,177):

> Dich betrügt der Staatsmann, der Pfaffe, der Lehrer der Sitten,
> Und dies Kleeblatt, wie tief betest du Pöbel es an.
> Leider läßt sich noch kaum was Rechtes denken und sagen
> Das nicht grimmig den Staat, Götter und Sitten verletzt.

In Goethes *VE* kündigt sich die Problematik des modernen Dichters an. Zweifel an der Beherrschbarkeit der Sprache stellen die Dichtung in Frage (76, vgl. 29):

> Was mir das Schicksal gewollt? Es wäre verwegen,
>   Das zu fragen; denn meist will es mit vielen nicht viel.
> Einen Dichter meint es zu bilden, es wär ihm gelungen,
>   Hätte die Sprache sich nicht unüberwindlich gezeigt.

Zu recht bringt W. Rasch (1977: 132) Goethes Sprachskepsis mit Hugo von Hofmannsthals Sprachkrise im *Brief des Lord Chandos* in Verbindung. Inspiration des Poeten ist die Langeweile, *l'ennui* (26, V. 6; vgl. R. Hexter, 1981: 544; W. Rasch, 1977: 132ff): »Langeweile! du bist, Mutter der Musen, gegrüßt.«

Goethes *VE* werfen drei gattungstheoretische Probleme auf. Den Epigrammen der Sammlung fehlt das gattungskonstituierende Merkmal des Titels. Die Funktion des Titels ist die Signalisierung des Gegenstandes, der in dieser Sammlung aber schon durch den Titel der Sammlung gegeben ist: der außerliterarische Kontext ist eindeutig hergestellt. Damit ist diesem Gattungskriterium Genüge getan, denn dessen Funktion ist erfüllt.

Ein weiteres Problem betrifft die verlangte Kotextisolierung. In seinem Brief an Schiller vom 26. Oktober 1794 sagt Goethe über seine Sammlung (S. Seidel, 1984: 1,32): »Getrennt bedeuten sie nichts, wir würden aber wohl aus einigen Hunderten, die mitunter nicht produzibel sind, doch eine Anzahl auswählen können, die sich aufeinander beziehen und ein Ganzes bilden.« Von den einigen Hunderten sind über die *VE* hinaus lediglich gut fünfzig auf uns gekommen (R. Hexter, 1981: 528). Goethe versteht die *VE* als untrennbare Einheit. Die einzelnen Mosaiksteinchen deuten ein größeres Bild an.

Trotz Goethes Einwand kann jedes der Epigramme für sich allein stehen, und in diesem Sinne ist die Gattungsnorm der Kotextisolierung gewahrt: alle gängigen Anthologien wählen einzelne Epigramme aus, und die von Erich Trunz betreute Hamburger Ausgabe von Goethes Werken druckt nur knapp die Hälfte der Sammlung ab (1974: 174–184; 562–567). Dennoch ist eindeutig nachweisbar, daß einzelne Epigramme sich aufeinander beziehen, und daß der Zyklus eine Bedeutungsdimension annimmt, welche die Summe der Einzelepigramme nicht besitzt. Die Gattungsnorm wird formell respektiert, wesensmäßig jedoch umgestoßen. Trotzdem vermag Goethe die Gattungsnorm nicht entscheidend zu erweitern, denn letztlich bleibt seine Abweichung von der Gattungsnorm ohne Konsequenzen.

Als problematisch erweist sich schließlich, daß viele Gedichte in den *VE* keine eindeutige Objektorientierung aufweisen. Erlebnishafte, persönliche, subjektive und handlungsbezogene Gegenstände, wie wir sie in den oft elegisch geprägten *VE* antreffen, weichen von der Gattungsnorm ab, was die Frage aufwirft, ob viele der *VE* zu recht diese Gattungsbezeichnung tragen. Bereits im ersten Epigramm des Zyklus stellt sich dieses Problem. Wie in Antizipation dieser Fragestellung gibt es sich als im ursprünglichen Sinne epigrammatisch zu erkennen: es ist ein Epigramm, das als Grabinschrift gedacht ist. Gerade im Rückgriff auf den Ursprung des Epigramms besteht die Innovation, welche sich als genialer Kunstgriff erweist: die Gattungsfrage wird unterdrückt, indem diese demonstrative historische Assoziation – im Verein mit dem Titel der Sammlung – die *VE* trotz des normabweichenden Charakters eindeutig als epigrammatisch festlegt.

Wie R. Hexter ganz richtig herausarbeitet (1981: 536 ff), durchzieht die durch die Grabschrift evozierte Todesthematik den gesamten Zyklus, indem er den Lebenszyklus in verkehrter Richtung durchläuft und an seinem Ende – unterstützt durch die immer wiederkehrende Motivik der Wiege (etwa Vergils) und des Wanderns – am Beginn des Lebenszyklus anlangt: bei der reifenden Frucht im Körper seiner Geliebten und beim Ausgang aus dem Zustand des Todes (101, 102). Somit ergibt sich hier eine ähnlich paradoxe Situation: gerade der normabweichende zyklische Charakter dieser Sammlung garantiert deren Gattungshaftigkeit, indem Epigramme, die in Isolation kaum als Epigramme bezeichnet werden könnten, durch die Kon- und Kotextualisierung erst zu solchen gemacht werden. Auch hier wird die Norm durch die Abweichung von ihr bestätigt.

Ein Jahr nach den *VE* erscheinen im *Musenalmanach für das Jahr 1797* die von Goethe und Schiller auf Anregung von Goethe (Brief an Schiller vom 23. Dez. 1795; S. Seidel, 1984: 1,136) in den Jahren 1795 und 1796 gemeinsam verfaßten *Xenien*, eine Sammlung von 414 Einzeldistichen. Insgesamt sind 926 *Xenien* bekannt, deren individuelle Autorschaft heute kaum mehr festgestellt werden kann. Ursprünglich als Antwort auf die Kritik an der von Schiller gegründeten und herausgegebenen Zeitschrift *Die Horen* (1795–1797) geplant, wachsen die *Xenien* zu einem allgemeinen Strafgedicht heran, in welchem mit allen literarischen Gegnern abgerechnet wird (vgl. F. Sengle, 1984; 1983).

Im Sinne eines Generationenkampfes führen Goethe und Schiller einen satirischen Feldzug »gegen den Leipziger Buchmarkt, gegen die bürgerliche Intelligenz und gegen die meisten tonangebenden Zeitschriften« (F. Sengle, 1984:55). Die stark antibürgerliche Tendenz erklärt nach Sengle (1983:143) die Entfernung der *Xenien* aus dem Kanon durch den im späteren 19.Jh. entstehenden bürgerlichen Klassizismuskult.

Xenien sind Gästen überreichte Geschenke, gewöhnlich mit einer (epigrammatischen) Aufschrift versehen. Martial, der das 13. Buch seiner Sammlung mit *Xenien* überschreibt, löst den Text vom Gegenstand: Xenien sind nunmehr literarische ›Geschenke‹, meist satirischer Art, Aufschriften auf imaginäre Gastgeschenke. Die *Xenien* sind auf einer fiktiven Reise durch das geistige Deutschland nebst einem Aufenthalt in der Unterwelt, die eine »kompositorisch-sinnvolle, zudem spannungserzeugende Ordnung« schafft (W. Dietze, 1972:342).

Die Reaktion der in den *Xenien* Kritisierten läßt nicht auf sich warten. Noch 1797 erscheinen Parodien, Polemiken, und offene Attacken, oft als *Anti-Xenien* bezeichet, von Christian Fürchtegott Fulda, Friedrich Nicolai, Johann Wilhelm Ludwig Gleim, August Friedrich Crantz, Christian Friedrich Traugott Voigt, Daniel Jenisch und anderen (vgl. H. Köpert, 1863:209–211; W. Stammler, 1911:3f; R. Alder, 1956; W. Dietze, 1972:571f). Dichter wie Grillparzer und Immermann, aber auch unbedeutendere wie Eduard von Bauernfeld (1802–1890) bezeichnen viele ihrer Epigramme ebenfalls als *Xenien*.

Die in den *VE* anvisierte Erweiterung der Gattungsnorm findet in den *Xenien* keine Entsprechung: gattungstheoretische Probleme stellen sich kaum. Die Gattungsnormen Titel und Objektbezug werden nicht problematisiert; einzig die Norm der Kotextisolierung wird in ähnlicher Weise wie in den *VE* in Frage gestellt. Diesem Problem trägt E. Trunz in der Hamburger Ausgabe wiederum nicht Rechnung: er druckt lediglich 96 der ursprünglichen *Xenien* ab (1974:208–221, 591–603). Kotextuelle Bezugnahme ist häufig, ja oft ist die Platzierung in einem spezifischen Kotext bedeutungstragend. Obwohl jedes Distichon für sich allein stehen kann, droht die Verstehbarkeit der isolierten Epigramme verloren zu gehen.

Dies wird bereits in der Eröffnungssequenz offensichtlich, wo sich die *Xenien* programmatisch vorstellen:

1. Der ästhetische Torschreiber

Halt, Passagiere! Wer seid ihr? Wes Standes und Charakteres?
Niemand passieret hier durch, bis er den Paß mir gezeigt.

2. Xenien

Distichen sind wir. Wir geben uns nicht für mehr noch für minder.
Sperre du immer, wir ziehn über den Schlagbaum hinweg.

3. Visitator

Öffnet die Koffers. Ihr habt doch nichts Kontrebandes geladen?
Gegen die Kirche? den Staat? Nichts von französischem Gut?

4. Xenien

Koffers führen wir nicht. Wir führen nicht mehr als zwei Taschen
Tragen, und die, wie bekannt, sind bei Poeten nicht schwer.

Schon das erste Epigramm macht deutlich, daß das orthodoxe
literarische Establishment, welches das ästhetische Leben durch
das von ihm beherrschte Zeitschriftenwesen völlig zu kontrol-
lieren sucht, Zielscheibe der Kritik ist. Das autoritative Gehabe
der Kunstrichter vom Schlage eines Friedrich Nicolai wird sehr
effektiv mit staatlichen Zollbehörden verglichen, die unter ande-
rem auch die Funktion von Zensurorganen haben. Hier ist die
Anspielung offenbar auf die Zensurkontrolle am Eingangstor
zur Leipziger Buchhändlermesse. Staat und Kirche kollaborie-
ren, und beide befürchten den Import revolutionärer Gedanken
aus Frankreich. Die Distichen andererseits sind als nicht an
Materie gebundene geistige Einfälle nicht faßbar.

Goethes und Schillers Unterfangen hat zwar moralisch und
literarisch den Sieg davongetragen, publizistisch und politisch
jedoch eine Niederlage einstecken müssen. Schillers *Horen* erscheinen 1797 zum letzten Mal. Die Schar der angegriffenen
Dichter, Rezensenten und Kritiker erweist sich als übermächtig.

Typisch sind die *Xenien* auf Nicolai und – allgemeiner – auf
das mittelmäßige geistige Leben Deutschlands:

185. Der Wichtige

Seine Meinung sagt er von seinem Jahrhundert, er sagt sie,
Nochmals sagt er sie laut, hat sie gesagt und geht ab.

307. Das ungleiche Verhältnis

Unsre Poeten sind seicht; doch das Unglück ließ sich vertuschen,
Hätten die Kritiker nicht, ach! so entsetzlich viel Geist.

Politische Macht und geistige Potenz sind selten in derselben
Hand vereint (vgl. P. Deham, 1981):

95. Das deutsche Reich

Deutschland? Aber wo liegt es? Ich weiß das Land nicht zu finden,
Wo das gelehrte beginnt, hört das politische auf.

96. Deutscher Nationalcharakter

Zur *Nation* euch zu bilden, ihr hoffet es, Deutsche, vergebens;
Bildet, ihr könnt es, dafür freier zu Menschen euch aus.

Die politische Misere Deutschlands läßt sich nicht beheben,
solange absolutistische Landesfürsten ihre provinziellen Einzel-
interessen über das Wohl der Nation stellen. Hoffnung auf Freiheit besteht, aber diese beginnt nach Kant im eigenen Geiste.
Erst wenn der Mensch den Weg aus der selbstverschuldeten
Unmündigkeit zur Freiheit des Geistes gefunden hat, kann die
nationale Frage gestellt werden. So ist denn Kant eine der einzigen positiv gezeichneten Figuren, der selbst Heerscharen von
Kritikern nichts anhaben können:

53. Kant und seine Ausleger

Wie doch ein einziger Reicher so viele Bettler in Nahrung
setzt! Wenn die Könige baun, haben die Kärrner zu tun.

Mit den *Xenien* hat das Epigramm für Goethe sein Potential
erschöpft, allerdings nicht ohne effektiv gewesen zu sein. Im
Brief an Schiller vom 15. November 1796 begründet er den
Entschluß, keine Distichen mehr zu schreiben (S. Seidel, 1984:
1,263): »[...] nach dem tollen Wagestück mit den ›Xenien‹ müssen wir uns bloß großer und würdiger Kunstwerke befleißigen
und unsere proteische Natur, zu Beschämung aller Gegner, in
die Gestalten des Edlen und Guten umwandeln.«

Goethe und Schiller verwerten viele der nicht in die *Xenien*
aufgenommenen 512 Distichen in anderen Sammlungen weiter.
In demselben *Musenalmanach für das Jahr 1797* werden auch die
Tabulae votivae, eine Sammlung von 103 Epigrammen, abgedruckt; Votivtafeln werden als Dank an die Götter in einem

Tempel aufgehängt. Goethe stellt die Sammlung *Vier Jahreszeiten* zusammen, Schiller eine Reihe von kleineren Zyklen. Epigramme finden sich im *West-östlichen Divan*, in den *Weissagungen des Bakis* und in anderen Werken Goethes. Eine große Anzahl von Distichen werden erst von der Philologie des 19.Jh.s ans Licht gehoben; die letzten 178 im Jahre 1893 von Erich Schmidt und Bernhard Suphan.

Eines der meistzitierten Epigramme gehört keiner größeren Sammlung an. In ihm wird eine der größten Leistung der Epigrammatik der beiden klassischen Dichter, die Wiederentdeckung des Einzeldistichons, in einem Schiller zugeschriebenen Distichon thematisiert (1962: 252):

Das Distichon

Im Hexameter steigt des Springquells flüssige Säule,
Im Pentameter drauf fällt sie melodisch herab.

Schiller bekennt sich zur zweiteiligen Strukur des Distichons, wobei der Pentameter nochmals zweigeteilt ist. Diese doppelte Zweiteilung kommt der dialektischen Struktur des Epigramms sehr zustatten, vor allem in der nach wie vor Gültigkeit besitzenden Lessingschen Konzeption von Erwartung und Aufschluß. Ebenso bekannt ist die Parodie von Matthias Claudius (1740–1815; T. Verweyen, 1983: 33):

Das Distichon

Im Hexameter zieht der ästhetische Dudelsack Wind ein;
Im Pentameter drauf läßt er ihn wieder heraus.

Die gelegentlich saloppe metrische Gestaltung in den *Xenien* wird in Fürchtegott Christian Fuldas (1768–1854) wirksamem Distichon kritisiert (T. Verweyen, 1983: 33):

Die neumodigen Distichen

In Weimar und in Jena macht man Hexameter wie der;
Aber die Pentameter sind doch noch excellenter.

Jens Baggesen (1764–1820) stellt die Wirksamkeit des Distichons überhaupt in Frage (A. Dietze, 1985: 238):

Der Springbrunnen (Xenie)

Im Hexameter steigt der Galle poetischer Unmut;
Im Pentameter drauf fällt der prosaische Mut.

Lange nach Schillers Tod kommt Goethe auf die *Xenien* zurück:
unter dem Sammeltitel *Zahme Xenien* verfaßt der alternde Goethe
ab 1815 nochmals eine Reihe Gedichte, die vorwiegend
spruchhaften, aber auch teilweise epigrammatischen Charakters
sind. H. -H. Reuter (1964) und T. Dietzel (1984) betonen, daß
es sich nicht um eine willkürliche Anhäufung handelt, sondern
um einen sorgfältig zusammengestellten Zyklus, der durch ein
geistiges Band zusammengehalten wird. Freilich stellt diese Ko-
textverbundenheit der Einzeltexte zusammen mit dem weit-
gehenden Fehlen von Titeln den Epigrammcharakter der
Sammlung ernsthaft in Frage. Lediglich einzelne Gedichte innerhalb des Zyklus sind klar als Epigramme gekennzeichnet.

Dieses Alterswerk von Goethe lebt »von einer gewaltigen
Bilderfülle, philosophischem Tiefgang, unerschöpflichem Ein-
fallsreichtum und der souveränen Beherrschung aller techni-
schen Mittel« (W. Dietze, 1972: 347). Auf geniale Weise bedient
sich Goethe eines nachsichtigen und verständnisvollen und
eines polemischen und aggressiven Sprechers (T. Dietzel, 1984:
149f). In einem dialogisch-dialektischen Verfahren wird die
Natur der Gegenstände entlarvt und die Position des Dichters
definiert, ohne jedoch andere anzugreifen, wodurch sich das
Adjektiv ›zahm‹ im Titel erklärt. In einem dialogischen Spiel
trägt der erste Sprecher Kritik vor, die vom zweiten sogleich
wieder zurückgenommen wird. Im Gegensatz zu den *Xenien*
äußert Goethe keine Kritik, sondern demonstriert sie, was eine
öffentliche Auseinandersetzung im vornherein verunmöglicht
(T. Dietzel, 1984: 166ff).

Die Satire ist, wie der Titel der Sammlung impliziert, stark
abgeschwächt, verallgemeinert und oft in Ironie oder Spott verwandelt (1953: 2,411):

> Was doch die größte Gesellschaft beut?
> Es ist die Mittelmäßigkeit.

Viele Gedichte des Zyklus tragen gnomisch-spruchhaften Charakter (1950: 1,612):

> Weißt du, worin der Spaß des Lebens liegt?
> Sei lustig! – geht es nicht, so sei vergnügt.

Eindeutig epigrammatische Gedichte wenden sich dem elegischen griechischen Epigramm zu. Im Epigramm auf Christianes Tod, den *Inschriften* zugeordnet, findet er zurück zur einfachen Grabinschrift der frühen griechischen Zeit (1950: 1,705):

Den 6. Juni 1816

Du versuchst, o Sonne, vergebens,
Durch die düsteren Wolken zu scheinen!
Der ganze Gewinn meines Lebens
Ist, ihren Verlust zu beweinen.

Literatur

Robert Alder. *Schiller und Goethe im Xenien-Kampf.* Bern 1956. – E. Beutler, 1909. – Eduard Boas. *Schiller und Goethe im Xenienkampf.* Stuttgart, Tübingen 1851. – Adolphe Bossert. »Les ›Epigrammes vénitiennes‹ de Goethe.« In: ders. *Essais de littérature française et allemande.* Paris 1913: 65–80. – W. Dietze, 1972: 327–358. – Walter Dietze. »Libellus Epigrammatum.« In: Helmut Brandt et al. (Hgg.). *Ansichten der deutschen Klassik.* Berlin 1981: 182–208, 427–433. – Thomas Dietzel. »Goethes Zahme Xenien. Eine contradictio in adiecto.« In Dirk Grathoff und Erwin Leibfried (Hgg.). *Goethe. Vorträge aus Anlaß seines 150. Todestages.* Frankfurt 1984: 143–173. – P. Deham. »L'Allemagne introuvable. Méditadion sur une Xenie.« *Études Germaniques* 36, 1981: 167–175. – Kay Flavell. »The Limits of Truth-Telling. An Examination of ›Venetianische Epigramme‹.« *Oxford German Studies* 12, 1981: 39–68. – Johann Wolfgang Goethe. *Werke.* Hg. Ernst Beutler [Gedenkausgabe]. 24 Bde. Zürich 1950ff [Bd. 1: 1950; Bd. 2: 1953]. – Johann Wolfgang Goethe. *Werke.* Hg. Erich Trunz [Hamburger Ausgabe]. 14 Bde. München [10]1974ff. – Ralph Hexter. »Poetic Reclamation and Goethe's ›Venetian Epigrams‹.« *Modern Language Notes* 96, 1981: 526–555. – Erwin Jahn. »Ein Buch des Unmuts.« *Goethe-Jb. Die Goethe-Gesellschaft in Japan* 6, 1937: 11–47. – Johanna Jarislowsky. »Der Aufbau in Goethes ›Venetianischen Epigrammen‹.« *Jb. der Goethe-Gesellschaft* 13, 1927: 87–95. – Kurt Klinger. »Ein deutscher Bürgerkrieg der Worte. Goethes und Schillers ›Xenien‹.« *Literatur und Kritik* 167/168, Sept./Okt. 1982: 48–63. – Hermann Köpert. »Kurze Geschichte des deutschen Epigrammes.« In: ders. (Hg.). *Satirische Epigramme der Deutschen von Opitz bis auf die Gegenwart.* Eisleben 1863: 182–219. – Levi Robert Lind. *Johann Wolfgang von Goethe's Roman Elegies and Venetian Epigrams: A Bilingual Text.* Lawrence 1974. – Ernst Maaß. »Die ›Venetianischen Epigramme‹.« *Jb. der Goethe-Gesellschaft* 12, 1926: 68–92. – Max Nußberger. »Goethes Venetianische Epigramme und ihr Erlebnis.« *Zs. für deutsche Philologie* 55, 1930: 379–389. – W. Preisendanz, 1952: 61–100. – Wolfdietrich Rasch. »Die Gauklerin Bettine. Zu Goethes ›Venetianischen Epigrammen‹.« In: S. Corngold et al. (Hgg.). *Aspekte der Goethezeit.* Göttingen 1977: 115–136. – Hans-Heinrich Reuter. »Goethes ›Zahme Xenien‹.« *Goethe. N. F. des Jb. der Goethe-Gesellschaft* 26, 1964: 92–135. – Horst Rüdiger. »Zum Verständnis der Werke.« In. J. W. Goethe. *Römische Elegien, Venetianische Epigramme, Tagebücher der italienischen Reise.* Hamburg 1961: 235–242. – Richard Samuel. »Der kulturelle Hintergrund des Xenien-Kampfes.« *Publications of the English Goethe-Society* N. S. 12, 1937: 19–47. – Ernst Julius Saupe. *Die Schiller-Goetheschen Xenien.* Leipzig 1852. – Friedrich Schiller. *Sämtliche Werke.* Hg. Gerhard Fricke et al. Bd. 1. München ³1962. – Friedrich Schiller (Hg.). *Musenalmanach für das Jahr 1797.* Tübingen 1797 [Repr. Hildesheim 1969]. – Siegfried Seidel. *Der Briefwechsel zwischen Schiller und Goethe.* 3 Bde. München 1984. – Friedrich Sengle. »Die ›Xenien‹ Goethes und Schillers als Teilstück der frühen antibürgerlichen Bewegung.« *Internationales Archiv für Sozialgeschichte der deutschen Literatur* 8, 1983: 129–144. – Friedrich Sengle. »Die ›Xenien‹ Goethes und Schillers als Dokument eines Generationenkampfes.« In: Wilfried Barner et al. (Hgg.). *Unser Commercium. Goethes und Schillers Literaturpolitik.* Stuttgart 1984: 55–77. – Z. Škreb, 1977. – Otto H. Smital. *Goethes »Zahme Xenien«.* Diss. Wien 1951 [masch.]. – L. Strauss, 1948. – Emil Staiger. *Goethe.* Bd. 2. Zürich 1956. – Wolfgang Stammler. *Anti-Xenien.* Bonn 1911. – T. Verweyen und G. Witting (Hgg.), 1983. – Julius Vogel. *Goethe in Venedig.* Leipzig 1924. – Otto Weinreich. »Zur Ästhetik des Distichons.« *Neue Jahrbücher* 45, 1920: 87–88.

6. 19. Jahrhundert

Das ästhetische Programm der Romantik bricht nicht nur mit der Aufklärungsphilosophie, sondern auch mit der von ihr propagierten Art, sich ästhetisch auszudrücken, und dadurch mit vielen von ihr besonders stark bevorzugten literarischen Formen. Das Epigramm ist eine dieser Gattungen, von denen die Romantiker wie Ludwig Tieck, E. T. A. Hoffmann, Joseph von Eichendorff, Clemens Brentano, Adelbert Chamisso oder Achim von Arnim völlig Abstinenz üben (W. Dietze, 1972: 361f). Durch das Mißtrauen dem ›mechanischen‹ Vers gegenüber bedingt, werden offenere Formen wie Aphorismus und Fragment dem stark strukturierten Epigramm vorgezogen.

Das soll nicht bedeuten, daß alle Dichter im Umkreis der Romantik sich dem Epigramm fernhalten, obgleich die Epigrammproduktion dieser Gruppe von Dichtern schmal ist. Solche Ausnahmen sind Novalis (1772–1801) oder August Wilhelm von Schlegel (1767–1845), dessen Epigramm auf Grillparzer jedoch eher spielerisch als satirisch ist (A. Dietze, 1985: 239):

Grillparzer

Wo Grillen mit den Parzen sich vereinen,
Da müssen grause Trauerspiel erscheinen.

Die meisten Epigramme aus der ersten Hälfte des 19. Jh.s stammen von Dichtern, die nicht eigentlich der Romantik zugeordnet werden können. Die Forschungsliteratur unterschlägt jedoch deren epigrammatische Arbeiten beinahe systematisch; lediglich die Epigramme von Grillparzer, Mörike und Hebbel finden eine kritische Würdigung, die jedoch im Verhältnis zu derjenigen der kanonisierten Werke dieser Dichter bescheiden ausfällt. Vorurteile der an der deutschen Klassik orientierten Literaturwissenschaft verhindern auch hier eine angemessene kritische Auseinandersetzung mit dem Epigramm. Symptomatisch ist G. Neumanns Klassifizierung von Lenaus Epigrammen als »Gelegenheitsverse im vordergründigen Sinne« (1970: 6). Der Epigrammbegriff wird auch mißbraucht: W. Überlings Artikel, der Heinrich Heine (1797–1856) den »Dichter des kolossalen Epigramms« nennt (1968), erwähnt dessen Epigrammatik mit keinem Wort.

Allgemeine Tendenzen lassen sich in der Epigrammatik der ersten Hälfte des 19. Jh.s kaum erkennen. Das Spektrum reicht von anakreontischer Witzelei bis zur radikalliberalen Agitation. Auf formaler Ebene ist der Anreiz zur Normabweichung gering. Inhaltlich werden jedoch die durch die Gattungsnorm des Objektbezugs gesetzten Grenzen durch Gedanken- und Erlebnislyrik wiederholt erprobt und auch überschritten. Auffällig ist die große Anzahl der Epigrammatiker dieser Zeit, die dem österreichischen und schwäbischen Umkreis entstammen, der oft mit dem Begriff Biedermeier umschrieben wird (vgl. F. Sengle, 1971: 118 ff). In diesen Gegenden scheint die Rokoko-Lyrik stärker nachzuwirken als dort, wo Sturm und Drang, Idealismus und Romantik tiefere Spuren hinterlassen haben.

Beim Österreicher Ignaz Franz Castelli (1781–1862) zeigt sich eine stark konservative ästhetische Tendenz. Anakreontische Typen wie Bav und Philidor werden ins 19. Jh. gerettet (G. Neumann, 1969: 202):

Der feine Dieb

Bav stiehlt Gedanken, die andern gehören,
Doch weiß er die Welt recht fein zu betören;
Erst macht er sie schlechter, läßt dann sie erscheinen,
Dann schwöret auch jeder, es seien die seinen.

Thematik, Aussagewillen und technische Ausarbeitung erinnern stark an Gleim oder Kästner. Da wie schon bei Haug ein Bezugsrahmen dieser anachronistischen Epigrammatik zur gesellschaftlichen Wirklichkeit kaum mehr auszumachen ist, liegt der Verdacht nahe, daß die Pointen nichts anderes als sich selbst zum Zwecke haben. Bemerkenswert ist lediglich der enorme Umfang seiner epigrammatischen Produktion.

Als ästhetisch innovativ erweisen sich die wenigen Epigramme Friedrich Hölderlins (1770–1843). Darunter findet sich folgende Zwitterbildung zwischen Epigramm und Ode (G. Neumann, 1969: 192):

Lebenslauf

Hoch auf strebte mein Geist, aber die Liebe zog
  Schön ihn nieder; das Leid beugt ihn gewaltiger;
    So durchlauf ich des Lebens
      Bogen und kehre, woher ich kam.

Bemerkenswert ist die Zugehörigkeit dieses Gedichts zu zwei verschiedenen Gattungen, die aufgrund völlig verschieden gearteter Normen definiert werden. Es benutzt – mit einer kleinen Abweichung im vierten Vers – die asklepiadeische Strophenform. Eine Verletzung der Gattungsnorm ›Ode‹ ist lediglich durch die Einstrophigkeit des Gedichts gegeben, denn erst durch die Wiederholung konstituiert sich die für die Ode typische Strophenform. Einzigartig für das Epigramm – wenn auch nicht normabweichend – ist die Verwendung einer üblicherweise der Ode vorbehaltenen Strophe. An die Grenze der Gattungsnorm stößt das persönlich gefärbte und Subjektive an Hölderlins Gedicht. Immerhin kann es aufgrund der Einheit des Gedankens und der angedeuteten Pointierung durchaus als Epigramm gesehen werden.

Heinrich von Kleist (1777–1811) liefert in seinen Epigrammen oft einen ironischen Kommentar zu seinen eigenen Werken, welcher der paradoxen Struktur vieler seiner Werke eine weitere Dimension hinzufügt (G. Neumann, 1969: 196):

Komödienzettel

Heute zum ersten Mal mit Vergunst; die Penthesilea,
  Hundekomödie; Akteurs: Helden und Köter und Fraun.

Ironisch ist schon der Titel des Epigramms, der sich durch den Hinweis auf die Hunde entschlüsselt. Aus hündischer Perspektive, die hier eingenommen wird, ist die *Penthesilea* freilich Komödie. Ähnlich zynisch ist Kleists Einstellung den Amazonen gegenüber: nach den (männlichen) Helden und den Hunden stehen sie am unteren Ende der Wertordnung.

Nur scheinbar auf oberflächlichem Wortwitz beruht folgende Pointe: (G. Neumann, 1969: 198):

Das Sprachversehen

Was! Du nimmst sie jetzt nicht, und warst der Dame versprochen?
Antwort: Lieber! vergib, man verspricht sich ja wohl.

Beides, Versprechen und Versprecher, sind sprachliche Äußerungen, deren Verwandtschaft durch die gemeinsame Wortwurzel ausgedrückt wird. Die Leichtigkeit, mit welcher ein Versprechen zum Versprecher werden kann, bezeugt die Mehrdeutigkeit und Unzuverläßigkeit, ja Zufälligkeit der Sprache selbst. Der Titel bestätigt diese Sicht: das Thema ist Sprachversehen, Sprache als Versehen.

Höchst unkonventionell sind die Epigramme von Ludwig Feuerbach (1804–1872), die, wie auch diejenigen Georg Herweghs (1817–1875), in ihrer dialektischen Schärfe und ihrem sozialpolitischen Aktivismus schon das gesellschafts- und systemkritische Epigramm des 20. Jh.s vorbereiten. Aus den *Satirisch-theologischen Distichen* (1830), welche viele der später in den philosophischen Hauptschriften diskutierten Thesen schon umreißt, stammt folgendes Epigramm (A. Dietze, 1985: 274):

Kraft des Glaubens

Berge versetzt der Glaube. Jawohl! die schweren Probleme
Löset der Glaube nicht auf, sondern verschiebet sie nur.

Ähnlich auch Herwegh (A. Dietze, 1985: 274):

Auch ein Evangelium

Sooft das Blut wie Wasser floß,
Sprachst du ein fromm Gebet
Und riefest: Gott ist groß
Und Krupp ist ein Prophet.

Relativ groß ist die Anzahl der Dichter der ersten Jahrhunderthälfte, die sich an der Gattung Epigramm versuchen. Unter den Bekannteren befinden sich – nebst den hier Besprochenen – Ludwig Uhland (1787–1862), Friedrich Rückert (1788–1866),

August Graf von Platen (1796–1835), Karl Immermann (1796–1840), Nikolaus Lenau (1802–1850), Gottfried Keller (1819–1890) und Paul Heyse (1830–1914), sowie die schon im Kontext des 18.Jh.s genannten Johann Christoph Friedrich Haug (1761–1829) und Friedrich Christoph Weißer (1761–1836). Um die Jahrhundertmitte verliert das Epigramm deutlich an Bedeutung: es wird nur noch sporadisch rezipiert. W. Dietze macht zumindest teilweise Hebbel für diesen Regressionsvorgang verantwortlich (1972: 376). Die in Ludwig Fuldas Anthologie (1920) angeführten Epigrammatiker der zweiten Jahrhunderthälfte sind heute vergessen. Der nach 1848 voll sich etablierende Realismus kann der Miniaturgattung Epigramm kaum Reize abgewinnen, sondern interessiert sich vielmehr für großräumige epische Gestaltungsmuster.

Das Epigramm wird im 19.Jh. auch Anlaß zu dramatischen und epischen Versuchen. August von Kotzebue, der populäre Dramatiker der Goethezeit, macht in *Das Epigramm* selbiges zum Anlaß der Komödie. Roderich Benedix veröffentlicht 1866 ein Lustspiel in drei Aufzügen betitelt *Die Epigramme*. Bekannter ist Gottfried Kellers Novellenzyklus *Das Sinngedicht* (1881/82; 1851 begonnen). Logaus Epigramm *Die Frage* wird zum Leitmotiv: »Wie willst du weiße Lilien zu roten Rosen machen? / Küß eine weiße Galathee: sie wird errötend lachen.« Der Protagonist Ludwig Reinhart liest das Epigramm in der Lessing-Ausgabe (in der von Ramler überarbeiteten Fassung) und setzt sich zum Ziel, eine Frau zu finden, die beim ersten Kuß errötend lacht und auf diese Weise sowohl Sinnlichkeit als auch Sittlichkeit unter Beweis stellt.

Franz Grillparzer

Franz Grillparzer (1791–1872) ist als Dramatiker in die Literaturgeschichte eingegangen, obwohl Lyrik und Epigrammatik in seinem Gesamtwerk eine prominente Stellung einnehmen. Trotzdem bleiben seine Epigramme weiterhin ein Geheimtip. Auch hier hat die Forschung eine wichtige Werkgruppe unterschlagen, die nicht in das gängige Dichterbild paßt, und auch die verschiedenen Grillparzer-Editionen bekunden große Mühe mit der Einordnung von Grillparzers Epigrammatik (Z. Škreb, 1969: 416–422). Bedauerliche Urteile wie dasjenige von F. Sengle stehen einer positiven Rezeption von Grillparzers Epigrammen weiterhin im Wege (1980: 129): »Eben die Tatsache, daß der Dichter zu allen Zeiten seines Lebens Epigramme geschrieben hat, weist sie doch als eine Nebensphäre und im Alter als bloßes Rückzugsgebiet aus.«

Schon das allererste Epigramm des Dreizehnjährigen zeichnet sich durch Formvollendung aus (1960: 369):

Auf zwei Vettern

Mit Recht gab euch Verwandtschaftsbande
Die alles weise schaffende Natur,
Gleich seid ihr euch an Herz, gleich an Verstande,
An euch sieht man von beiden keine Spur.

Der Themenkreis der frühen Epigramme, wie aus diesem Beispiel ersichtlich, gehört noch deutlich zur anakreontischen Bewegung. Dieselben anonymen Figuren werden bewitzelt, und die Pointe ist nach altbekanntem Muster strukturiert. Sehr bald entwickelt Grillparzer seinen eigenen, unverwechselbaren Stil, wobei dessen »aggressive Präzision« Lessing zum Vorbild nimmt (P. v. Matt, 1972: 93f; 1960: 398):

Rothschilds Sammlung für die Armen

Im Schenken ohne Maß, im Darleihn klug bedacht,
Erquickst du Bettler heut, die gestern du gemacht.

Grillparzer wächst in einer von der Philosophie Kants und Hegels unberührten Athmosphäre auf, woraus sich seine lebenslange Aversion gegenüber der »Absolutierung des spekulierenden Intellekts« erklärt (K.-D. Krabiel, 1966: 195ff). Das Seiende läßt sich nicht mit der Ratio einholen (1960: 435):

Hegel

Möglich, daß du uns lehrst, prophetisch das göttliche Denken,
Aber das menschliche, Freund, richtest du wahrlich zu Grund.

Grillparzers Epigrammatik ist durchaus gattungskonform; Normabweichungen kommen nur in Einzelfällen vor, so z.B. bei den wenigen zweistrophigen Epigrammen. Die zwei Strophen beziehen sich jedoch aufeinander, sodaß die zweiteilige Struktur im Sinne Lessings sichtbar wird. Es handelt sich somit um eine graphische Normabweichung, welche die Zweiteiligkeit akzentuiert.

Eine andere Besonderheit bei Grillparzer sind in Prosa verfaßte Epigramme, die P. v. Matt (1972: 79) etwas unglücklich

»Prosaepigramme« nennt. Durch diesen Begriff wird impliziert, daß es sich dabei um eine, aus einer Normabweichung sich erfolgreich etablierende Gattung handelt, was keineswegs der Fall ist. Zudem kann das von v. Matt angeführte Beispiel kaum als Epigramm bezeichnet werden. Unter eine Abbildung von sich selbst setzt Grillparzer den Satz (1960: 585): »Das Original ist treuer als sein Abbild.« Es handelt sich hier bestenfalls um einen Titel zu einem Epigramm, oder aber um eine aphoristische Anmerkung zum Bild. Als epigrammatisch können jedoch andere Prosatexte bezeichnet werden, so stellvertretend die fünf Inschriften *Für Schuberts Grabstein* (1960: 397): »Die Tonkunst begrub hier einen reichen Besitz, aber noch viel schönere Hoffnungen.« Die Gattungsanforderung der Versifizierung wird hier eindeutig verletzt, die anderen Normen aber bewußt eingehalten. Die fünf Texte auf Schubert werden als Epigramme markiert durch die Einbettung dieser Grabschriften in eine Epigrammsammlung und durch die bewußte Anspielung auf den Ursprung des Epigramms aus der griechischen Grabinschrift. Es handelt sich hier um eine ästhetisch gerechtfertigte Abweichung von der Norm, denn nur die extreme Simplizität der Diktion und die einfache, sparsame Gestalt vermögen die Größe des beklagten Verlusts anzudeuten.

Diese überwältigende Einfachheit wird besonders deutlich im Vergleich zu den vielen barocken Formen in Grillparzers Epigrammatik. Gewisse Wortspiele erinnern an Logau und Wernicke (1960: 398):

> Eifersucht ist eine Leidenschaft,
> Die mit Eifer sucht, was Leiden schafft.

Die barocke Technik der Aufzählung, welche die Pointe hinauszögert und so zusätzliche Spannung schafft, indem sie mit der Erwartungshaltung des Lesers spielt, wird in *Goethes und Kästners Briefwechsel* (1960: 529) virtuos entwickelt. Beizufügen wäre, daß in diesem Epigramm, das sich über den Dichter des Werther lustig macht, von Goethe-Epigonentum keine Rede sein kann. Nach der Schlacht von Königgrätz (1866), in welcher Preußen seinen Führungsanspruch in Deutschland gegenüber Österreich durchsetzt, entsteht folgendes Epigramm, wo die repetitive Aufzählung einen Steigerungseffekt aufweist (1960: 581):

> Wir haben uns auf den Kaiser Napoleon verlassen,
> Wir haben uns auf Preußen verlassen,

> Wir haben uns auf den deutschen Bund verlassen,
> Wir haben uns auf die eigene Armee verlassen,
> Und sind von allen gleichermaßen
> Verlassen.

Der letzte Zeilenbruch hat den Effekt eines Ritardando, das die verschiedene Bedeutung des Wortes ›verlassen‹ in der letzten Zeile und damit die Pointe besonders akzentuiert. Die Pointentechnik des Zeilenbruchs, die Grillparzer hier einführt, sollte sich in der Epigrammatik des 20.Jh.s als sehr produktiv erweisen.

Als weiteres spannungserzeugendes Mittel setzt Grillparzer den »Gegensatz von konkretem Anlaß und allgemeiner Aussageform« ein (Z. Škreb, 1969: 425). Der Epigrammtext ist allgemein gehalten und scheint sich auf einen generellen Sachverhalt zu beziehen (1960: 541):

> Wollt ihr Dinge vor Brand bewahren, die glimmend sind,
> So bitt ich euch vor allem: macht keinen Wind.

Dieser Aufruf ist einsichtig, denn er basiert auf gesundem Menschenverstand. Erst der Titel *Italienische Frage* stellt den Bezug zu einem brisanten tagespolitischen Thema her. In dieser Montage liegt der manipulative Vorgang: der Argwohn des Österreichers gegen die sich anbahnende nationale Einigung Italiens wird in diesem Epigramm aus dem Jahre 1856 als natürliche und einzig mögliche Reaktion dargestellt.

Grillparzers politische Haltung ist weit progressiver, als es die beiden letzten zitierten Epigramme vermuten ließen. Vor allem Vertreter des Hauses Habsburg deckt er mit scharfer Satire ein, ohne jedoch prinzipiell gegen die Monarchie anzukämpfen. Dem am 2. März 1835 verstorbenen Kaiser Franz I. sagt er respektlos ins Grab nach (1960: 412):

> *Auf den Tod des Kaisers Franz*
>
> Ist er tot?
> Tröst ihn Gott!
> Füg ihn bei den auserwählten besten.
> Wir werden uns schon selber trösten.

Groß ist die Zahl der satirischen Epigramme auf Kaiser Franz Joseph (P. v. Matt, 1972: 91–93), an dessen Beispiel Grillparzer über den Zusammenhang von Dummheit und Machtausübung raisonniert. Zudem geht der Kaiser lieber privaten Vergnügungen als staatlichen Geschäften nach (1960: 588):

Man kann so leicht den Faden verlieren,
Ich habe mich schon öfter gefragt:
Ruht er auf der Jagd aus vom Regieren,
Oder im Regieren von der Jagd.

Freilich nimmt Dummheit verschiedene Formen an, und gerade hier unterscheidet sich Deutschland wesentlich von Österreich, wie Grillparzer im Revolutionsjahr 1848 feststellt (1960:493):

Die Dummheit in verschiedenem Kleid
Wird in Deutschland und Österreich frei,
Bei uns die Dummheit aus Unwissenheit,
Dort die Dummheit aus Vielwisserei.

Das Mißtrauen gegenüber Deutschland – und gegenüber dessen Philosophie – weicht auch nach der Reichsgründung 1871 nicht. In weiser Voraussicht rät er den Deutschen (1960:591):

Den Deutschen

Schreitet nicht so schnell fort, nur etwas gemach!
Ihr kommt euch sonst selber nicht nach!

Auf den Zusammenhang von Erotik und Politik weist P. v. Matt (1972:85 ff) im Zusammenhang mit den Metternichepigrammen, welche die Ideen von Grillparzers Metternichaufsatz (1963:1022–1037) ins Epigrammatische umsetzen. Die Charakterlosigkeit, durch die blinde Lüsternheit des alternden Metternich verstärkt, führt sich selbst ad absurdum und wird so zur Quelle der Dummheit, wie in dieser voreiligen Grabschrift auf Metternich – Metternich war schwer erkrankt – aus dem Jahre 1839 hervorgeht (1960:437):

Grabschrift

Hier liegt, für seinen Ruhm zu spät,
Der Don Quixot' der Legitimität,
Der Falsch und Wahr nach seinem Sinne bog,
Zuerst die andern, dann sich selbst belog,
Vom Schelm zum Toren ward bei grauem Haupte,
Weil er zuletzt die eignen Lügen glaubte.

Trotz all der Kritik an den Herrschenden gehört Grillparzer nie der radikalliberalen Bewegung an; seine Einstellung bleibt zeitlebens zurückhaltend liberal. Dies wird auch deutlich an seiner Kritik an dem unter dem Pseudonym Anastasius Grün bekanntgewordenen Anton Alexander Graf Auersperg (1806–1876), der 1831 durch seine satirischen *Spaziergänge eines Wie-*

147

ner Poeten viel Aufsehen erregt (P. Beicken, 1985: 205). Grillparzer verweist schon 1836 auf den Widerspruch, daß Grün – der ironischerweise später Teil des politischen Establishments wird – einerseits Freiheit und Gleichheit predigt, andererseits aber von seinen feudalen Besitzungen lebt:

> Ein Graf und radikal? Fürwahr,
> Sein Säckel soll mich dauern!
> Doch nimmt vom großen Freiheitsschmaus,
> Als nicht geladen, klüglich aus
> Der Edle – seine Bauern.

Literatur zu Grillparzer

Peter Beicken. »Anastasius Grün und der österreichische Vormärz.« *German Quarterly* 52, 1985: 194–207. – Hildegard Brandenburger. *Grillparzers Epigramme als Spiegel seiner Persönlichkeit und seiner Zeit.* Diss. München 1949. – Franz Grillparzer. *Sämtliche Werke.* Hg. Peter Frank und Karl Pörnbacher. Bd. 1, München 1960; Bd. 3, München 1963. – Erich Hock. *Das Schmerzerlebnis und sein Ausdruck in Grillparzers Lyrik.* Berlin 1937. – Klaus-Dieter Krabiel. »Das Problem des falschen Intellekts. Ein Thema der Epigramme Grillparzers.« *Literaturwissenschaftliches Jb. im Auftrage der Görres-Gesellschaft* 7, 1966: 195–207. – Marie Krauske. *Grillparzer als Epigrammatiker.* Berlin 1906. – Peter von Matt. »Der Epigrammatiker Grillparzer.« *Grillparzer-Forum Forchtenstein 1971.* Wien, Köln, Graz 1972: 77–95. – Herbert Seidler. »Grillparzer als Lyriker, Epigrammatiker und Erzähler.« *Grillparzer-Feier der Akademie 1972. Politik, Gesellschaft, Theater, Weltwirkung.* Wien 1972: 113–125. – Zdenko Škreb. *Grillparzers Epigramme.* Diss. Zagreb 1932. – Zdenko Škreb. »Grillparzers Epigramme.« In: G. Pfohl, 1969: 416–431 [zuerst in *Jb. der Grillparzer-Gesellschaft* 3, 1960: 39–55]. – Annalisa Viviani. *Grillparzer-Kommentar.* Bd. 1. München 1972: 156–248.

Eduard Mörike

Von allen deutschen Epigrammatikern vertritt Eduard Mörike (1804–1875) am entschiedensten die Herdersche Linie. Wie kein anderer nach Herder kommt er dem Geist des griechischen Epigramms nahe, das er durch seine rege Übersetzertätigkeit kennt (G. Rupprecht, 1958: 210–221). Beißende Satire findet sich nirgends, sondern die Pointen sind »zu Gefühlspointen vergeistigt« (G. Neumann, 1969: 359). Die Affinität zu Catull ist offensichtlich (1964: 107; vgl. *Tibullus,* 1964: 77):

Zwiespalt
Nach Catull

Hassen und lieben zugleich muß ich. Wie das? – Wenn ich's wüßte!
Aber ich fühl's, und das Herz möchte zerreißen in mir.

In V. G. Doerksens wenig differenziertem Urteil (1964: 11;
auch W. Dietze, 1972: 371f) kann ein beträchtlicher Anteil der
Gedichte als Elegien und Epigramme gelesen werden. Doerksen
hält die Trennung für beinahe unmöglich, aber bedauerlicher-
weise auch nicht für wünschenswert. Die Unterscheidung ist
nur bei wenigen Gedichten problematisch, so z. B. bei *Auf das
Grab von Schillers Mutter* (1964: 76). Vom Titel her ist das
Gedicht als Grabinschrift und somit (scheinbar) als Epigramm
gekennzeichnet, der Gedichttext selbst jedoch ist elegisch gehalten. Elegie und Epigramm stammen von der Grabinschrift ab,
und das ursprüngliche griechische Epigramm ist elegisch, sodaß
deren Verwandtschaft kaum überrascht. Normabweichend und
damit eindeutig nicht epigrammatisch ist das Erlebnis- und Be-
kenntnishafte dieser Elegie, die stark auf ein lyrisches Ich hin
bezogen ist. Zudem deckt dieses Gedicht eine größere Vielfalt
von Gedanken ab, als es dem Epigramm möglich ist.

Mörike verwendet das Distichon, das er virtuos beherrscht
(U. Pillokat, 1969: 147ff), keineswegs nur für elegische Gedichte. Vielmehr meistert er es auch in seinen heiteren Epigrammen mit Leichtigkeit und scheinbarer Mühelosigkeit. Wo Kritik
angebracht ist, verfällt Mörike nicht in derbe Satire, sondern
sein Spott ist leise und behutsam (1964: 231):

Auskunft

Närrische Tadler und Lober auf beiden Seiten! Doch darum
Hat mir mein Schöpfer den Kopf zwischen die Ohren gesetzt.

Die humorvollen Distichen werden mit solcher Leichtigkeit
hingeworfen, daß der Wirksamkeit des Verses – mit Augen-
zwinkern – voll vertraut werden kann (1964: 81):

Leichte Beute

Hat der Dichter im Geist ein köstliches Liedchen empfangen,
    Ruht und rastet er nicht, bis es vollendet ihn grüßt.
Neulich so sah ich, o Schönste, dich erstmals flüchtig am Fenster,
    Und ich brannte: nun liegst heute du schon mir im Arm!

Viele Epigramme entstammen der alltäglichen Welt und sind
auch im Hinblick auf alltägliche Situationen oder auf spezifische

Anlässe entstanden. Es entsteht das Bild einer heilen, harmonischen Welt, wo für Satire kein Raum ist. Die Epigramme, die sich auf das tägliche Leben beziehen, zeichnen sich durch feinen Humor aus.

Selbst literarischen Themen wird bewußt eine alltägliche Qualität abgerungen (1964: 261):

> *Nach einer schläfrigen Vorlesung von ›Romeo und Julia‹*
>
> »Guten Morgen, Romeo;
> Wie geschlafen?«
> »Ach – so so.
> Und du, süße Julia?«
> »Ebenfalls so so la la!«

Vordergründig macht sich dieses Epigramm über den Literaturbetrieb lustig, der Literatur trivialisiert. Andererseits wird auch mit leiser Ironie das Pathos der Geschichte von Romeo und Julia entlarvt, indem den beiden Figuren ein zwangloser, alltäglicher Dialog untergeschoben wird, der die Tragödie unweigerlich ad absurdum führen würde. Banale Konversation, lauwarme Gefühle, der repetitive Charakter des Vorgangs und dessen relative Konfliktfreiheit entheroisieren die Protagonisten und transformieren sie in biedere, liebenswürdige Menschen.

Damit soll Mörikes Epigrammen jedoch keineswegs die gedankliche und philosophische Dimension abgesprochen werden (1964: 260):

> *Keine Rettung*
>
> Kunst! o in deine Arme wie gern entflöh ich dem Eros!
> Doch, du Himmlische, hegst selbst den Verräter im Schoß.

Die Hoffnung auf die Kunst als Objekt von Ersatzbefriedigung, sublimierter Sexualität wird zerstört durch die Einsicht, daß die Kunst selbst einen inhärent erotischen Charakter besitzt. Die Kunst kann kein Versteck vor dem Eros bieten, den der Eros hat die Muse schon erobert und hat sich bei ihr eingenistet.

Literatur zu Mörike

Victor Gerard Doerksen. *Mörikes Elegien und Epigramme. Eine Interpretation.* Diss. Zürich 1964. – Eduard Mörike. *Sämtliche Werke.* Hg. Herbert G. Göpfert. München ³1964. – Udo Pillokat. *Verskunstprobleme bei Eduard Mörike.* Hamburg 1969. – Gerhard Rückert. *Mörike und Horaz.*

Nürnberg 1970. – Gerda Rupprecht. *Mörikes Leistung als Übersetzer aus den klassischen Sprachen.* Diss. München 1958. – Mauritz Schuster. »Eduard Mörike und Catullus.« *Zs. für die österreichischen Gymnasien* 67, 1916: 385–416. – Mauritz Schuster. »Mörikes Verhältnis zu Horaz und Tibull.« *Bayerische Blätter für das Gymnasial-Schulwesen* 65, 1929: 220–240. – F. Sengle, 1980: 129–132.

Friedrich Hebbel

Friedrich Hebbels (1813–1863) recht eigenständige Epigrammatik läßt sich weder in die satirische noch elegisch-lyrische Tradition einreihen, sondern sie durchdringt einen Gegenstand gedanklich und trägt so primär philosophischen Charakter. Hebbels Pointen sind, wie schon R. v. Gottschall in seiner Rezension von 1858 feststellt (zit. B. Slomke, 1930: 6 f), nicht frivol scherzend, sondern feingeistig zugespitzt. B. Patzak nennt seine Epigramme »in Verse gebrachte Denkergebnisse aus oft jahrelang weitergesponnenen Gedankenreihen« (1902: 70), W. Dietze andererseits wohl zu Unrecht inhaltlich verarmtes epigrammatisches Epigonentum (1972: 374 f).

Eine Gruppe von Hebbels Epigrammen setzt sich mit künstlerischen und historischen Figuren kritisch auseinander:

Goethes Rechtfertigung

Was ich selber vermag, das darf ich an andern verachten,
Darum schelt' ich dich nicht, daß du geschwiegen zu Kleist.

Die Rechtfertigung entlarvt sich als pointierte Kritik, von der selbst Vorbilder wie Goethe nicht ausgenommen sind. Nicht Großmut, sondern Arroganz führt dazu, daß Goethe von Kleist keine Notiz nimmt.

Spruchhaft formulierter Moralismus prägt den Großteil seiner Epigramme (6,365):

Lüge und Wahrheit

Was du teurer bezahlst, die Lüge oder die Wahrheit?
Jene kostet dein Ich, diese doch höchstens dein Glück!

Hebbel greift auf das im 17. Jh. äußerst populäre gnomische Epigramm der Barockzeit zurück. Nicht seit der Barockzeit hat ein Epigrammatiker die Didaxe so unverbrämt und direkt formuliert (6,364):

Ethischer Imperativ

Deine Tugenden halte für allgemeine des Menschen,
Deine Fehler jedoch für dein besonderes Teil!

Dies ist das Bild von Hebbels Epigrammatik, welches die gängigen Anthologien von Neumann und Dietze, aber auch die beiden von Gerhard Fricke et al. und von Anni Meetz herausgegebenen neueren Auswahlausgaben zu vermitteln suchen. Demgegenüber finden sich vor allem unter Hebbels Jugenddichtungen Epigramme, die, wie schon B. Patzak (1902: 3; 60–70) festhält, Lessings Epigrammtheorie und der Praxis des 18.Jh.s verpflichtet sind. Diese früheren Epigramme sind gewöhnlich satirisch, gereimt und bedienen sich nicht des im späteren Schaffen dominierenden Distichons.

An Scribax (7,55) bringt altbekannte Poeteninvektive, *Rosas Schönheit* (7,54) macht sich über die Sorge eines Freundes um die vergehende Schönheit eines Mädchens lustig, das gar nie schön war. Die anakreontische Typenwelt lebt wieder auf (7,56):

Der große Stax

»Stax würde groß? Du glaubst daran? –«
Ich schwöre darauf, fürwahr,
Wenn er's gleich als Dichter nicht werden kann, –
Er wird es sicher als Narr.

Selbst ein barockes Spiel mit Antithesen und spitzfindigen Pointen, das sich zum Rätsel verdichtet, findet sich bei Hebbel (7,54):

Als Sie zu mir sagte:

»Dein Himmel liegt in deiner eig'nen Brust!«
Ich bin mir dessen nicht bewußt,
Vielmehr in *Deinem* Busen liegt der *meine* –
Läg' doch in *meinem* auch der Deine!

Die Problematik der literarischen Rezeption, die in der Barockzeit schon intensiv diskutiert wird, kommt bei Hebbel zur Sprache. Ironischerweise entpuppt sich dieses Epigramm als unfreiwilliger Kommentar zur (fehlenden) Anerkennung, die Hebbel als Epigrammatiker und mit ihm allen Epigrammdichtern des 19.Jh.s zuteil wird (7,44):

Wie man anerkannt wird

Man *ward* und *wird* im Dichterstand
Durchs *Anerkennen* anerkannt.

Literatur zu Hebbel

Julius Bab. »Die Bedeutung Friedrich Hebbels.« *Sozialistische Monatshefte* 17, 1913: 287–294. – W. Dietze, 1972: 374–377. – Friedrich Hebbel. *Sämmtliche Werke. Historisch kritische Ausgabe.* Hg. Richard Maria Werner. Bde. 6 und 7. Berlin o. J. – Bernhard Patzak. *Friedrich Hebbels Epigramme.* Berlin 1902 [Repr. Hildesheim 1977]. – F. Sengle, 1972: 113–115. – Bernhard Slomke. *Hebbels Schaffen auf dem Gebiete der Epigrammdichtung.* Ohlau 1930.

Literatur zum 19. Jahrhundert

W. Dietze, 1972. – Erich Hock. »Wilhelm Ernst Webers Epigramm ›Hölderlin und Heinse‹.« *Euphorion* 76, 1982: 174–179. – Gerhard Neumann. »Lenau und das Epigramm.« *Lenau-Forum* 2,1/2, 1970: 1–18. – Friedrich Sengle. *Biedermeierzeit. Deutsche Literatur im Spannungsfeld zwischen Restauration und Revolution 1825–1848.* 3 Bde. Stuttgart 1971, 1972, 1980. – Wolf Überling. »Der Dichter des kolossalen Epigramms. Anmerkungen zu Heinrich Heine.« *Text und Kritik. Zs. für Literatur* 18/19, 1968: 1–6.

7. 20. Jahrhundert

In der ersten Hälfte des 20. Jh.s vermag sich das Epigramm nicht vom rapiden Bedeutungsverlust im 19. Jh. zu erholen. Lediglich einige durch das Wilhelminische Zeitalter geprägte Dichter, die ihrer Kritik an der repräsentativen Kultur der Gründerzeit und ihrer Unzufriedenheit mit den herrschenden gesellschaftlichen Zuständen und mit der doppelbödigen bürgerlichen Moral Ausdruck verleihen wollen, nehmen es zögernd wieder auf. Freilich nimmt die Epigrammatik bei keinem dieser Dichter eine zentrale Stellung ein, weshalb sie von der Forschung kaum beachtet worden ist.

Stefan George (1868–1933) ist der einzige Dichter der Gruppe, dessen Epigramme nicht explizit gesellschaftskritisch sind. Zahlreiche Normabweichungen weisen jedoch auf eine kritische Haltung gegenüber der herrschenden Ästhetik. Schon der Titel seiner Epigrammsammlung, *Tafeln*, verweist deutlich auf den Ursprung des Epigramms als Aufschrift in der griechischen Antike. Georges Epigramme sind elegische Aufschriften auf (Gedenk-)Tafeln für Personen und Orte (1958: 328):

G. v. V.

Dein gequälter geist fand nirgends eine bühne:
In den fernsten stätten machtest du die ronde
Bis in ostens gärten – und auf einer sponde
Blutigen grases suchst du rast auf armer düne.

Christian Morgenstern (1871–1914), dessen Lyrik ebenfalls herkömmliche ästhetische Normen in Frage stellt, übt in seinen von Spruchlyrik durchsetzten Epigrammen Zurückhaltung. Gerade das Epigramm ist nicht Experimentierfeld für seine humoristisch-grotesken Verse, sondern oft durch feine Ironie durchzogener Ausdruck einer beschaulichen, zuweilen wehmütig romantisierten Welt (1960: 199):

An meine Taschenuhr

Du schlimme Uhr, du gehst mir viel zu schnell;
und doch – dich schauend, seh ich selber hell.
Unschuldig Räderwerk, was schelt ich dich?
Ich geh zu langsam, ach zu langsam – ich.

Auch bei den beiden österreichischen Dichtern Arthur Schnitzler (1862–1931) und Karl Kraus (1874–1936) ist das Epigramm nicht die Hauptwaffe von Satire und Kritik. Schnitzlers Psychogramme der dekadenten Wiener Gesellschaft entstehen in seinen Dramen. Schnitzler findet in seinen Epigrammen nicht genug Raum, um seine beißende Gesellschaftskritik zu entfalten. Es entstehen zumeist gnomische, spielerische und gelegentlich satirische Einfälle mit beschränkter gesellschaftlicher Relevanz.

Obwohl Karl Kraus eine große Anzahl Epigramme verfaßt, ist er im Aphorismus zu Hause. Es gibt wohl keinen Dichter, der sich gleich erfolgreich als Aphoristiker und als Epigrammatiker betätigt hat (wenn man, wie H. Fricke, 1984: 105–113, Goethe nicht unter die Aphoristiker zählt), und Kraus ist hier keine Ausnahme. Oft macht Kraus Epigramme aus eigenen Aphorismen (H. Fricke, 1984: 19). Seine Stärke ist das Anspielen und Fragmentieren, nicht das Nennen und Vollenden, die freie Prosa, nicht der gebundene Vers. Wie sehr ihm der Vers Schwierigkeiten bereitet, zeigt folgendes Beispiel (1959: 163):

Sprachgebrauch

> Was komisch ist, in deutschem Land
> sehr häufig »gottvoll« wird genannt,
> und als 'ne Moschee ein Berliner betrat,
> er sie deshalb gottvoll gefunden hat.

Versifizierungsprobleme zwingen ihn zu ungelenker Wortstellung in den letzten zwei Versen, durch welche der Leser unnötigerweise mit oberflächlichen Textverständnisproblemen belastet wird. Der gestörte rhythmische Fluß im letzten Vers lenkt von der ohnehin gesuchten Pointe ab, die dadurch ihre Wirkung ganz verfehlt.

Kraus' Epigramme sind in seinem Einzelkampf, der alle Bereiche des öffentlichen Lebens berührt, im allgemeinen ungleich weniger wirksam wie die gekonnteren und polemischeren Aphorismen. In seiner unablässigen Kritik an Politikern, Journalisten, Gelehrten und Künstlern scheint die alte epigrammatische Form der Typensatire durch. Mit einem Schlag trifft er Zensoren und schlechte Künstler in diesem meisterhaften Epigramm (1959: 451):

Polemik

> Was immer drauf los mit dem Knüppel geht,
> das sind keine Künstler, nur Knoten.
> Satiren, die der Zensor versteht,
> werden mit Recht verboten.

An Feuerbach und Herwegh schließen die sozialkritischen Epigramme der Zeit an, die den Schulterschluß von Militär, Politik und Wirtschaft auf Kosten des Bürgers anprangert. Arno Holz (1863–1929) bringt dies deutlich zum Ausdruck (A. Dietze, 1985: 335):

Reimspiel

> Was ist das beste Futter, sprich,
> Für hungernde Nationen?
> »Halt's Maul, Halunk, was kümmerts dich?«
> Der Reim lacht: Blaue Bohnen.

Die politisch-satirische Epigrammatik erweist sich als der für das 20. Jh. produktive Typ, der von Bertolt Brecht und nach ihm von der marxistisch orientierten Literatur in Ost und West eifrig rezipiert wird.

Im *Arbeitsjournal* notiert Brecht unter dem Datum des 25. 7. 1940 (1973: 134): »steff bringt mir den KRANZ DES MELEAGROS, übertragen von august OEHLER. die schönen Epigramme erinnern mich an mein sonett RAT AN DIE LYRIKER DER USSR, ÖFFENTLICHE BAUWERKE ZU BESCHRIFTEN.« Einerseits könnten dadurch die Errungenschaften der großen Revolutionäre verewigt werden, andererseits würde die Lyrik einen großen Aufschwung erleben. Brecht greift nicht etwa auf die lange Tradition des satirischen Epigramms zurück, die sich seinen Zwecken geradezu anbieten würde, sondern knüpft die Verbindung zur ursprünglichen griechischen Aufschrift. W. Dietze (1972: 385 f) erkennt, daß Brecht ermöglicht, »eine traditionelle Hinwendung zur *Griechischen Anthologie* organisch einer Epigrammatik zuzuführen, die sich als Gattung gegenwärtigen Geschichtsprozessen und ihrer parteilichen Gestaltung primär verpflichtet fühlt.« Brechts Begründung laut Eintrag vom 28. 8. 1940 ist einleuchtend und historisch vertretbar: »in den altgriechischen epigrammen sind die von den menschen verfertigten gebrauchsgegenstände ohne weiteres gegenstände der lyrik, auch die waffen. jäger und krieger weihen den bogen der gottheit. ob der pfeil die brust des menschen oder des rebhuhns durchbohrt, macht keinen unterschied. es sind in unserer zeit nicht zuletzt moralische hemmungen, welche das aufkommen solcher lyrik der gegenstände verhindern.«

Als problematisch erweist sich der Begriff der *Finnischen Epigramme*, den Brecht im Eintrag vom 22. 8. 1940 verwendet (vgl. K. Schuhmann, 1973: 108; R. Ziemann, 1984: 250–254). Es steht zu vermuten, daß kein eigentlich epigrammatischer Textkorpus hinter diesem Begriff steht, sondern viel eher die Notwendigkeit, in den Gedichten des für Brecht krisenhaften finnischen Exils eine absolute Sparsamkeit der Mittel, eine disziplinierte Konzentrierung auf das Wesentliche, eine Reinigung vom Überflüssigen und Manipulativen zu erreichen. So besehen, könnte mit dem Begriff »sprachwaschung« (22. 8. 40) eine Befreiung von überbordender Didaxe und eine ernüchterte Rückbesinnung auf das Essentielle, auf das durch die *Griechische Anthologie*, Goethe und – bedingt – George vertretene Poetische gemeint sein.

Wenn Brecht seine Arbeit an der erst 1955 veröffentlichten *Kriegsfibel* aufnimmt, ist er sich über die Gattungsnormen insbesondere des griechischen Epigramms, das er bewußt rezipiert, völlig im klaren. Die *Kriegsfibel* ist eine Sammlung von 69 Epigrammen, die aus einem Foto und einem Vierzeiler bestehen. Die Fotos stammen aus Zeitschriften und Zeitungen, sind manchmal mit dem ursprünglichen Begleittext versehen und stehen mit dem Kriegsgeschehen in irgendeinem Zusammenhang. Die Epigramme der *Kriegsfibel* besitzen demnach eine Bild-Wort-Struktur, wie sie Brecht in den alten griechischen Epigrammen erkannt hat.

R. Grimm sieht in der *Kriegsfibel* eine emblematische Struktur (1978). Abgesehen davon, daß sich bei Brecht keinerlei Ansätze zu einer Emblemrezeption gibt und die von Grimm aufgezeigten Parallelen zufälliger Natur sind, gibt es auch strukturelle und historische Gründe, welche gegen diese These sprechen (vgl. C. Wagenknecht, 1978). Das Emblem ist eine fiktionale Gattung, das Epigramm eine nichtfiktionale. Im Emblem werden in Text und Bild vorhandene Bedeutungsebenen durch gegenseitige Interaktion freigelegt und interpretiert (vgl. Kap. I. 2.). Bei Brecht ist, wie Grimm selbst zugibt, Verfremdung und Umpolung des Bildtextes das Ziel: die Verse legen nicht aus, sondern bloß (1978: 528).

Geschichtliche Zusammenhänge sprechen ebenfalls gegen Grimms These. Brecht erkennt die Struktur des griechischen Epigramms und legt diese seiner *Kriegsfibel* zugrunde. Das Epigramm basiert in seinem Ursprung auf der Interaktion mit einem visuellen Text: es ist Aufschrift auf Grabmäler, später auch auf Vasen, Waffen, Standbilder, Weihgeschenke, und schließlich auf einen nur imaginären visuellen Text, auf einen Gegenstand, eine Idee. Das Epigramm ist »lyrik der gegenstände«. Schon Brecht verweist mit seinen Bezeichnungen *Photogramme* und *Fotoepigramme* auf den epigrammatischen Charakter der Sammlung.

Die Fotos bei Brecht entsprechen trotz ihres visuellen Charakters nicht der *pictura* (Bild) des Emblems, sondern der *inscriptio* (Titel), zumal eine eigentliche *inscriptio* zumeist nicht vorhanden ist. Das Foto gibt das (bloßzustellende) Thema vor und erfüllt die Funktion des Titels im Epigramm, indem es den Objektbezug definiert. Der epigrammatische Gegenstand wird nicht sprachlich, sondern bildlich signalisiert. Somit kann von Emblemen nicht mehr gesprochen werden.

Ein Beispiel soll dies verdeutlichen. In Nr. 2 zeigt das Foto Arbeiter, die mit Hilfe eines Krans große Eisenplatten anheben. Der Text lautet:

»Was macht ihr, Brüder?« – »Einen Eisenwagen.«
»Und was aus diesen Platten dicht daneben?«
»Geschosse, die durch Eisenwände schlagen.«
»Und warum all das, Brüder?« – »Um zu leben.«

Bild und Text erläutern sich nicht gegenseitig, sondern der Text polt das Bild um und gibt ihm eine Bedeutung, die im Bild selbst nicht angelegt ist. Der Vorgang wird im Text denkbar knapp und scheinbar beiläufig in einem »sachlich-lakonischen Berichtton« registriert (P. Kersten, 1979: 67). Gerade durch dieses Understatement akzentuiert sich der Wahnwitz des Geschilderten, dessen Widersprüchlichkeit durch die der Handlung selbst innewohnenden dialektischen Spannung entlarvt wird. Die Didaxe ist darum so wirksam, weil sie ausgespart wird. Die innere Struktur entspricht genau Lessings Theorie von Erwartung und Aufschluß, der erst in der letzten Halbzeile gegeben ist. Die doppelte Pointe muß ebenfalls vom Leser ergänzt werden. Die Arbeiter produzieren mit demselbem Material gleichzeitig einen Gegenstand und einen anderen, mit welchem der erstere zerstört werden kann. Die Arbeiter können nur leben, wenn sie Gegenstände herstellen, mit denen das Leben anderer beendet wird.

In den Kriegsjahren entstehen weitere Epigramme, die jedoch nicht in Sammlungen zusammengefaßt sind (1981: 735):

Es ist nacht

Die Ehepaare
Legen sich in die Betten. Die jungen Frauen
Werden Waisen gebären.

Wie Brecht in seinem Aufsatz *Über reimlose Lyrik mit unregelmäßigen Rhythmen* (1938) ausführt, bedeutet das Ende einer Verszeile immer eine Zäsur (1964: 85; vgl. P. Kersten, 1979: 67f). Die Pointe besteht im unerwarteten Ende des zweiten Satzes, der durch den Versabbruch in der Satzmitte unterteilt und umfunktioniert wird. Die Technik des Zeilenbruchs, die schon Grillparzer erfolgreich praktiziert hat (vgl. Kap. III.6.), wird für Brecht und seine Nachfolger zu einer Technik der Pointierung, die sich vor allem in versifizierter Prosa durchsetzt.

Am 19. 8. 1940 schreibt Brecht im *Arbeitsjournal* (1973: 151): »im augenblick kann ich nur diese kleinen epigramme schreiben, achtzeiler und jetzt nur noch vierzeiler.« Die Ereignisse um den 17. Juni 1953 stürzen Brecht, wie schon die Isolation des finnischen Exils, in eine erneute Krise, und wieder greift er in den *Buckower Elegien* (1981: 1009–1016) auf die kurze epigrammatische Form zurück. Viele der Epigramme beziehen sich bewußt auf die antike Elegie, wären aber ohne die Erfahrung der märkischen Landschaft kaum denkbar (K. Schuhmann, 1973: 110). Jedoch auch den elegischen Epigrammen geht die politische Dimension nicht ab: scheinbar beschauliche Gedichte wie *Der Einarmige im Gehölz* erfahren eine unerwartete Wendung ins Politische, während bei anderen das Unbehagen über die gesellschaftliche Entwicklung nur angedeutet wird (1981: 1009; vgl. K. Schuhmann, 1973: 107–128):

Radwechsel

Ich sitze am Straßenrand
Der Fahrer wechselt das Rad.
Ich bin nicht gern, wo ich herkomme.
Ich bin nicht gern, wo ich hinfahre.
Warum sehe ich den Radwechsel
Mit Ungeduld?

Literatur zu Brecht

Bertolt Brecht. *Arbeitsjournal.* Hg. Werner Hecht. 2 Bde. Frankfurt 1973. – Bertolt Brecht. *Die Gedichte von Bertolt Brecht in einem Band.* Frankfurt 1981. – Bertolt Brecht. *Kriegsfibel.* Hg. Ruth Berlau. Berlin 1955. – Bertolt Brecht. *Über Lyrik.* Frankfurt 1964. – W. Dietze, 1972: 384–386. – Reinhold Grimm. »Marxistische Emblematik. Zu Bertold Brechts ›Kriegsfibel‹.« In: S. Penkert, 1978: 502–542 [zuerst 1969]. – Reinhold Grimm. »Forcierte Antinomik. Zu Christian Wagenknechts ›Originalbeitrag‹.« In: S. Penkert, 1978: 560–563. – Paul Kersten. »Bertolt Brechts Epigramme. Anmerkungen zu einigen Kurzgedichten.« In: Heinz-Ludwig Arnold (Hg.). *Bertolt Brecht II.* München ²1979: 66–73. – Sibylle Penkert (Hg.). *Emblem und Emblematikrezeption. Vergleichende Studien zur Wirkungsgeschichte vom 16. bis 20. Jahrhundert.* Darmstadt 1978. – Klaus Schuhmann. *Untersuchungen zur Lyrik Brechts. Themen, Formen, Weiterungen.* Berlin, Weimar 1973. – Christian Wagenknecht. »Marxistische Epigrammatik. Zu Bertold Brechts ›Kriegsfibel‹.« In: S. Penkert, 1978: 543–559. – R. Ziemann, 1984.

Die DDR-Literatur und die gesellschaftskritische Bewegung der 60er und 70er Jahre greift auf das Epigramm zurück. Ähnlich wie in Renaissance und Barock verfaßt eine große Anzahl von Dichtern und Schriftstellern Epigramme, die in den verschie denartigsten Formen veröffentlicht werden, sodaß eine bibliographische Erfassung kaum möglich ist. Ebenso können nicht alle Autoren aufgeführt werden, vielmehr soll als erster Einblick in dieses völlig unerforschte Gebiet eine Übersicht über Formen und Themen geboten werden.

Der Löwenanteil der Nachkriegsepigrammatik ist gesellschafts- und systemkritisch orientiert. Die marxistische Tendenz zur dialektischen Objektivierung bringt das Epigramm zu einer neuen Blüte, die bis ungefähr bis zur Mitte der siebziger Jahre dauert. M. Bosch zählt das Epigramm im Nachwort zu seiner Anthologie zu den primären »politisch-literarischen Ausdrucksformen« (1975 : 87). Das große Vorbild ist Brecht, aber auch die 1950 erschienene Sammlung *Kurz und bündig* des in der Tradition von Martial und Lessing stehenden Erich Kästner (1899–1974) ist einflußreich. Die einzelnen Autoren unterscheiden sich z. T. nur geringfügig in Stil, Pointentechnik und Themenkreisen. Die marxistisch orientierte Epigrammatik ist beinahe ausnahmslos pointiert und satirisch. Die Verse sind gewöhnlich reimlos und, nach Brechts Diktum, in ›unregelmäßigen Rhythmen‹ gehalten. Die Pointentechnik folgt zumeist Lessings Theorie, wobei sich, wie oben festgehalten, die Technik des Zeilenbruchs aufgrund des weder metrisch noch rhythmisch strukturierten Verses besonders anbietet.

Ganz im Sinne unserer Epigrammdefinition wird alles Subjektive und Persönliche ausgeklammert, was zu einer Verwischung der individuellen Züge führt. Die Verbannung des individuellen Elements wird von Martin Walser zum programmatischen Punkt erhoben (A. Dietze, 1985 : 387):

Form und Inhalt

Es ist keine Kunst, wenigen verständlich
zu sein. Vielen verständlich zu sein, fordert Mut.
Was nicht auch ein anderer sagen könnte, sollte man
besser verschweigen.

Dichtung soll nicht einer elitären bürgerlichen Gesellschaft dienen und nicht der von ihr vertretenen exklusiven Genieästhetik folgen, sondern soll primär für den Arbeiter geschrieben sein.

Hansgeorg Stengel parodisiert die Erwartungshaltung der bürgerlichen Gesellschaft der Dichtung gegenüber unter Anspielung auf die im 18.Jh. populäre Dichtersatire (A. Dietze, 1985 : 392):

Schmidt ist kein richtiger Poet.
Zwar schreibt er eine flotte Feder,
Doch schlimm ist, daß auf Anhieb jeder,
Was Schmidt geschrieben hat, versteht.

Was bei Stengel noch Parodie ist, wird bei Gerhard Schumann bitterer Ernst. Schumann gehört zu der kleineren Gruppe von schollenverbundenen Epigrammatikern, welche politisch wie auch ästhetisch eine konservative Linie vertreten und unter Rückgriff auf die Gnomik eine penetrante Gelehrsamkeit der Unverbesserlichen und Ewiggestrigen verbreiten. Wie genau Walsers und Stengels Analyse trifft, zeigt Schumanns zynische Antwort, welche die negative Reaktion des Lesers auf seine falsche Volkstümlichkeit vorausnimmt (1981 : 82) :

Vernichtendes Urteil

Primitiv unverlogen,
verständlich bis zur Qual,
Auch nicht ein bißchen verbogen –
Hoffnungslos normal!

Erwartungsgemäß ist die jüngste deutsche Vergangenheit ein zentrales Thema. Erich Kästner entlarvt die Perversität der Naziherrschaft, welche die Aufgabe des Glaubens an die Menschheit als Bedingung für das Überleben formuliert (1950 : 48) :

Deutsche Gedenktafel 1938

Hier starb einer, welcher an die Menschheit glaubte,
Er war dümmer, als die Polizei erlaubte.

Die Pointe basiert darauf, daß die Redewendung nicht im üblichen übertragenen, sondern im wörtlichen Sinn interpretiert wird (W. Dietze, 1972 : 369f). Rudolf Otto Wiemer zielt in dieselbe Richtung (1973 : 9) :

Folge

Bei jedem Sieg
hatten wir schulfrei.
Wir siegten viel.
Deshalb haben wir
wenig gelernt.

Auch in dieser Zeit des Umbruchs und der Zurückweisung des Hergebrachten ist sich das Epigramm stets seiner Geschichtlichkeit bewußt. Die Tradition der fiktiven Grabinschrift lebt weiter, wie zum Beispiel bei Arnfrid Astel (M. Bosch, 1975: 45):

> ### Grundgesetzänderung (Grabschrift)
>
> Hier liegt
> unter dem Boden
> des Grundgesetzes
> das Grundgesetz.

Wolf Biermann verwendet diese Form zur Kommentierung des Vietnamkrieges (1968: 38):

> ### Grabinschrift für einen amerikanischen Soldaten
>
> Als Schlächter ausgeschickt
> Verendet als Schlachtvieh

Auch andere Objekte können eine Inschrift tragen. In Günter Kunerts Beispiel ist zudem eine Tendenz zum Gnomisch-Didaktischen feststellbar (A. Dietze, 1985: 385):

> ### Mauerinschrift
>
> Dem,
> Der da sagt,
> Wie modern er ist,
> Da er nur für das Heute lebe,
> Antwortet,
> Ihm vorwerfend,
> Wie rückständig er sei,
> Daß es gelte, für
> Das Morgen zu leben.

Hart an die Grenze des Epigrammatischen führt Ursula Hochstätter in ihrem *Epigramm* durch die Einflechtung eines persönlich-subjektiven Erlebnisses, aus welchem jedoch in einem allgemeingültigen Schluß ein feministisches Statement abgeleitet wird. Sie schließt bewußt an die lyrisch-elegische Epigrammtradition an. Die Pointe, durch den Zeilenbruch akzentuiert, kennzeichnet dieses Gedicht jedoch eindeutig als Epigramm (1981: 151):

Epigramm

Unter
deinen Pantoffeln
fand ich
meine eigenen Füße
gehe dir nun
auf leisen Sohlen
davon

Von zentraler Bedeutung ist die Kritik an den Besitzverhältnissen – insbesondere der Produktionsmittel – in der bürgerlichen Gesellschaft, die zu einem das demokratische politische System pervertierenden Abhängigkeitsverhältnis des Arbeiters vom Industriellen führen. Der Arbeiterdichter Josef Büscher drückt dies durch einen barock anmutenden, antithetisch gebauten Chiasmus aus (1974:5):

Vertauschte Satzaussagen

Arbeitnehmer geben immer
Arbeitgeber nehmen immer

Auch bei Harald Kruse bedient sich der Klassenkampf rhetorischer Figuren, indem er ein Sprichwort und eine Redewendung gegeneinander ausspielt. Die satirische Wirkung ergibt sich aus der Umpolung des Verbs ›geben‹ und durch die Verzögerung, welche der letzte Zeilenbruch entstehen läßt (M. Bosch, 1975: 78):

Sprichwörtlich

Geben ist seliger denn nehmen
sprach der Unternehmer
und gab
seinen Arbeitern
den Rest.

Politische und persönliche Freiheitsrechte stehen in direkter Abhängigkeit zu den ökonomischen Verhältnissen, wie Rolf Sellin bestätigt (M. Bosch, 1975: 44):

Die Freiheit

Die Freiheit ist
unser teuerstes Gut.
Nicht jeder kann
sie sich leisten

Zielvorstellung ist analytisches, kritisches Denken, welches alles Traditionelle und Etablierte hinterfragt und bezweifelt. Rudolf Otto Wiemer formuliert diese Einsicht mit kaum zu überbietender Kürze und Prägnanz (1971 : 20):

Steigerung

denken
nachdenken
zweifeln

Volker Braun überträgt diese Einsicht auf die ästhetische Ebene. Autoritäten werden nicht befolgt, Traditionen verachtet. Ironischerweise greift Braun in zweierlei Hinsicht auf epigrammatische Konventionen zurück. Erstens verwendet er das Epigramm, um über das Epigramm eine Aussage zu machen, die letztlich mit der traditionellen Epigrammdefinition völlig in Einklang steht. Und zweitens drückt Braun seinen Protest ausgerechnet im klassischen Versmaß des Pentameter aus. Von Brauns kritischer Grundhaltung geht somit die gegenteilige Signalwirkung aus: trotz der radikalen Kritik an der Gesellschaft in all ihren Manifestationen bleibt das althergebrachte Epigramm nach wie vor eine dynamische, ästhetisch wie politisch befriedigende Ausdrucksform (A. Dietze, 1985 : 388):

Das Epigramm

Zwei solche Zeilen wie zwei Zahnreihn hart aufeinander
Da! Den Grimm bin ich los, er beißt noch ins Papier.

Literatur

Wolf Biermann. *Mit Marx- und Engelszungen.* Berlin 1968. – M. Bosch, 1975 [mit Bibliographie]. – Josef Büscher. *Stechkarten. Texte für Betriebsarbeiter.* Oberhausen ²1974. – W. Dietze, 1972 : 366–370, 382–391. – H. Fricke, 1984. – Stefan George. *Werke.* Bd. 1. München, Düsseldorf 1958 : 324–342. – Ursula Hochstätter. Gedichte in *Literatur und Kritik* 153, April 1981 : 148–152. – Karl Kraus. *Worte in Versen.* Hg. Heinrich Fischer. München 1959. – Christian Morgenstern. *Aphorismen und Sprüche.* Hg. Margareta Morgenstern. München 1960 : 197–229. – Werner Schneyder. *Gelächer vor dem Aus. Die besten Aphorismen und Epigramme.* München 1981. – Arthur Schnitzler. *Buch der Sprüche und Bedenken. Aphorismen und Fragmente.* Wien 1927 : 15–27. – Gerhard Schumann. *Spruchbuch.* Bodman 1981. – Rudolf Otto Wiemer. *Beispiele zur deutschen Grammatik.* Berlin 1971. – Rudolf Otto Wiemer. *Wortwechsel.* Berlin 1973.

Literaturverzeichnis

Die Anthologien sind chronologisch geordnet. Das Verzeichnis der Forschungsliteratur enthält nur allgemeine Literatur zum Epigramm und Titel, die in verschiedenen Kapiteln zitiert werden. Spezifische Literatur zu Einzelthemen oder Autoren werden in den einschlägigen Kapiteln vermerkt.

1. Anthologien

Zincgref, Julius Wilhelm. *Der Teutschen Scharpfsinnige kluge Sprüch.* Straßburg 1626 [erweiterte Ausgaben 1628/31, 1644, 1653].

Neukirch, Benjamin. *Herrn von Hoffmannswaldau und anderer Deutschen auserlesene und bißher ungedruckte Gedichte.* 7 Bde. Leipzig 1695–1727 [vgl. G. Dünnhaupt, 1981: 2,1265ff].

Hallbauer, Friedrich Andreas (Hg.). *Sammlung Teutscher auserlesener sinnreicher Inscriptionen.* Jena 1725.

Ramler, Karl Wilhelm (Hg.). *Sammlung der besten Sinngedichte der deutschen Poeten.* 3 Bde. Riga 1766.

Rühl, E. F. (Hg.). *Epigrammatische Blumenlese.* 3 Bde. Offenbach 1776–78.

Brumbey, Carl Wilhelm (Hg.). *Sinngedichte der Deutschen.* Leipzig 1780.

Eschenburg, Johann Joachim (Hg.). *Beispielsammlung zur Theorie und Literatur der schönen Wissenschaften.* Bd. 2. Berlin und Stettin 1788.

Füßli, Johann Heinrich (Hg.). *Allgemeine Blumenlese der Deutschen.* Bd. 6 *Sinngedichte der Deutschen.* Zürich 1788.

Joerdens, Karl Heinrich. *Blumenlese deutscher Sinngedichte.* 2 Bde. Berlin 1789–91.

Voigt, Christian Friedrich Traugott (Hg.). *Triumph des deutschen Witzes.* 3 Bde. O. O., o.J. [ca. 1800].

Schütz, Fr. K. (Hg.). *Epigrammatische Anthologie.* 3 Bde. Halle 1806.

Haug, Johann Christoph Friedrich, und Friedrich Christoph Weißer (Hg.). *Epigrammatische Anthologie.* 10 Bde. Zürich 1807–1809.

Müchler, Carl Friedrich. *Das Stammbuch. Eine Auswahl von Gnomen und Denksprüchen.* Berlin 1818.

Epigrammen-Dichter. 6 Bde. Hildburghausen, Amsterdam 1843.

Benedix, Roderich (Hg.). *Sammlung deutscher Epigramme.* Leipzig 1861.

Köpert, Hermann (Hg.) *Satirische Epigramme der Deutschen von Opitz bis auf die Gegenwart. Nebst einem Anhange über die Theorie und die Geschichte des Epigramms.* Eisleben 1863.

Draheim, Hans (Hg.). *Deutsche Reime. Inschriften des 15. Jahrhunderts und der folgenden.* Berlin 1883.

Hack, David (Hg.). *Deutsche Sinngedichte. Eine Auswahl deutscher Epigramme und Spruchgedichte von der Reformationszeit bis zur Gegenwart.* Halle 1886.

Anthologie der deutschen Epigrammen-Dichter von 1650–1850. 2 Bde. Hildburghausen, New York o.J. [1899].

Fulda, Ludwig (Hg.). *Sinngedichte.* Berlin ³1904.

Stammler, Wolfgang (Hg.). *Anti-Xenien.* Bonn 1911.

Fulda, Ludwig (Hg.). *Das Buch der Epigramme. Auswahl deutscher Sinngedichte aus vier Jahrhunderten.* Berlin 1920.

Hofmannsthal, Hugo von (Hg.). *Deutsche Epigramme.* München 1923.

Gottschalk, Norbert (Hg.). *Gewitztes Wort. Klugheit, Witz und Verstand des deutschen Wortes.* Leipzig 1943.

Werther, Ernst Ludwig [= Hartfrid Voß] (Hg.). *Gedanken, die sich runden in sich. Deutsche Epigramme.* Ebenhausen 1943.

Dietze, Walter (Hg.). *Deutsche Epigramme aus vier Jahrhunderten.* Leipzig 1964.

Altmann, Klemens [= Kurt Aland] (Hg.). *Deutsche Epigramme aus fünf Jahrhunderten.* München 1966 (München 1969).

Neumann, Gerhard (Hg.). *Deutsche Epigramme.* Stuttgart 1969.

Bosch, Manfred (Hg.). *Epigramme. Volksausgabe. Politische Kurzgedichte.* Lollar über Giessen 1975.

Verweyen, Theodor, und Gunther Witting (Hgg.). *Deutsche Lyrik-Parodien aus drei Jahrhunderten.* Stuttgart 1983.

Dietze, Anita und Walter (Hgg.). *Deutsche Epigramme aus vier Jahrhunderten.* Leipzig ⁵1985.

2. *Allgemeine Forschungsliteratur*

Altmann, Klemens. Nachwort zu *Deutsche Epigramme aus fünf Jahrhunderten.* München 1966 : 427–440.

Angress, Ruth. *The Early German Epigram. A Study in Baroque Poetry.* Lexington 1971.

Barner, Wilfried. »Vergnügen, Erkenntnis, Kritik. Zum Epigramm und seiner Tradition in der Neuzeit.« *Gymnasium* 92, 1985 : 350–371.

Behrens, Irene. *Die Lehre von der Einteilung der Dichtkunst vornehmlich vom 16. bis 19. Jahrhundert.* Halle 1940.

Beutler, Ernst. *Vom griechischen Epigramm im 18. Jahrhundert.* Leipzig 1909. Teilnachdr. in : G. Pfohl, 1969 : 352–415.

Bieler, Manfred. Nachwort zu : W. Dietze (Hg.). *Deutsche Epigramme aus vier Jahrhunderten.* Leipzig 1964 : 569–578.

Brinkmann, Wiltrud. »Logaus Epigramme als Gattungserscheinung.« *Zeitschrift für deutsche Philologie* 93, 1974 : 507–522.

Colie, Rosalie L. *The Resources of Kind. Genre-Theory in the Renaissance*. Berkeley 1973.

Conrady, Karl Otto. *Lateinische Dichtungstradition und deutsche Lyrik des 17. Jahrhunderts*. Bonn 1962.

Daly, Peter M. *Emblem Theory. Recent German Contributions to the Characterisation of the Emblem Genre*. Nendeln 1979.

Dietze, Walter. »Abriß einer Geschichte des deutschen Epigramms.« In: *Erbe und Gegenwart*. Berlin, Weimar 1972: 247–391.

Dünnhaupt, Gerhard. *Bibliographisches Handbuch der Barockliteratur*. 3 Bde. Stuttgart 1980–81.

Erb, Therese. *Die Pointe in der Dichtung von Barock und Aufklärung*. Bonn 1929.

Erlebach, Peter. *Formgeschichte des englischen Epigramms von der Renaissance bis zur Romantik*. Heidelberg 1979.

Fowler, Alastair. *Kinds of Literature. An Introduction to the Theory of Genres and Modes*. Cambridge, Mass. 1982.

Franke, Wolfgang Wilhelm. *Gattungskonstanten des englischen Vers-Epitaphs von Ben Johnson zu Alexander Pope*. Diss. Erlangen 1964.

Fricke, Harald. *Norm und Abweichung. Eine Philosophie der Literatur*. München 1981.

Fricke, Harald. »Sprachabweichung und Gattungsnormen. Zur Theorie literarischer Textsorten am Beispiel des Aphorismus.« In: *Textsorten und literarische Gattungen*. Berlin 1983: 262–280.

Fricke, Harald. *Aphorismus*. Stuttgart 1984.

Fuchs, Friedrich. *Beitrag zur Geschichte des französischen Epigramms 1520–1800*. Diss. Würzburg 1924 [Teilabdr. in G. Pfohl, 1969: 235–283].

Fulda, Ludwig. Einleitung zu *Das Buch der Epigramme*. Berlin 1920: 1–19.

Gervinus, Georg Gottfried. *Geschichte der deutschen Dichtung*. Bd. 3. Leipzig ⁵1872: 396–423.

Glinz, Hans. »Fiktionale und nichtfiktionale Texte« In: *Textsorten und literarische Gattungen*. Berlin 1983.

Grigson, Geoffrey. Einleitung zu *The Faber Book of Epigrams and Epitaphs*. London 1977.

Häusle, Helmut. *Einfache und frühe Formen des griechischen Epigramms*. Innsbruck 1979.

Hamilton, George Rostrevor. *English Verse Epigram*. London 1965.

Hecker, Kristine. *Die satirische Epigrammatik im Frankreich des 18. Jahrhunderts*. Rheinfelden 1979.

Henkel, Arthur, und Albrecht Schöne. *Emblemata. Handbuch zur Sinnbildkunst des XVI. und XVII. Jahrhunderts*. Stuttgart 1967.

Hess, Peter. »Poetologische Reflexionen in den Epigrammen von Friedrich von Logau. Versuch einer Rekonstruktion seiner Poetik.« *Daphnis* 13, 1984: 299–318.

Holum, Karen M. »The Epigram: Semantic Basis for the Pointed Ending.« *Linguistics* 94, 1972: 21–36.

Hommel, Hildebrecht. »Der Ursprung des Epigramms.« *Rheinisches Museum für Philologie* N. F. 88, 1939 : 193–206.

Hudson, Hoyt Hopewell. *The Epigram in the English Renaissance.* Princeton 1947.

Hutton, James. *The Greek Anthology in Italy to the Year 1800.* Ithaca 1935.

Hutton, James. *The Greek Anthology in France.* Ithaca 1946.

Jöns, Dietrich Walter. *Das ›Sinnen-Bild‹. Studien zur allegorischen Wirklichkeit bei Andreas Gryphius.* Stuttgart 1966.

Jolles, André. *Einfache Formen. Legende, Sage, Mythe, Rätsel, Spruch, Kasus, Memorabile, Märchen, Witz.* Halle 1930. Tübingen ⁵1974.

Kanyó, Zoltán. *Sprichwörter. Analyse einer Einfachen Form. Ein Beitrag zur Generativen Poetik.* The Hague, Paris, New York 1981.

Kariger, Jean-Jacques. »Kultur des Feingeistigen als poetisches Argument.« In : *Blitzröhren und Kultur des Feingeistigen als poetisches Argument.* London, Worms 1982 : 9–28.

Keisch, Henryk. »Was heisst und zu welchem Ende verfasst man ein Epigramm?« *Neue Deutsche Literatur,* 16/2, 1968 : 133–138.

Keydell, Richard. »Epigramm.« *Reallexikon für Antike und Christentum.* Bd. 5. Stuttgart 1962 : 539–577.

Keydell, Richard. »Epigramm.« *Der Kleine Pauly. Reallexikon der Antike.* Bd. 2. Stuttgart 1967 : 308–310.

Kindermann, Udo. *Satyra. Die Theorie der Satire im Mittellateinischen. Vorstudie zu einer Gattungsgeschichte.* Nürnberg 1978.

Knörrich, Otto. »Das Epigramm.« In : ders. (Hg.). *Formen der Literatur in Einzeldarstellungen.* Stuttgart 1981 : 66–74.

Krummacher, Hans-Henrik. »Das barocke Epicedium. Rhetorische Tradition und deutsche Gelegenheitsdichtung im 17. Jahrhundert.« *Jb. der dt. Schillergesellschaft* 18, 1974 : 89–147.

Lausberg, Marion. *Das Einzeldistichon. Studien zum antiken Epigramm.* München 1982.

Levy, Richard. *Martial und die deutsche Epigrammatik des siebzehnten Jahrhunderts.* Stuttgart 1903.

Luck, Georg. »Epigramm.« *Fischer Lexikon ›Literatur‹.* Bd. 2/1. Frankfurt 1965 : 200–209.

Maaz, Wolfgang. »Epigrammatisches Sprechen im lateinischen Mittelalter.« In : J. Szövérffy (Hg.). *Mittelalterliche Komponenten des europäischen Bewußtseins. Mittelalterliches Colloquium im Wissenschaftskolleg zu Berlin.* Berlin 1983 : 101–129.

Markwardt, Bruno. *Geschichte der deutschen Poetik.* Bd. I : *Barock und Frühaufklärung.* Berlin, Leipzig 1937.

Martini, Fritz. *Das Wagnis der Sprache.* Stuttgart 1954.

May, Kurt. *Lessings und Herders kunsttheoretische Gedanken in ihrem Zusammenhang.* Berlin 1923 [Repr. Nendeln 1967].

Mehnert, Kurt-Henning. *Sal Romanus und Esprit Français. Studien zur Martialrezeption im Frankreich des 16. und 17. Jahrhunderts.* Bonn 1970.

Metzler Literatur Lexikon. Stuttgart 1984.

Mieder, Wolfgang. *Proverbs in Literature. An International Bibliography.* Bern 1978.

Moll, Otto. *Sprichwörterbibliographie.* Frankfurt 1958.

Neumann, Gerhard. Nachwort zu *Deutsche Epigramme.* Stuttgart 1969: 285–355.

Neumann, Gerhard. *Ideenparadise. Untersuchungen zur Aphoristik von Lichtenberg, Novalis, Friedrich Schlegel und Goethe.* München 1976.

Neumann, Norbert. *Vom Schwank zum Witz. Zum Wandel der Pointe seit dem 16. Jahrhundert.* Frankfurt, New York 1986.

Niggl, Günter. »Probleme und Aufgaben der Geschichtsschreibung nichtfiktionaler Gattungen.« In: *Textsorten und literarische Gattungen.* Berlin 1983: 305–316.

Nolting, Winfried. »Die Sinngedichte an den Leser. Zu Theorie und Geschichte des Epigramms.« *Literatur für Leser,* 1979: 1,11–32.

Nowicki, Jürgen. *Die Epigrammtheorie in Spanien vom 16. bis 18. Jahrhundert. Eine Vorarbeit zur Geschichte der Epigrammatik.* Wiesbaden 1974.

Pechel, Rudolf. In: Christian Wernicke. *Epigramme.* Hg. R. Pechel. Berlin 1909: 3–108.

Peukes, Gerhard. *Untersuchungen zum Sprichwort im Deutschen. Semantik, Syntax, Typen.* Berlin 1977.

Pfohl, Gerhard (Hg.). *Das Epigramm. Zur Geschichte einer inschriftlichen Gattung.* Darmstadt 1969.

Prang, Helmut. *Formgeschichte der Dichtkunst.* Stuttgart 1968: 163–169.

Preisendanz, Wolfgang. *Die Spruchform in der Lyrik des alten Goethe und ihre Vorgeschichte seit Opitz.* Heidelberg 1952.

Pyritz, Hans und Ilse. *Bibliographie zur deutschen Literaturgeschichte des Barockzeitalters.* Bern 1980 ff.

Reitzenstein, Richard. *Epigramm und Skolion. Ein Beitrag zur Geschichte der alexandrinischen Dichtung.* Gießen 1893 [Nachdr. Hildesheim, New York 1970].

Rimbach, Günther C. »Das Epigramm und die Barockpoetik. Ansätze zu einer Wirkungsästhetik für das Zeitalter.« *Jahrbuch der deutschen Schillergesellschaft* 14, 1970: 100–130.

Rosenfeld, Hellmut. *Das deutsche Bildgedicht. Seine antiken Vorbilder und seine Entwicklung bis zur Gegenwart.* Leipzig 1935.

Rüdiger, Horst. »Pura et illustris brevitas.« In: G. Funke (Hg.). *Konkrete Vernunft. Festschrift für Erich Rothacker.* Bonn 1958: 345–372.

Rüdiger, Horst (Hg.). *Die Gattungen in der Vergleichenden Literaturwissenschaft.* Berlin, New York 1974.

Schager-Engdahl, Greta. *Svensk epigramdiktning. Studier i en genre.* Stockholm 1984.

Schnur, Harry C. »The Humanist Epigram and its Influence on the German Epigram.« In: J. Ijsewijn et al. (Hgg.). *Acta Conventus Neo-Latini Lovaniensis.* Leuven, München 1973: 557–576.

Schnur, Harry C. »Quellen des deutschen Epigramms bis Lessing.« In:

J. Dummer und M. Kunze. *Antikerezeption, Antikeverhältnis, Antike-begegnung in Vergangenheit und Gegenwart.* Stendal 1982.

Schöne, Albrecht. *Emblematik und Drama im Zeitalter des Barock.* München ²1968.

Schöne, Annemarie. »›Nonsense‹-Epigramme. Ein Beitrag zur englischen Komik.« *Zs. für Anglistik und Amerikanistik* 4, 1956: 463–472 [Nachdr. G. Pfohl, 1969: 484–498].

Seel, Otto. »Ansätze zu einer Martialrezeption.« In: G. Pfohl, 1969: 153–186 [zuerst 1961].

Segebrecht, Wulf. *Das Gelegenheitsgedicht. Ein Beitrag zur Geschichte und Poetik der deutschen Lyrik.* Stuttgart 1977.

Škreb, Zdenko. *Das Epigramm in den deutschen Musenalmanachen und Taschenbüchern um 1800.* Wien 1977.

Smith, Barbara Herrnstein. *Poetic Closure. A Study of How Poems End.* Chicago 1968.

Sprenger, Burkhard. *Zahlenmotive in der Epigrammatik und in verwandten Literaturgattungen alter und neuer Zeit.* Diss. Münster 1962.

Strauss, Ludwig. »Zur Struktur des deutschen Distichons.« *Trivium* 6, 1948: 52–83.

Tochtermann, Wilhelm. *Vom Sinn des Sinngedichts.* Wertingen 1960.

Urban, Erich. *Owenus und die deutschen Epigrammatiker des XVII. Jahrhunderts.* Berlin 1900.

Weinreich, Otto. *Epigrammstudien I. Epigramm und Pantomimus.* Heidelberg 1948.

Widmann, B. »Die epigrammatische Dichtung.« *Der praktische Schulmann* 10, 1861: 505–507.

Weisz, Jutta. *Das Epigramm in der deutschen Literatur des 17. Jahrhunderts.* Stuttgart 1979.

Werner, Richard Maria. *Lyrik und Lyriker.* Hamburg, Leipzig 1890.

Wiegand, Julius. »Epigramm.« *Reallexikon*, Bd. 1, ²1958: 374–379.

Wilke, Hans Jürgen. *Die Gedicht-Überschrift. Versuch einer historisch-systematischen Entwicklung.* Diss. Frankfurt/M 1955.

Wilpert, Gero von. *Sachwörterbuch der Literatur.* Stuttgart ⁵1969.

Ziemann, Rüdiger. »Der Witz und die Dinge. Zu Lessings Epigrammatik und zu Wegen des Epigrammatischen in der sozialistischen deutschen Literatur.« In: H.-G. Werner (Hg.). *Bausteine zu einer Wirkungsgeschichte. Gotthold Ephraim Lessing.* Berlin, Weimar 1984: 234–263, 481–483.

Personenregister

Kursiv gedruckte Zahlen verweisen auf vollständige bibliographische Angaben.

172

SAMMLUNG METZLER

J. B. METZLER